O. 1862
4 N.   G
  Ⓒ

22495

LE
VOYAGEUR
FRANÇOIS.

Tome XIII.   A

LE
VOYAGEUR
FRANÇOIS,
OU
LA CONNOISSANCE
DE L'ANCIEN
ET DU NOUVEAU MONDE,

Mis au jour par M. *l'Abbé* DELAPORTE.

TOME XIII.

Prix 3 liv. relié.

A PARIS,
Chez L. CELLOT, Imprimeur-Libraire, rue Dauphine.

M. DCC. LXXI.
Avec Approbation, & Privilege du Roi.

LE
VOYAGEUR
FRANÇOIS.

LETTRE CLI.

LE PARAGUAY.

J'AI employé, Madame, les premiers momens de mon séjour à Buenos-Aires, à recueillir, dans différentes relations, les principales circonstances de la découverte du Paraguay. J'ai sur-tout recherché les anciennes traditions; j'ai consulté de vieux monumens; j'ai interrogé les gens du pays: les fables même, qu'une crédulité excessive fait admettre aux Espagnols, je ne les ai point dédaignées, persuadé qu'elles indiquent toujours quelque vérité.

Ce fut un pur hazard qui conduisit Diaz de Solis, pilote de Castille, à l'embouchure de la riviere de la Plata. Il remonta ce fleuve dans une chaloupe ; & il apperçut des Indiens qui parurent l'inviter à venir à eux. Trompé par ces démonstrations équivoques, il aborda avec peu de suite, & ne fit pas attention, qu'à mesure qu'il avançoit, ces barbares s'éloignoient. Ils l'attirerent ainsi jusqu'à un bois voisin, où il les suivit presque seul ; à peine y fut-il arrivé, qu'une grêle de fleches l'étendit mort sur la place, avec une douzaine de ses gens. Les Indiens les dépouillerent, allumerent un grand feu, les firent rôtir, & les mangerent à la vue de ceux qui étoient restés dans la chaloupe, ou qui s'y étoient refugiés. Ceux-ci crurent n'avoir point d'autre parti à prendre, que de regagner leur navire, & de s'en retourner en Espagne.

Quelques Portugais, qui étoient entrés dans le Paraguay par le Brésil, ne furent pas plus heureux ; mais ces accidens tragiques n'empêcherent pas Sébastien Cabot de partir, dix ans après, avec cinq vaisseaux Espagnols, pour continuer cette découverte. Il entra, comme Solis, par la riviere de la Plata. Je dirai en paffant, que ce fleuve eft un des plus grands que l'on connoiffe, & qu'il en eft peu dont l'entrée foit plus difficile, & où il y ait eu plus de naufrages. Auffi les gens de mer lui ont-ils donné le nom d'*Enfer des navigateurs*; mais, en récompenfe, l'eau en eft excellente & très-faine. Elle a de plus, dit-on, une qualité fort finguliere, c'eft d'éclaircir la voix de telle forte, que l'on reconnoît d'abord ceux qui en ont fait ufage habituellement; mais fi l'on difcontinue d'en boire, on perd peu à peu cet avantage. Ce n'eft pas fous le nom de la Plata, que cette riviere defcend de fa fource; elle part du lac des Xarayès, fous le nom de Paraguay, qui fignifie *fleuve couronné*, comme fi le lac d'où il fort, lui formoit une couronne. Tous les ans il inonde les terres dans l'efpace de plufieurs lieues; & pendant ce débordement, les habitans fe mettent, avec leurs effets, dans des canots, où ils demeurent jufqu'à ce qu'il fe foit retiré. Il eft d'ailleurs fi rapide, qu'il adoucit l'eau de la mer à une très-grande distance de l'endroit où il tombe. S'il perd son nom en se joignant à la Plata, il en est bien dédommagé, en le donnant à cette immense étendue de pays, borné à l'orient par le Brésil, à l'occident par le Chili, au midi par les Terres-Magellaniques, & au nord par la riviere des Amazones.

Cabot bâtit deux forteresses au Paraguay, y laissa quelques Espagnols, & s'en retourna en Europe. On m'a raconté, à l'occasion d'un de ces forts, que l'officier qui y commandoit, avoit une femme très-jolie, nommée Miranda, dont un cacique du voisinage devint amoureux, & qu'il se proposa d'enlever. Il choisit pour cela le tems où le mari étoit absent; & s'étant fait accompagner d'une troupe d'Indiens, il attaqua le fort, y mit le feu, massacra la garnison; mais il périt lui-même dans le combat. Il ne restoit plus dans la forteresse, que l'infortunée Miranda, avec quatre femmes & quelques enfans. Ils furent tous liés & menés à Siripa, frere & successeur du cacique. A la vue de la belle Espagnole, Siripa conçut le même amour qui avoit été si funeste à son frere.

Il ne se réserva qu'elle, de cette petite troupe de captifs, & lui déclara qu'elle alloit être désormais la maîtresse dans sa maison. Miranda lui répondit de la maniere la plus capable de l'irriter, dans l'espérance qu'une prompte mort mettroit son honneur & son innocence à couvert. Elle fut trompée; ses refus ne firent qu'augmenter l'estime de Siripa, & donnerent une nouvelle vivacité à sa passion.

Cependant l'officier Espagnol ayant appris que sa femme étoit chez le cacique, courut l'y chercher. L'amoureux Siripa, à la vue d'un mari uniquement aimé, ne se posséda plus; il le fit attacher à un arbre, & commanda qu'on le perçât de fleches. On se disposoit à lui obéir, lorsque Miranda, fondant en larmes, vint se jetter aux pieds du barbare, & désarma cet amant furieux & jaloux. L'officier fut délié, & eut même la permission de voir de tems en tems son épouse, à condition qu'ils n'useroient point des droits de l'hymen.

Le cacique avoit une femme, qui devint amoureuse de l'Espagnol, &

qu'un intérêt personnel engageoit à veiller de près sur la conduite des deux époux. Elle les surprit un jour couchés ensemble, & vint sur le champ en avertir Siripa. Il courut pour s'en instruire, & fut convaincu par ses propres yeux. Dans le premier mouvement de sa fureur, il servit mieux la jalousie de sa femme, qu'il n'avoit fait la sienne propre ; il condamna Miranda au feu, & le mari à être percé de fleches. Les deux époux expirerent à la vue l'un de l'autre, dans des sentimens dignes de leur vertu & de leur amour. Malgré la face romanesque que présente cette histoire, on prétend qu'elle ne perd rien du côté de la vérité.

Désespérant de pouvoir se soutenir dans cette contrée, contre des habitans que la perfidie Castillane rendoit irréconciliables avec les Espagnols, ceux-ci prirent le parti de quitter le pays ; & il s'écoula quelques années, sans qu'ils songeassent à faire de nouvelles tentatives sur le Paraguay. Mais en 1535 Charles-Quint médita un établissement, pour lequel il ordonna d'immenses préparatifs. Don Pedre de Mendoze, son grand échanson, fut déclaré le chef de l'entreprise. L'empereur le nomma gouverneur & capitaine-général de tous les pays qu'on découvriroit jusqu'à la mer du Sud, à condition que Mendoze y transporteroit mille hommes en deux voyages, avec des armes & des provisions pour un an; qu'il fonderoit des colonies dans les endroits qu'il jugeroit les plus convenables, & que le tout se feroit à ses propres frais. On arma à Cadix une flotte de quatorze voiles; & ces apprêts joints à ce qu'on avoit publié des richesses du Paraguay, y attirerent des gens de la plus haute naissance. Le premier armement, qui ne devoit être que de cinq cens hommes, fut au moins de douze cens, parmi lesquels il y avoit plus de trente seigneurs distingués, & entr'autres un frere de sainte Therese; en un mot, jamais entreprise pour le nouveau monde, ne s'est faite avec plus d'éclat; aucune colonie Espagnole n'a compté autant de grands noms parmi ses fondateurs. Une chose remarquable, c'est que l'empereur déclara à Mendoze, qu'il chargeoit sa conscience des injustices & des vexations qu'on pourroit faire aux Indiens. « Trop d'horreur, lui dit-il, a déshonoré les plus nobles actions des » vainqueurs de l'Amérique. Si leurs » conquêtes causent de l'étonnement, » leurs cruautés excitent encore plus » l'indignation. Les premieres ont » été des prodiges d'audace ; les » secondes, des excès d'inhumanité. » La conversion de ces nouveaux » peuples étant, sur-tout, ce que j'ai » le plus à cœur, je ne ferai grace à » personne sur cet article. Ce n'est » point par le fer, que je veux acquérir des sujets ; c'est par la douceur » & la persuasion, unique moyen de » réparer les persécutions des premiers » conquérans du Mexique & du Pérou.

Après plusieurs accidens malheureux, la flotte de Mendoze arriva aux isles de Saint-Gabriel, situées au milieu du fleuve de la Plata. Le gouverneur fut d'avis de faire, de ce côté là, son premier établissement. Il envoya choisir un emplacement sûr & commode. On le trouva sur une pointe qui avance dans le fleuve, vers la rive occidentale, à plus de cinquante lieues de son embouchure. Mendoze y fit aussi-tôt tracer le plan d'une ville qui fut nommée Buenos-Aires, parce qu'en effet, l'air y est fort sain. Chacun mit sur le champ la main à l'œuvre ; & tout le monde fut bientôt logé. Telle est l'origine de la principale ville de ce pays, quoique l'Assomption en soit la capitale. Celle-ci fut fondée, deux ans après, sur le fleuve du Paraguay, à plus de deux cens lieues au-dessus de Buenos-Aires. Ce n'étoit d'abord qu'un petit fort, qui en très-peu de tems est devenu une grande cité. Elle est à distance égale du Pérou & du Brésil, & dans une situation très-agréable ; mais Buenos-Aires est comme la clef & le centre de tout le commerce qui se fait dans ces contrées.

On ne fut pas long-tems à s'appercevoir que les naturels du pays voyoient de mauvais œil des étrangers s'établir si près d'eux. Si l'on vouloit avoir des vivres, il falloit leur faire la guerre ; & l'avantage n'étoit pas toujours du côté des Espagnols. Un parti considérable de ces derniers fut battu par les Indiens, avec perte de plusieurs personnes de distinction; & bientôt on fut réduit à une famine extrême à Buenos-Aires. Comme il étoit dangereux d'accoutumer les infideles à verser le sang des chrétiens, le gouverneur défendit, sous peine de mort, de sortir de la ville; & craignant que la faim ne fît violer cette loi, il mit par-tout des gardes, avec ordre de tirer sur quiconque voudroit s'échapper. On raconte, à ce sujet, une aventure singuliere d'une femme Espagnole, nommée Maldonata. Je la rapporterai, sur le témoignage des gens de sa nation, mais non sans laisser entrevoir quelque doute, quoique vérifiée par la notoriété publique.

Cette femme avoit trompé la vigilance des gardes; &, après avoir erré quelque tems dans la campagne, elle apperçut une caverne, où elle crut pouvoir se cacher. Elle y trouva une lionne, dont la vue la saisit de frayeur. Les caresses que lui fit cet animal la rassurerent un peu; mais elle reconnut en même tems, qu'elles étoient intéressées. Etant pleine & à son terme, cette bête ressentoit de vives douleurs, & ne pouvoit mettre bas ses petits. Maldonata ne balança pas à lui donner le secours qu'elle sembloit lui demander; & il fut efficace. La lionne, heureusement délivrée, redoubla ses caresses envers sa libératrice; mais elle ne borna pas là sa reconnoissance. Elle alloit tous les jours chercher de quoi vivre; & elle ne manquoit jamais de mettre aux pieds de cette femme sa provision pour toute la journée. Cela dura tant que ses petits la retinrent dans la caverne; mais dès qu'elle les en eut tirés, Maldonata fut obligée d'aller chercher ailleurs de quoi subsister. Elle ne fut pas long-tems sans tomber entre les mains des Espagnols; ceux-ci, en punition de sa désobéissance, la lierent à un arbre, & l'y laisserent, ne doutant point qu'elle ne fût bientôt dévorée par les bêtes féroces. Deux jours après, on alla voir ce qu'elle étoit devenue : on fut fort surpris de la trouver pleine de vie, quoiqu'environnée de tigres, qui n'osoient en approcher. Sa lionne, qui l'avoit reconnue, étoit à ses pieds, avec ses jeunes lionceaux, &

empêchoit les autres animaux de lui faire aucun mal. A la vue des Espagnols, la lionne se retira à quelques pas, pour leur laisser la liberté de délier sa bienfaitrice. Ils remarquerent que, lorsqu'ils se mirent en devoir de l'emmener avec eux, cet animal la caressa beaucoup, & parut témoigner quelque regret de la voir partir. Le commandant comprit qu'il ne pouvoit, sans paroître plus féroce que les lions mêmes, se dispenser de faire grace à cette femme. L'auteur, qui le premier a écrit cette aventure, assure l'avoir apprise par la voix publique, & de la bouche même de Maldonata.

Les habitans de Buenos-Aires n'étant pas en état de se faire respecter des nations voisines, furent obligés d'abandonner cette ville pour un tems, & de se refugier à l'Assomption. Pour se concilier ensuite les Indiens, & leur donner une grande idée de la religion chrétienne, qu'on travailloit à leur faire embrasser, ils imaginerent une procession générale, où tous les Espagnols devoient paroître, les épaules découvertes, & un fouet à la main pour se flageller. Ils y inviterent les sauvages des environs, qui se présenterent, dit-on, au nombre de huit mille. Comme ils n'étoient rien moins qu'affectionnés à la nation Castillane, ils n'y vinrent que dans l'espérance d'y trouver une occasion favorable de se défaire de ces étrangers, qui leur devenoient tous les jours plus incommodes. Au moment que la procession alloit commencer, une Indienne, qui aimoit un seigneur Espagnol, & qui savoit le complot, entra dans la chambre de son amant, dont elle n'avoit eu jusques-là qu'à se louer. Comme il étoit prêt à sortir dans l'équipage de flagellant, elle lui dit, les larmes aux yeux, qu'elle le voyoit avec regret courir à sa perte, & découvrit toute la conspiration. L'Espagnol en donna sur le champ avis au gouverneur. Celui-ci envoya un ordre secret à tous les habitans de se tenir bien armés; feignant ensuite d'avoir appris que les Japiges, ennemis communs des Indiens & des Castillans, venoient pour les attaquer; il fit prier les principaux chefs des conspirateurs de venir le trouver, pour concerter ensemble de ce qu'il y avoit à faire dans un cas si pressant. Ils y allerent tous fans défiance ; & , à mefure qu'ils entroient chez le gouverneur, ils y étoient liés & enfermés féparément. Quand ils furent tous arrivés, il leur dit qu'il étoit inftruit de leur deffein, & les fit pendre, à la vue de cette multitude d'Indiens qui environnoient la ville. Ces peuples, voyant les chrétiens fous les armes, non-feulement n'oferent remuer, mais confefferent hautement, qu'ils avoient auffi mérité la mort. Ils ajouterent que, fi l'on vouloit ufer d'indulgence à leur égard, ils donneroient des femmes aux Caftillans qui n'en avoient point ; & cette offre fut acceptée. Ces Indiennes fe trouverent fécondes, & d'un affez bon caractere; ce qui engagea, dans la fuite, plufieurs Efpagnols à contracter de pareilles alliances. Quelques-uns même ont époufé des négreffes ; & de là eft venu le grand nombre de métifs & de mulâtres qui peuplent aujourd'hui toutes ces provinces. Vous avez déja pu voir, Madame, que l'amour a toujours favorifé les entreprifes des Européens dans le nouveau monde.

Après avoir demeuré deux ans au

Paraguay, Don Pedre de Mendoze, qui ne s'y étoit point fait aimer, partit pour s'en retourner en Espagne. Il mourut avant que d'y arriver; & l'empereur Charles-Quint nomma à sa place Don Alvare de Vera, l'homme le plus vertueux de toute la Castille. Dans les instructions que ce prince lui donna, il lui recommanda, sur toutes choses, de ne souffrir dans sa province, ni avocats, ni procureurs, rien n'étant plus contraire, que cette espèce de gens, au progrès des colonies. Il ordonna qu'on ne refusât à personne la liberté de revenir en Europe, de recourir à sa justice, & de lui écrire. Il accorda une amnistie pour tous ceux qui avoient mangé de la chair humaine pendant la famine de Buenos-Aires; ce qui étoit arrivé à plusieurs, lesquels, pour se souftraire au châtiment, s'étoient refugiés chez les sauvages.

Le nouveau gouverneur commença par assembler, à l'Assomption, tout ce qu'il y avoit d'ecclésiastiques & de religieux; & il leur déclara, de la part de l'empereur, que sa majesté chargeoit leur conscience de tout ce qui regardoit la propagation de la foi dans ces terres infideles. Il leur donna sa parole de les soutenir, de toute son autorité, dans les fonctions de leur ministere ; &, après avoir réformé plusieurs abus qui s'étoient introduits parmi les officiers royaux, il mit sa principale attention à s'attacher les Indiens, & à les retenir dans l'alliance des Espagnols. Les Guaranis, qui habitent la rive orientale du fleuve de l'Uraguay, ont été les premiers & les plus fideles vassaux de cette couronne. Ils furent d'un grand secours à Don Alvare, dans les différentes guerres qu'il eut à soutenir contre d'autres nations moins dociles, & qu'on ne put soumettre que par la force des armes. Le gouverneur en gagna plusieurs, par sa douceur & ses manieres engageantes ; mais, tandis qu'il adoucissoit le cœur farouche de ces barbares, il éprouvoit, de la part des Espagnols mêmes, tout ce que l'envie & la haine peuvent inspirer de plus cruel. Les officiers royaux, irrités de ce qu'il s'étoit opposé à leur tyrannie, prévinrent contre lui le conseil de Madrid ; &, sans attendre les ordres de la cour, il fut arrêté, mis aux fers, & renvoyé en

Europe. On voulut plusieurs fois l'empoisonner durant la route ; on voulut le faire arrêter aux Açores ; mais toute la malice de ses ennemis ne put triompher de son innocence, qui fut enfin généralement reconnue à la cour de Madrid. On ne le renvoya cependant pas au Paraguay, de peur que sa présence n'occasionnât de nouveaux troubles.

Au milieu même de leurs dissentions intestines, les habitans de l'Assomption travailloient avec ardeur à l'aggrandissement de leur colonie. Peu de tems après, ils firent deux nouveaux établissemens, qui devinrent bientôt deux grandes villes. La premiere, située sur le fleuve de Parana, fut nommée Guayara, du nom de la province; la seconde, appellée Santa-Cruz, fut fondée dans le Tucuman, frontiere du Pérou. On a depuis reculé cette derniere ville à cinquante lieues plus au nord. Dans ce même tems l'église de l'Assomption fut érigée en évêché. L'empereur voulut que le premier évêque du Paraguay entrât dans son diocese d'une maniere convenable à sa dignité. Le gouverneur le reçut avec de grandes marques d'honneur; &, en l'abordant, lui demanda à genoux sa bénédiction. Le prélat portoit avec lui plusieurs réglemens de sa majesté touchant les *commendes*.

Ces commendes étoient un moyen imaginé, pour récompenser ceux qui avoient le plus contribué à la fondation de la colonie, & qu'on appelloit les conquérans du Paraguay. Elles consistoient en un certain nombre d'Indiens soumis, qui étoient obligés de servir ceux à qui on les accordoit. Quand il ne s'en trouvoit pas assez pour en donner à tout le monde, le gouverneur, de l'avis de l'évêque & de tous ceux qui avoient voix délibérative dans le conseil, formoit de nouvelles peuplades des naturels du pays, dont on croyoit avoir droit de disposer. On les donnoit à différens particuliers, pour un espace de tems plus ou moins long, suivant le rang ou les services des personnes. Ce tems expiré, les commendes retournoient au domaine; & le gouverneur de la province employoit les Indiens, dont elles étoient composées, aux travaux publics, ou les distribuoit à d'autres particuliers; de sorte que chacun profitoit à son tour de ce bénéfice. Le commendataire n'avoit aucune jurisdiction sur ces peuples; ils ne lui devoient que deux mois par an de leur travail, & un tribut, dont ceux qui avoient cinquante ans accomplis, ou qui n'en avoient pas dix-huit, étoient exempts. Le cinquieme de ce tribut devoit être donné au curé de la paroisse. Il étoit ordonné aux commendataires de pourvoir à tous les besoins de leurs Indiens, de veiller à ce qu'ils fussent instruits de la religion, de les bien traiter, & de les gouverner comme des enfans, parce qu'en effet ils le sont en bien des choses pendant toute leur vie. Afin de les mettre à l'abri de la vexation, il y avoit des officiers préposés pour écouter leurs plaintes, avec pouvoir de priver de sa commende quiconque seroit convaincu d'en avoir abusé. Mais jamais il n'y eut de loix plus mal observées; toutes les persécutions qu'ont essuyées les Jésuites, n'ont guere eu d'autres sources, disent ils, que leur fermeté à ne point consentir qu'on donnât la moindre atteinte aux priviléges des sauvages.

Charles-Quint n'avoit rien plus expressément recommandé aux gouverneurs qu'il envoyoit au Paraguay, que d'y mener des ecclésiastiques & des religieux, & de leur donner toutes les facilités nécessaires pour remplir les devoirs de leur ministere. Plilippe II, son fils & son successeur au trône d'Espagne, ne témoigna pas moins de zele ; & les missionnaires, dont les premiers étoient de l'ordre de saint François, ne négligerent rien pour répondre à la confiance de ces deux monarques. Ils baptiserent un assez grand nombre d'Indiens; mais les fréquentes révoltes de ces peuples, qu'on ne ménageoit pas toujours assez, & les troubles domestiques, dont, pendant plus de soixante ans, cette colonie fut presque toujours agitée, mirent les plus grands obstacles aux progrès de la foi. Le Tucuman fut plus heureux d'abord: à peine les Castillans avoient-ils commencé à s'y établir, qu'on songea au Pérou, à y envoyer des missionnaires. S. François Salano y arriva avec une troupe de religieux de son ordre. Il parcourut cette province avec le succès qu'on devoit attendre d'un saint qui ne

mettoit

mettoit point de bornes à son zele, & que Dieu, si l'on en croit encore les Espagnols, avoit revêtu du don des miracles. Le pere Louis de Rolano, un de ses disciples, avoit fondé parmi les Guaranis une chrétienté fervente, qu'il gouverna long-tems; il traduisit même un catéchisme dans leur langue; mais l'un & l'autre ayant été rappellés par leurs supérieurs, le clergé séculier, uniquement occupé dans les villes, suffisoit à peine au travail dont il étoit surchargé. Les reguliers, en plus petit nombre encore, ne pouvoient pas cultiver tous les Indiens qui étoient en commende, & se donnoient inutilement bien de la peine pour leur faire goûter une religion, contre laquelle la dureté & le mauvais exemple de leurs maîtres ne pouvoient que les prévenir. Enfin les évêqves de l'Assomption & du Tucuman se trouvoient réduits à la triste nécessité de faire à la cour de fréquentes représentations, pour en obtenir des ouvriers évangéliques, qui les aidassent à remplir leurs obligations.

Tel étoit le premier état du Paraguay, lorsqu'on y envoya des Jésuites. Dès que ces peres furent arrivés au Tucuman, le gouverneur monta à cheval, avec la nobleſſe & les officiers des troupes, pour aller au devant d'eux. A leur entrée dans la ville, ils trouverent, ſur leur paſſage, les rues ſemées de fleurs, & des arcs de triomphe de diſtance en diſtance. L'évêque, qui avoit ordonné de ſolemnelles actions de graces pour leur heureuſe arrivée, les conduiſit proceſſionnellement à ſa cathédrale, les y complimenta en des termes qui dûrent faire ſouffrir leur modeſtie, entonna lui-même le *Te Deum*, les mena enſuite chez lui, & voulut qu'ils logeaſſent dans ſon palais. C'eſt ainſi que les Eſpagnols eux-mêmes, qui ſans doute s'en ſont bien repentis, préparoient les Indiens à regarder ces religieux comme des hommes extraordinaires, qui devoient être un jour leurs fondateurs, leurs légiſlateurs, leurs généraux d'armée, leurs pontifes & leurs ſouverains.

Les nouveaux miſſionnaires trouverent une ample matiere à leur zele, & s'y livrerent avec ardeur. Ils crurent devoir commencer par les Eſpagnols, dont l'exemple pouvoit contribuer beaucoup, ou apporter un grand obstacle au succès de leurs travaux parmi les infideles. On les écouta avec respect; on les consulta avec confiance; ils rencontrerent par-tout des cœurs dociles. Ils firent ensuite plusieurs courses dans les campagnes, pour annoncer l'évangile aux Indiens; & ils en avoient déja converti un grand nombre, lorsqu'ils apprirent qu'il leur venoit un renfort du Brésil. Je n'entrerai point dans le détail de toutes les conversions opérées par ces hommes apostoliques; elles se multiplioient à mesure qu'ils recevoient de nouveaux secours; dans peu de tems, les Jésuites eurent plusieurs établissemens au Paraguay; & ce qui fait le triomphe de leur politique, de leur humanité & de leur zele, c'est qu'en se servant de la religion pour asservir des hommes libres, vaincre leurs préjugés, soumettre leurs passions, ils les ont rendus policés, industrieux & heureux. Semblables aux anciens législateurs, ils réduisirent en société, des barbares toujours errans, toujours armés, ne respirant que meurtres, ne vivant que de carnage. La lecture des poëtes avoit appris à ces missionnaires, gens de lettres, qu'Orphée étoit venu à bout de faire sortir les hommes des forêts par les charmes de la musique. Ils eurent recours aux mêmes moyens, pour adoucir ces caractères féroces. A peine un Jésuite avoit-il commencé à chanter quelques cantiques, que les sauvages sortoient aussi-tôt des bois ou de leurs retraites, pour suivre, avec les transports les plus vifs, celui dont la voix avoit frappé leurs oreilles. Alors le missionnaire les voyant rassemblés autour de lui, commençoit à leur annoncer les vérités de la foi. Quand l'ennui les prenoit, le nouvel Orphée recommençoit ses cantiques; & mêlant ainsi le chant à l'instruction, il leur apprenoit à bâtir, non les murs d'une ville, comme Amphion, mais des cabanes propres & commodes, dont ils eurent bientôt formé des peuplades. On les nomma doctrines, ou réductions, termes qui ont toujours été usités depuis, pour signifier ces sortes de villages.

Les Jésuites voulurent aussi avoir des habitations dans les villes. Le premier de ces établissemens se fit à l'Assomption, capitale de la province. Les magistrats leur assignerent un emplacement, pour y bâtir une maison & une église. On mit aussi-tôt la main à l'œuvre; & tous voulurent y travailler, jusqu'aux dames, qui se signalerent dans cette occasion, par leur zèle & leur dépense. Ce qui attachoit sur-tout les Espagnols à ces religieux, c'étoit la facilité avec laquelle ils manioient les esprits des Indiens, au milieu desquels on ne se croyoit jamais en sûreté. De leur côté, les sauvages se flattoient que les Castillans se laisseroient persuader, par des hommes à qui ils témoignoient tant d'estime, de les traiter avec plus de douceur; mais les missionnaires ayant paru s'intéresser trop vivement pour les naturels du pays, les Espagnols en conçurent de l'ombrage. On disoit tout haut, que les Jésuites n'avoient d'autre but, que de se rendre les maîtres des Paraguéens, & de profiter seuls de leurs services; que c'étoit uniquement pour cela, qu'ils avoient engagé la cour à publier des édits pour maintenir la liberté de ces peuples; & qu'ils ne manqueroient pas de s'en prévaloir, pour s'enrichir, au préjudice des sujets du roi d'Espagne. En vain ces peres répondirent qu'avant qu'aucun d'eux eût mis le pied dans la province, l'empereur Charles-Quint avoit déja donné ces mêmes édits; les esprits étoient trop aigris pour se rendre à aucune raison; & cette indisposition, fermentant de plus en plus, produisit dans la suite les querelles les plus vives, dont je prévois les suites les plus funestes pour cette société.

Je suis, &c.

A Buenos-Aires, ce 21 Octobre 1751.

LETTRE CLII.

SUITE DU PARAGUAY.

Vous venez, Madame, de voir au Paraguay deux sortes de religions, les chrétiens & les idolâtres; deux sortes de peuples, les Indiens & les Espagnols; deux sortes d'habitations, les villes & les peuplades; deux sortes de souverains, le roi d'Espagne & les Jésuites. Tous ces objets demandent à être repris & détaillés séparément.

Cinq gouvernemens divisent toute cette contrée, & ont pour capitales, la Plata, Santa-Cruz, Cordoue, Buenos-Aires & l'Assomption, qui l'est en même tems de tout le pays. Les gouverneurs sont indépendans & absolus dans les affaires politiques & militaires: ce n'est que dans certains cas particuliers, qu'ils reconnoissent la supériorité des vice-rois du Pérou. Pour le civil & le criminel, ils ressortissent de l'audience royale.

La Plata, où réside ce tribunal, fut

fondée par le capitaine Pedro d'Anzures, sous les ordres de François Pizarre, & sur les ruines du bourg Indien de Chuquisaca, dont elle prend aussi le nom. Celui de Cité-d'Argent, *Ciudad de la Plata*, lui fut donné par allusion à une mine de ce métal, qui en étoit peu éloignée. La ville est située dans une petite plaine environnée de montagnes ; les maisons y sont de pierres, & couvertes de tuiles. Celles de la principale place, qui ont un étage au-dessus du rez-de-chaussée, sont grandes, bien disposées, accompagnées de jardins & de vergers. L'eau n'y est point abondante ; mais, par le soin qu'on a pris de la distribuer dans tous les quartiers, elle suffit pour la consommation des habitans, dont on compte environ quatorze mille, tant Indiens qu'Espagnols. L'église a été érigée en métropole, la magistrature en audience royale, l'archevêque & son official en tribunal ecclésiastique, les officiers municipaux en corps de ville, les colléges en université. Les professeurs sont des Jésuites, des prêtres séculiers & des laïques, qui donnent aussi des leçons publiques dans le séminaire. Il ne faut pas demander s'il y a beaucoup de moines : c'est la classe d'habitans la plus nombreuse dans la plupart des villes de l'Amérique Espagnole : mais ce sont toujours des Dominicains, des Cordeliers, des Augustins, des peres de la Merci, des Jésuites, & point, ou presque point de Bénédictins, de Prémontrés, de Bernardins, de Chartreux, ni même de Capucins, si faciles d'ailleurs & si ardens à se répandre par toute la terre.

Les environs de la Plata sont remplis de maisons de campagne, le long de la riviere de Cachimayo, qui en est à deux lieues. Une autre, nommée Pilco-Mayo, coule à six lieues de là, sur le chemin de Potosi, & fournit d'excellent poisson. C'est sur ses bords, qu'habitent les Chiriguanes, ennemis irréconciliables des chrétiens, & toujours en guerre avec les Espagnols. Les Jésuites n'en pénetrent pas moins dans leur pays, accompagnés de quelques Indiens qu'ils menent pour leur sûreté ; & il arrive quelquefois qu'ils en convertissent. « Nous ne connois- » sons point au Paraguay, me disoit un » de ces peres, de peuple plus fier,

» plus dur, plus inconstant & plus perfide que les Chiriguanes, dont on raconte ainsi l'origine.

» Lorsque les Guaranis se soumirent à l'évangile, & que réunis par les premiers missionnaires, ils formerent diverses peuplades, il se trouva parmi eux un certain nombre d'infideles, dont on ne put jamais vaincre l'obstination. Ces barbares, craignant le ressentiment de leurs compatriotes, dont ils n'avoient pas voulu suivre l'exemple, prirent la résolution d'abandonner leur terre natale, & d'aller chercher un asile en d'autres contrées. Dans cette vue, ils passerent le fleuve du Paraguay, & avançant dans les terres, ils fixerent leur demeure au milieu des montagnes. Les nations chez lesquelles ils s'étoient refugiés, en conçurent de la défiance; mais elles jugerent que, passant d'un ciel brûlant dans une région extrêmement froide, ils ne pourroient résister aux rigueurs du climat, & qu'ils périroient bientôt de misere. Chiriguano, disoient-elles en leur langue, c'est-à-dire, le froid les détruira ; & de-là est

» venu le nom qu'ils portent actuel-
» lement. Mais loin d'être détruits,
» comme on l'avoit espéré, ils multi-
» plierent si considérablement, qu'en
» très-peu d'années, leur nombre
» monta à plus de trente mille. Comme
» ils sont naturellement belliqueux,
» ils se jetterent sur leurs voisins, les
» exterminerent peu à peu, & s'em-
» parerent de toutes leurs terres ».

Le même Jésuite m'a appris que ces peuples, qu'il nomme barbares, n'ont ordinairement qu'une femme ; mais parmi les prisonniers qu'ils font à la guerre, ils choisissent les plus jeunes filles, pour en faire leurs maîtresses. Ce goût ne prouve pas clairement leur barbarie. « Ce qu'ils ont de plus singulier,
» ajoutoit ce pere, c'est que d'un jour à
» l'autre, ils ne sont plus les mêmes
» hommes : aujourd'hui pleins de rai-
» son & d'un bon commerce, demain
» pires que les tigres de leurs forêts. On
» obtient tout d'eux, lorsqu'on les prend
» par l'intérêt : s'ils n'esperent rien, tout
» homme est leur ennemi. Ils sont na-
» turellement gais, pleins de feu, en-
» clins à la plaisanterie ; & leurs bons
» mots ne laissent pas d'avoir quel-

» que sel. Lâches, quand ils trouvent
» de la résistance, & insolens jusqu'à
» l'excès, comme c'est l'usage, même
» chez les nations les plus policées,
» s'ils s'apperçoivent qu'on les craint.
  » Leurs bourgades sont disposées
» en forme de cercle, dont le centre
» est occupé par la place publique.
» Ils vont pour l'ordinaire tout nuds;
» ils ont cependant des culottes; mais
» ils les tiennent sous le bras, comme
» on dit que les François portent leurs
» chapeaux. Lorsqu'une fille commence
» à s'appercevoir qu'elle peut être
» femme, on l'oblige à demeurer pen-
» dant trois mois dans son hamac. De
» vieilles matrones entrent dans la
» cabane, armées de bâtons; & frap-
» pant tout ce qu'elles rencontrent,
» elles poursuivent, disent-elles, la
» couleuvre qui a piqué la fille jus-
» qu'au sang : l'une d'entr'elles met fin
» à ce manége, en feignant qu'elle a tué
» le serpent. Un moribond ne juge
» de l'affection que lui porte sa famille,
» que par les cris & les hurlemens
» effroyables, que ses parens font
» autour de son lit, au moment de son
» décès. Il n'est pas rare que cette

» horrible symphonie ait avancé les
» jours de plus d'un malade. Les magi-
» ciens, qui font fortune parmi la
» plupart des sauvages, sont en exécra-
» tion chez les Chiriguanes : on y
» brûle un homme, sur le moindre
» soupçon de maléfice. Au reste, com-
» ment ne croiroient-ils pas aux sorti-
» léges, puisque des peuples même
» qui se disent philosophes, ont des
» livres révérés d'apparitions, des
» traités théologiques où les sorciers
» jouent leur rôle, & pour comble
» de déception, une jurisprudence
» établie sur la magie ? Comme nous,
» les Chiriguanes s'effrayent d'un son-
» ge, marquent des jours malheureux,
» redoutent tel ou tel nombre, & sont
» troublés par le cri de tels ou tels
» animaux. L'unique avantage peut-
» être que nous ayons sur ces barbares,
» c'est que, parmi nous, les vieilles, les
» nourrices, les enfans, le peuple & les
» sots sont les seuls qui se forment ces
» terreurs superstitieuses ; les gens
» sensés n'en parlent que pour en rire.

» Les peuples les plus voisins des
» Chiriguanes, sont les Chiquites, dont
» le nom signifie hommes rapetissés.

» Les Espagnols les ont ainsi appellés,
» parce que la porte de leurs cabanes
» est très-basse, & qu'ils ne peuvent s'y
» glisser, qu'en se traînant sur le ventre.
» Ils en usent de cette façon, pour
» ne point y donner entrée aux mos-
» quites, dont cette contrée est infestée,
» sur-tout dans les tems de pluies. Le
» pays est fort montagneux, & cou-
» vert par d'immenses forêts. La quan-
» tité de différentes abeilles qu'on y
» trouve, fournissent du miel & de
» la cire en abondance. Ce sont, avec
» le ris, le maïs, le coton, le sucre,
» le tabac, les patates & le manioc,
» les denrées les plus communes de
» cette province. Depuis le mois de
» décembre, jusqu'au mois de mai,
» les campagnes sont inondées par le
» débordement des rivieres ; & tout
» commerce est interdit entre les habi-
» tans. Il se forme alors de grands lacs
» qui fourmillent de poissons. Le Chi-
» quite compose une certaine pâte
» amere, qui les enivre ; ils mon-
» tent aussi-tôt à fleur d'eau ; & les
» pêcheurs les prennent sans peine.
» Quand les eaux se sont retirées, les
» sauvages ensemencent leurs terres

» qui jouissent alors d'une admirable
» fécondité. Les bois sont remplis de
» singes, de poules, de tortues, de
» buffles, de cerfs, de chevres, d'ours,
» de tigres & de bêtes venimeuses.

» Les mœurs des Chiquites diffe-
» rent peu de celles des autres sauva-
» ges de l'Amérique méridionale. Ils
» mangent sans attendre le besoin, sans
» s'assujettir à des heures réglées, sans
» faire choix de leur nourriture, sans
» s'inquiéter du lendemain ; ils vivent
» au grand air, accoutumés à toutes
» les variations du climat, le plus sou-
» vent nuds, & n'ayant pour lit, que
» la terre, une peau de bête, quelques
» feuilles d'arbres, ou une méchante
» natte. De là, cette force, cette
» vigueur de tempérament & de
» santé, qui est la base de toutes
» leurs jouissances. La médecine, telle
» qu'on l'exerce dans nos villes, avec
» sa théorie si pompeuse & sa pra-
» tique si fautive, avec ses systê-
» mes sans expériences, & ses rai-
» sonnemens sans preuves, n'est point
» connue de ces Indiens. Ils n'ont
» qu'une maniere de traiter les mala-
» dies; c'est de sucer la partie où l'on

» sent de la douleur ; & cette fonction
» est exercée par le cacique, à qui
» elle donne une grande autorité dans
» la nation. Il demande d'abord à ceux
» qui le consultent : qu'avez-vous fait
» avant de tomber malade ? N'avez-
» vous pas répandu de la chica? N'avez-
» vous pas jetté de la chair de cerf ou
» de tortue ? Si on l'avoue, eh voilà
» justement ce qui vous tue, reprend
» aussi-tôt l'Esculape : l'ame de l'ani-
» mal est entrée dans votre corps, & se
» venge de l'outrage qu'il a reçu. Le
» cacique suce ensuite la partie affectée;
» & si le malade meurt, c'est sur lui
» seul que tombe la faute; s'il guérit,
» toute la gloire est pour le medécin.

» Les Chiquites sont moins féroces
» que les Chiriguanes, & plus dispo-
» sés à recevoir les lumieres de l'évan-
» gile. Nos missionnaires y ont déja
» formé des peuplades chrétiennes,
» avec des espérances bien fondées, de
» leur imposer à tous le même joug ;
» alors l'église n'aura point d'enfans
» plus dociles ; l'Espagne, de sujets
» plus fideles ; l'Amérique, de peuples
» plus heureux ; notre compagnie,
» de disciples plus soumis. Leur con-

» verſion paroiſſoit déſeſpérée, lorſ-
» qu'un de nos peres, Joſeph de Arcé,
» profita de deux circonſtances qui
» lui concilierent l'affection de ces
» peuples. Deux nations étoient alors
» en guerre ; le pere vint à bout, par
» ſon éloquence, de terminer leurs
» différends, & de rétablir entre elles
» la paix & la concorde. Preſque dans
» le même tems, il obtint la grace d'un
» Chiquite, condamné à mort par le
» gouverneur de Santa-Cruz. Cette
» charité lui gagna la bienveillance
» des autres ſauvages ; & ayant eu
» la liberté de parcourir la province,
» il eut la ſatisfaction de voir des
» nations entieres demander d'elles-
» mêmes à être inſtruites. La maniere
» dont ces peuples délibérerent s'ils
» embraſſeroient la religion chrétienne,
» mérite d'être rapportée. On indiqua
» une aſſemblée générale ; & tout le
» monde ſe trouva pendant la nuit au
» rendez-vous. On commença à dan-
» ſer au ſon des inſtrumens ; & tout
» en danſant, l'affaire fut propoſée &
» diſcutée. Chacun expoſa ſes raiſons
» en cadence ; & le bal finit par dé-
» cider que le chriſtianiſme ſeroit reçu
» dans le pays.

» Il ne faut pas croire cependant
» que ces peuples ayent toujours té-
» moigné la même docilité. On en a
» vu qui refusoient avec obstination,
» d'écouter les missionnaires, ou qui,
» après leur avoir prêté quelqu'atten-
» tion, leur répondoient froidement :
» vous dites que votre dieu sait tout,
» qu'il est en tout lieu, & qu'il voit
» tout ce qui s'y passe : nous n'aime-
» rions pas un maître qui a les yeux
» si perçans ; nous voulons vivre en
» liberté dans nos bois, sans avoir un
» témoin & un censeur perpétuel
» de nos actions. Un autre sauvage
» étant sollicité de se faire chrétien,
» repliqua au Jésuite qui le menaçoit
» de l'enfer : tant mieux, je n'aurai
» plus froid après ma mort. C'est par
» de semblables réponses, qu'ils décon-
» certent souvent le zele des prédi-
» cateurs.

» Ce n'est point par les Chiquites,
» que les missionnaires ont commencé
» leurs conquêtes évangéliques dans
» le Paraguay. Les réductions les plus
» anciennes, les plus nombreuses, les
» plus ferventes, ont été fondées chez
» les Guaranis. Avant qu'on y eût

» porté le flambeau de la foi, ce pays,
» comme vous l'avez vu, étoit habité
» par des barbares sans religon, sans
» loix, sans habitation ni demeure
» fixe. Les Jésuites pénétrerent, de
» proche en proche, dans l'intérieur
» de leurs forêts ; & à force de
» patience, de douceur, de complai-
» sance, ils parvinrent à s'en faire
» écouter. Ces peuples n'étoient com-
» posés que de familles isolées : on les
» accoutuma aisément à la société,
» en leur faisant naître des besoins.
» On leur apprit à labourer la terre, à
» cuire la brique, à façonner le bois, à
» construire des maisons. On fit venir
» de Buenos-Aires, des bestiaux ame-
» nés d'Europe, qui multiplierent en
» si peu de tems, que bientôt on en
» eut assez pour la subsistance de ces
» nouveaux citoyens. Les missionnai-
» res mettoient les premiers la main à
» tous ces ouvrages : celui-ci condui-
» soit la charrue, celui-là béchoit la
» terre ; quelques-uns coupoient des
» arbres pour la construction des bâti-
» mens; d'autres menoient devant eux,
» à travers trois cens lieues de pays,
» des chevaux, des bœufs, des vaches,

» des chevres, des brebis pour les
» nouvelles peuplades. Ces mêmes
» hommes, qui s'étoient fait admirer
» par des talens supérieurs, dans les
» plus célebres universités de l'Europe,
» se trouvent tout d'un coup transfor-
» més en bergers, en maçons, en char-
» pentiers, en laboureurs, &c, pour
» apprendre à des sauvages la prati-
» que de tous ces métiers, & leur faire
» comprendre la nécessité de s'y appli-
» quer. Ainsi l'on a vu depuis, & peut-
» être à leur imitation, le réformateur
» d'un grand empire, se faire char-
» pentier en Hollande, marchand à
» Londres, artiste à Paris, & soldat
» dans ses propres états, pour servir
» lui-même à ses peuples, d'exemple,
» de modéle & de regle dans toutes
» ces conditions.

» Jugez ce qu'il en a coûté de pei-
» nes & de travaux aux missionnaires,
» pour établir, dans le centre même
» de la barbarie, une république floris-
» sante, sur un plan peut-être plus
» parfait que celui de Platon. Ils ont
» eu à combattre tous les élémens ; il
» leur a fallu parcourir des pays im-
» pratiquables, & dont les habitans

» étoient plus à craindre, que les bêtes
» féroces qu'on y rencontre à chaque
» pas. Que n'ont-ils pas eu à essuyer
» de ceux même qui faisoient profes-
» sion de la même foi, c'est-à-dire,
» des Espagnols, qui ne leur ont jamais
» pardonné d'avoir soustrait au droit
» de commende, les Indiens de leurs
» réductions ? Contrariés sans cesse,
» chassés avec violence, avec infamie,
» de leurs propres maisons, traduits à
» tous les tribunaux comme des traî-
» tres & des scélérats, ils ont vu sou-
» vent périr les fruits de leurs travaux,
» sans se rebuter, sans montrer moins
» d'ardeur à réparer leurs pertes,
» avec une fermeté, une constance,
» qui enfin les ont fait triompher de
» tous les obstacles.

» A mesure que ces hommes coura-
» geux rassembloient les Paraguéens,
» ils en formoient de nouvelles réduc-
» tions, & les amenoient peu à peu
» à se déclarer sujets de la couronne
» d'Espagne. Ce n'est pas sans peine
» qu'ils y disposerent ces barbares,
» accoutumés à ne reconnoître aucune
» autorité. Leur acquiescement fut le
» fruit de l'amour & de la confiance

» que nos peres avoient sçu leur
» inspirer, & de l'ascendant qu'ils
» prirent sur eux, en se sacrifiant, en
» toute rencontre, pour la défense de
» leurs intérêts. Philippe IV honora
» les Guaranis du titre de ses plus fide-
» les vassaux ; il leur confia le soin de
» garder le Paraguay du côté du Brésil,
» les exempta de tout autre service,
» & se contenta, pour droit de vasse-
» lage, que les hommes seuls, depuis
» l'âge de dix huit ans accomplis jus-
» qu'à cinquante, payassent à son tré-
» sor un écu par tête. Ils consignent
» eux-mêmes leur argent dans la capi-
» tale, entre les mains des officiers
» du roi, qui leur en donnent un récé-
» pissé. C'est aux chefs des réductions,
» conjointement avec les missionnai-
» res, de faire ensorte que le tribut
» soit payé avec exactitude. Ainsi l'on
» n'a pas affaire en ce pays, comme en
» Europe, à de féroces exacteurs,
» mille fois plus odieux, que les impôts
» même qu'ils sont chargés de perce-
» voir.

» Ce que le roi d'Espagne retire de
» ces Indiens, suffit à peine pour
» l'indemniser de ce qu'il dépense en
» leur faveur : car toutes les fois qu'on

» envoie, par son ordre, au Paraguay,
» des missionnaires d'Europe, il paye
» pour chacun d'eux environ douze
» cens francs. On tire de plus, dix
» mille piastres chaque année, du
» trésor royal, pour leur entretien.
» C'est encore sa majesté, qui fait les
» frais du vin pour les messes, & de
» l'huile pour les lampes qui brû-
» lent dans les églises. Enfin ce prince
» donne tous les ans, à chaque réduc-
» tion, plus de six cens livres, pour
» se fournir de remedes, sans compter
» les aumônes extraordinaires, qui mon-
» tent souvent à des sommes considé-
» rables. Du tems de Philippe V, on
» insista beaucoup sur la modicité du
» tribut des Paraguéens, tandis que
» les autres Indiens paient cinq fois
» autant; mais ce prince défendit de
» rien changer à ce qui étoit réglé,
» & donna sa parole royale, qu'il
» maintiendroit les choses toujours
» dans le même état.

» C'est une erreur, poursuit le
» Jésuite, de croire que nous sommes
» tellement les maîtres de cette répu-
» blique, que les Guaranis ne recon-
» noissent d'autre autorité que la nôtre.

» Qui peut ignorer, en effet, avec
» quelle promptitude ces peuples obéif-
» fent aux vice-rois, aux gouverneurs,
» aux évêques, à tous les officiers de
» fa majefté ? Au plus petit figne de
» leur volonté, on les voit fortir avec
» empreffement de leur pays, fe pour-
» voir eux-mêmes des armes néceffai-
» res, & faire à pied, deux, trois,
» quatre cens lieues, pour travailler,
» pour combattre & pour mourir, s'il
» le faut, au fervice du roi. Ils ne re-
» çoivent, dans ces occafions, aucune
» efpece de folde ni d'appointement.
» Quel vaffal fur la terre rend un pareil
» hommage à fon feigneur ? Quels
» fujets a-t-on vu fervir ainfi leurs fou-
» verains ? Les gouverneurs de la pro-
» vince font, de tems en tems, la vifite
» des réductions, & y trouvent la
» plus parfaite foumiffion à leurs or-
» dres. Les officiers de ces peuplades
» vont, toutes les années, fe préfen-
» ter à ces mêmes gouverneurs, pour
» en obtenir la confirmation de leurs
» offices. Il eft bien vrai que les Jéfuites
» n'ont point d'amis plus ardens, ni de
» difciples plus zélés, que leurs chers
» néophites ; que fi l'on entreprenoit
» de

» de changer leur gouvernement, cette
» démarche seroit bientôt suivie d'une
» prompte révolte ; & qu'enfin l'ad-
» ministration roule absolument, ou
» principalement, sur les missionnaires.
» Le génie borné de ces Indiens exige
» que ces religieux entrent dans toutes
» leurs affaires, & qu'ils les dirigent
» autant pour le temporel, que pour
» le spirituel. Cependant chaque bour-
» gade a les mêmes officiers de justice
» & de police, que les villes Espagnoles;
» mais, comme on ne sauroit guère
» compter sur leur capacité, ils ne
» peuvent infliger aucune peine, ni rien
» décider de quelqu'importance, sans
» l'approbation de leurs pasteurs. Ces
» officiers sont élus par les habitans,
» & confirmés par le curé, qui se
» réserve ainsi le pouvoir de rejetter
» ou d'admettre ceux qu'il juge plus
» ou moins capables de ces emplois.
» Un homme d'esprit, comparant cette
» colonie avec l'ancien gouvernement
» de Lacédemone, disoit que l'essence
» d'un Paraguéen étoit de dépendre des
» Jésuites, comme autrefois celle d'un
» Spartiate, d'obéir aux loix de Lycur-
» gue. Tout est en commun dans la

» contrée des missions, comme dans
» la république grecque. Les rivaux
» d'Athenes avoient proscrit l'argent
» & le luxe. Les voisins du Pérou ne
» connoissent ni l'or ni l'argent. Tout
» se ressemble ; à cela près, que les
» Spartiates avoient des esclaves, &
» que les prêtres n'étoient point ad-
» mis au gouvernement de l'état ;
» qu'ici au contraire, les prêtres seuls
» gouvernent la nation, & que les
» Paraguéens sont les esclaves de ces
» prêtres. On en a voulu faire un
» crime aux jésuites ; mais il leur sera
» toujours glorieux d'avoir montré
» & fait goûter à des peuples cruels,
» l'idée de la religion jointe à celle de
» l'humanité, de leur avoir donné nos
» arts sans notre luxe, nos besoins sans
» nos desirs ; & s'il est vrai qu'ils aient
» amassé des trésors, au moins n'est-ce
» qu'en rendant des hommes heureux.
» C'est être assurément très-louable,
» que de savoir allier ainsi son utilité
» particuliere au bonheur public.

» Il y a ordinairement deux jésuites
» dans chaque réduction. Le second est
» presque toujours un missionnaire
» nouvellement arrivé d'Europe. Il

» sert de vicaire au premier, & apprend
» en même tems la langue des Indiens.
» Le curé est supérieur chez lui ; &
» comme il a toujours six enfans desti-
» nés au service de l'église, sa maison
» est une petite communauté, où tout
» se fait au son de la cloche, & se
» gouverne comme dans un couvent.
» Lui-même est dans une dépendance
» entiere du supérieur de la mission,
» qui est continuellement occupé à
» faire la visite des paroisses.

» A l'arrivée de quelques nouveaux
» missionnaires, il n'est rien que ces
» bonnes gens n'imaginent pour expri-
» mer toute leur joie. Les fêtes ne finis-
» sent point durant le séjour que font
» les Jésuites dans les bourgades placées
» sur leur route ; & il s'y mêle toujours
» du spectacle. Nos peres, de leur côté,
» y répondent par une tendresse plus
» que paternelle, & portent leurs soins
» jusqu'aux moindres détails. Ils visi-
» tent les maisons, pour voir si rien n'y
» manque ; ils sont présens lorsqu'on
» tue les bêtes, pour que la distri-
» bution des viandes se fasse avec
» équité, & empêcher que rien ne se
» perde.

» Quoique les Paraguéens aient l'es-
» prit naturellement fort borné, on re-
» marque cependant qu'ils réussissent,
» comme par instinct, dans tous les
» arts auxquels on les applique. Il est
» vrai qu'ils n'ont pas celui de l'in-
» vention ; mais ils ont, au suprême
» degré, le talent d'imiter tout ce
» qu'ils voient. Qu'on leur montre
» une croix, un chandelier, un en-
» censoir ; qu'on leur donne la matiere
» pour en faire de semblables ; & l'on
» aura de la peine à distinguer leur
» ouvrage d'avec le modèle. Il y a
» par-tout des atteliers de doreurs, de
» peintres, de sculpteurs, d'horlogers,
» de menuisiers, &c. Dès que les
» enfans sont en âge de pouvoir com-
» mencer à travailler, on les conduit
» dans ces laboratoires ; & on les fixe
» dans ceux pour lesquels ils paroissent
» avoir le plus d'inclination. Leurs
» premiers maîtres ont été des freres
» Jésuites, qu'on avoit fait venir d'Eu-
» rope à ce dessein.

» Pendant un assez long tems, ces
» Indiens ne possédoient rien en pro-
» pre ; mais depuis qu'ils n'ont plus
» à craindre de changer de demeure,

» on a assigné, pour chaque famille, une
» portion de terrein, qui peut leur
» fournir le nécessaire ; car de la ma-
» niere dont on les éleve, ils ne con-
» noîtront jamais le superflu. Outre
» ces terreins particuliers, il y en
» a d'autres qui appartiennent à la
» commune, & dont les fruits sont
» déposés dans des magasins publics,
» pour les besoins imprévus, pour
» l'entretien des églises, pour les in-
» firmes, pour ceux qu'on envoie
» à la guerre, &c. Le surplus se
» met dans la masse du commerce ;
» & c'est de ce fond, que l'on paye
» le tribut ; que l'on achete les provi-
» sions pour les troupes, &c. Si quelque
» réduction se trouve dans la disette,
» soit par l'intempérie des saisons, soit
» par un de ces accidens qui font per-
» dre, aux laboureurs les plus soigneux,
» le fruit de leurs travaux, soit enfin
» par la mortalité du bétail, les peu-
» plades voisines ne manquent jamais
» de la secourir, sans exiger d'autre
» retour, qu'un secours pareil dans
» un pareil besoin.

» L'habillement des paraguéens
» consiste en un juste-au-corps, des

» culottes à l'espagnole, & un surtout
» de toile de coton, qui leur descend
» jusqu'à mi-jambe. Il n'y a que les
» officiers ou les notables, qui soient
» chaussés. L'habit ordinaire est tou-
» jours blanc ; les vêtemens de couleur
» ne se portent que les jours de fête.
» Les femmes ont une chemise sans
» manches, qui leur tombe sur les
» talons, une ceinture, une tuni-
» que de la même longueur que la
» chemise, mais d'une toile plus fi-
» ne, & avec des manches. Elles ne
» la quittent, que lorsqu'elles travail-
» lent à la campagne ; & comme leurs
» cheveux noirs, longs & flottans
» ressemblent à un voile, on croit
» voir de loin des religieuses en che-
» mise, qui cultivent la terre. Elles se
» ceignent le front d'un bandeau forte-
» ment serré, & y attachent des far-
» deaux qu'elles laissent poser sur leurs
» épaules. Si on s'en rapportoit à ces
» peuples, du soin de se vêtir, ils
» iroient bientôt nuds, comme les
» sauvages. Les atteliers pour les habits
» sont réunis dans une grande cour,
» auprès de la maison, & sous les yeux
» des missionnaires. Là se trouvent

» différentes especes d'ouvriers, &
» sur-tout des tisserands, toujours oc-
» cupés à faire de la toile. Ils sont en-
» tretenus aux dépens de la réduc-
» tion, & ne reçoivent point d'autre
» salaire.

» Les peuplades chrétiennes, quoi-
» que bâties avec simplicité, sont
» grandes, vastes, bien situées, les rues
» tirées au cordeau, les maisons unifor-
» mes, construites de cannes, couver-
» tes de tuiles, & rangées à peu-près
» comme les boutiques d'un marché.
» Elles n'ont qu'un rez-de-chaussée, qui
» consiste en une salle quarrée, où loge
» toute une famille. Entre les édifices
» publics, on voit une maison de force
» pour les femmes de mauvaise vie.
» Elle sert en même tems de retraite à
» celles qui n'ont plus de parens, ou
» dont les maris sont en voyage ou à la
» guerre. La place publique, à laquelle
» l'église fait face, est au milieu de la
» bourgade, ainsi que l'arcenal où
» toutes les armes & les munitions
» sont renfermées. Rien n'est négligé
» dans ces villages ; il s'y trouve
» jusqu'à des fabriques de poudre à
» canon, dont une partie est réservée

» pour les troupes, & l'autre employée
» aux feux d'artifice, par lesquels on
» solemnise toutes les fêtes civiles &
» écclésiastiques. On fait l'exercice
» toutes les semaines; car il y a, dans
» chaque réduction, deux compagnies
» de milice, dont les officiers ont un
» uniforme galonné d'or ou d'argent,
» selon leur grade; mais ils ne le por-
» tent que lorsqu'ils vont à la guerre,
» ou les jours de parade. Hors de là,
» on ne distingue point le soldat du
» simple habitant; & ces braves, qui
» font la sûreté de la république, &
» qu'on voit revenir souvent couverts
» de lauriers, dès qu'ils n'ont plus les
» armes à la main, sont l'exemple des
» autres par leur piété, leur douceur,
» leur modestie & leur soumission.
» Ils conservent entre eux cette éga-
» lité parfaite, le plus ferme appui de
» l'union & de la tranquillité des ci-
» toyens.

» Outre les exercices ordinaires,
» il y a, de tems en tems, des prix
» proposés pour les archers, les lan-
» ciers, les frondeurs & ceux qui
» tirent au blanc. De peur de surprise,
» on entretient, en tout tems, un corps
» de cavalerie, qui bat l'estrade, &

» donne avis de tout ce qu'il a décou-
» vert. Ce n'eſt ni pour faire des con-
» quêtes, ni pour s'enrichir des dé-
» pouilles des autres nations, que les
» Guaranis prennent les armes ; c'eſt
» pour ſe garantir des entrepriſes de
» leurs voiſins, dont ils ne peuvent
» eſpérer ni paix ni treve, qu'autant
» qu'ils ſont en état de ſe faire crain-
» dre. Si l'on ne mettoit un frein à la
» férocité de ces nations infideles, ces
» barbares, ennemis de la paix & du
» repos, accoutumés à ſe pourſuivre,
» ſans ceſſe, pour ſe dévorer les uns
» les autres, iroient au ſein des réduc-
» tions, porter le meurtre & le carnage.
» Il ne s'eſt paſſé aucune action un peu
» importante, depuis cent ans, au Para-
» guay; il ne s'eſt remporté aucune vic-
» toire, à laquelle ces peuplades chré-
» tiennes n'ayent eu la meilleure part,
» & où elles n'ayent donné des preu-
» ves éclatantes de leur courage &
» de leur attachement au ſervice du
» roi. Ajoutez à cela, qu'elles ont tou-
» jours fait la guerre à leurs propres
» frais, ſe croyant aſſez payées, par
» l'honneur qu'elles avoient de ſervir
» ſa majeſté. Il eſt vrai qu'elles ont

» besoin d'avoir à leur tête des offi-
» ciers Espagnols; parce qu'elles ne
» savent ni se ranger, ni garder aucun
» ordre. Leur coutume est de se jetter
» toutes ensemble sur l'ennemi, en
» poussant des cris & des hurlemens
» épouvantables. On leur envoie donc,
» en tems de guerre, des militaires
» expérimentés, qui les exercent pen-
» dant quelques jours, avant que de
» les mener au combat.

» On se récria beaucoup en Espa-
» gne, lorsqu'on leur permit l'usage
» des armes à feu; & il n'est rien que
» l'on n'ait tenté, pour faire révoquer
» cette permission. Philippe V, per-
» suadé que les missionnaires sont plus
» intéressés que personne, à empêcher
» que leurs néophites n'en abusent,
» se contenta, en 1743, de recom-
» mander au provincial des jésuites,
» de conférer avec ses religieux, sur
» les moyens de prévenir les inconvé-
» niens qui en pourroient résulter. Ces
» armes ne restent point dans les mai-
» sons des particuliers; elles sont dé-
» posées dans l'arcenal, aussi-tôt qu'on
» cesse d'en avoir besoin.

» Les habitans des réductions man-
» quent de plusieurs choses que leur
» contrée ne produit point, & qu'ils
» sont obligés de se procurer par le
» commerce qu'ils font, par échange,
» des fruits de leur pays. Ils envoient
» dans les villes Espagnoles, tout ce
» qui leur reste de toile, de tabac, de
» peaux, d'herbe du Paraguay, &c,
» après s'en être suffisamment pour-
» vus eux-mêmes. Tous ces effets sont
» remis entre les mains du procu-
» reur - général des jésuites. Celui-ci
» les vend ou les troque, & en rend
» compte aux réductions. L'excessive
» simplicité des Indiens ne permet
» pas de leur laisser faire ce trafic
» par eux-mêmes : ils seroient trop
» souvent la dupe des Européens, qui
» abuseroient sans scrupule de leur
» imbécillité, & à force de les trom-
» per, les rendroient fourbes & mé-
» chans comme eux. Ceux qui vont
» conduire ces marchandises dans les
» villes, sont défrayés, & leurs champs
» cultivés à frais communs. On sait
» au juste ce qu'ils doivent rapporter,
» parce que tous les prix sont fixés,
» & qu'on ne marchande jamais.

» Malgré cette police, & les mesu-
» res que l'on prend pour ne laisser
» manquer personne du nécessaire, il
» arrive quelquefois, par la paresse
» & le peu de prévoyance de ces peu-
» ples, qu'ils n'ont pas de quoi ense-
» mencer leurs terres. On leur prête
» alors une certaine quantité de grains,
» qu'ils sont obligés de rendre après
» la récolte. Les missionnaires choisis-
» sent parmi les plus vigilans, des
» inspecteurs qu'ils chargent de par-
» courir les campagnes, & d'exami-
» ner si l'on seme, si l'on moissonne
» à tems, si l'on prend des mesures,
» pour faire durer la provision de
» bled ; enfin, si les bestiaux sont
» bien soignés. On punit séverement
» les paresseux ; parce qu'il est éga-
» lement de l'intérêt public & de
» celui des particuliers, que chacun
» remplisse sa tâche, & que ceux qui
» restent oisifs, ne vivent pas aux dé-
» pens de ceux qui travaillent. Faute
» de ces précautions, on éprouveroit
» de fréquentes disettes ; car ces gens
» ont un appétit si prodigieux, que dans
» les commencemens, on ne pouvoit
» pas laisser à leur discrétion les bœufs

» dont ils se servoient pour labourer,
» de peur qu'ils ne les missent en pieces,
» & ne les dévorassent. Il ne faut pas
» même dissimuler, que les plus tou-
» chantes exhortations n'auroient pas
» suffi pour les attirer à la connoissance
» du vrai Dieu, si l'on n'eût commencé
» par leur fournir des vivres en abon-
» dance : car lorsqu'il fut question de
» former les premieres peuplades, ils
» disoient aux missionnaires : si vous
» voulez que nous restions avec vous,
» donnez - nous bien à manger ; car
» nous avons toujours faim. Ils sont
» encore les mêmes sur cet article, &
» n'ont point de tems marqué pour les
» repas. Ils se reglent à cet égard, non
» sur l'horloge, mais sur le besoin ;
» chez eux, c'est toujous l'appétit qui
» sonne l'heure.

» On ne souffre aucun mendiant
» dans cette république ; & l'on n'y
» laisse personne oisif. On n'y voit
» ni procès, ni querelles, parce
» qu'on n'y possede rien en propre ;
» car on peut dire que c'est n'avoir
» rien à soi, que d'être toujours dis-
» posé à partager le peu qu'on a, avec
» ceux qui sont dans le besoin. On y
» est quelquefois plus occupé pour les

» autres que pour soi-même. Le tra-
» vail des femmes n'y est pas moins
» réglé, que celui des hommes. Au
» commencement de la semaine, on
» leur distribue une certaine quantité
» de laine & de coton, qu'elles sont
» obligées de rendre le samedi au soir,
» toute prête à mettre en œuvre pour
» faire des toiles & des étoffes. Chacun
» doit être retiré chez soi à une heure
» marquée. La patrouille commence
» aussi-tôt sa marche, & ne cesse point
» de faire sa ronde pendant toute la
» nuit. On n'y emploie que des person-
» nes, sur qui l'on puisse compter; &
» on les change toutes les trois heures.
» Pour faire le choix de ceux à qui on
» confie ainsi le bon ordre & la sûreté
» publique, on prend les mêmes me-
» sures, que lorsqu'il est question d'é-
» lire les officiers qu'on destine aux
» charges & au service des églises.

» On a cru devoir employer les plus
» grandes précautions, pour empê-
» cher que les Paraguéens n'eussent
» aucun commerce avec les Espagnols
» qui habitent les villes, & que ceux-
» ci ne pussent jamais s'arrêter dans
» le pays des Jésuites. S'il leur arrive

» de prendre cette route pour aller
» au Chili ou au Pérou, ils ne doivent
» rester que trois jours dans chaque
» peuplade. Ils logent dans des maisons
» commodes, mais isolées ; on ne leur
» laisse manquer de rien ; mais ils ne
» parlent à aucun habitant ; & quoi-
» que sujets du même maître, on les
» traite comme des étrangers dange-
» reux ou suspects. On craint qu'ils
» ne corrompent les mœurs des In-
» diens ; & cette raison si déshono-
» rante, si outrageante même pour une
» nation aussi fiere que l'Espagnole,
» a néanmoins été admise par leurs
» majestés catholiques, qui n'ont pu
» tirer de ces peuples aucun service,
» qu'à cette singuliere condition.

» Les Paraguéens ne sortent point
» de chez eux, soit pour quelque ex-
» pédition militaire, ou pour être em-
» ployés aux travaux du roi, qu'ils ne
» soient accompagnés d'un mission-
» naire, qui leur sert en même tems,
» & d'aumônier & d'interprête ; car
» il ne leur est pas même permis d'ap-
» prendre la langue espagnole. Cette
» réserve fait tenir bien des discours
» au désavantage des Jésuites ; sans

» elle cependant ces nouveaux chré-
» tiens, qui vivent dans la plus grande
» innocence, & ne connoissent aucune
» des passions qui ravagent la terre,
» ne seroient peut-être bientôt plus
» reconnoissables. Il ne faut, pour s'en
» convaincre, que voir la différence
» qui se trouve entre ces néophites,
» & ceux pour lesquels on n'a point
» pris les mêmes précautions. Il faut
» l'avouer, la plupart des mœurs
» castillanes sont corrompues par l'in-
» térêt, le luxe, l'amour du plaisir;
» & malgré toutes les apparences de
» la piété la plus sincere, l'ignorance,
» l'orgueil, l'injustice, la soif de l'or
» & l'incontinence occupent, au fond
» des cœurs, la place de la religion.
» Quand on dit aux Indiens, que la
» loi chrétienne ne permet pas d'avoir
» plus d'une femme ; qu'elle donne à
» ses disciples des leçons d'humilité,
» d'abnégation, de charité, ils ne
» manquent pas d'opposer la con-
» duite des Espagnols ; & leur réponse
» est accompagnée d'un sourire de
» mépris, capable de déconcerter le
» zele le plus ardent. Enfin l'expé-
» rience n'a que trop fait connoître;

„ qu'il est impossible de convertir ceux
„ à qui leur situation permet d'exami-
„ ner de trop près les Européens, &
„ d'entretenir commerce avec eux ».

Je suis, &c.

A Buenos-Aires, ce 27 Octobre 1751.

LETTRE CLIII.

SUITE DU PARAGUAY.

Ce qui contribue le plus, Madame, à entretenir la belle harmonie que l'on admire dans la république paraguéenne, c'est le concert qui y regne dans le gouvernement par rapport au spirituel. Lorsque l'évêque a annoncé sa visite, deux ou trois Jésuites se rendent dans sa ville épiscopale, avec un grand nombre d'Indiens, pour l'escorter. D'autres néophites ont ordre de se trouver aux postes qu'on leur a marqués de distance en distance, pour écarter les ennemis, s'il s'en trouvoit sur la route, & pour porter des rafraîchissemens. Dès que le prélat approche d'une réduction, la nouvelle en est reçue avec les plus grands transports de joie. Deux compagnies de cavalerie partent sur le champ, & ne s'arrêtent point, qu'elles ne soient à la vue du cortége. Alors elles se forment, déploient leurs enseignes,

& font, en très-bon ordre, toutes leurs évolutions. Elles defcendent enfuite de cheval, vont fe profterner aux pieds du pontife, lui baifent refpectueufement la main, & reçoivent fa bénédiction.

A une lieue de la bourgade, les officiers & les notables viennent auffi rendre leurs refpects. L'infanterie paroît enfuite, rangée en bataille, fous fes drapeaux. Le fon des tambours, des fifres, des clairons fait retentir les campagnes voifines. L'évêque paffe au milieu de cette troupe, qui bat aux champs & forme la marche. Sa Grandeur entre dans la réduction, aux acclamations du peuple ; les femmes l'attendent ; car on ne leur permet jamais, fous quelque prétexte que ce foit, de fe mêler avec les hommes. Le prélat leur donne auffi fa bénédiction qu'elles reçoivent profternées, & les mains jointes. Par-tout où il paffe, la terre eft jonchée de fleurs & d'herbes odoriférantes. Tout le tems de fa vifite eft employé en de faintes réjouiffances, où l'on eft étonné de trouver un goût, un ordre, une élégance qu'on n'auroit pas dans bien des villes policées de l'Europe. La visite finie, on conduit le pontife à la bourgade prochaine, avec un égal appareil ; & il se rend enfin dans sa ville épiscopale, de la même maniere qu'il en est parti. Un Indien ne connoît point de plus grand bonheur, que de pouvoir, une fois dans sa vie, recevoir & contempler son évêque.

On rend les mêmes honneurs au provincial des Jésuites. Un simple missionnaire, quand il arrive dans une réduction, y est aussi reçu de la maniere la plus distinguée. Un concert mélodieux annonce sa venue. La riviere est couverte de barques pleines d'Indiens armés, qui forment une espece de combat naval, & par leurs luttes, leurs jeux & leurs danses, procurent au pere toutes sortes de divertissemens. Le supérieur & son vicaire se tiennent à quelque distance, chacun à la tête d'une troupe de cavalerie & d'infanterie, qui font devant eux des évolutions militaires. Du rivage, le missionnaire est conduit par une foule de peuples, qui, poussant mille cris de joie, le font passer sous un arc de triomphe. Ils entrent ensemble dans l'église, où le chef des Indiens le félicite par une harangue courte, mais pathétique; tandis que de jeunes filles, vêtues de blanc & ornées de fleurs, l'attendent à la porte, pour lui préfenter en fortant, les fruits & les rafraîchiffemens de la faifon. De jeunes garçons, armés de piques & de lances, exécutent une danfe guerriere, au bruit des trompettes & des clairons. Un ballet formé par d'autres jeunes gens habillés en matelots, en maîtres en fait d'armes, en artifans, en laboureurs, amene un tournoi, une illumination, & un feu d'artifice.

Curieux de voir par moi-même une de ces réductions, je priai le procureur des Jéfuites de Buenos-Aires de me mener à celle de Saint-François-Xavier dans le Tucuman. Nous fîmes ce voyage, à la mode du pays, dans des charriots couverts de cuir. On pratique, dans celui du maître, une petite chambre où fe trouve un lit & une table; les autres font pour les provifions & les domeftiques. Chaque charriot eft traîné par de gros bœufs; & le nombre prodigieux qu'il y a de ces animaux, fait qu'on ne les épargne pas. Quoique cette voiture paroisse lente, on ne laisse pas d'avancer assez vîte. On ne porte avec soi, que du pain, du vin & de la chair salée; à l'égard du gibier & d'autre viande fraîche, on n'en manque point sur la route. Les bêtes à cornes paissent par milliers dans des plaines immenses, & embarrassent même quelquefois les chemins. Les perdrix se laissent approcher de si près, qu'il est aisé de les tuer avec un bâton; mais elles ne sont ni aussi grosses, ni aussi bonnes que les nôtres.

Nous allâmes coucher le premier jour dans une *jaccra*, qui appartient à un Espagnol. On appelle ainsi certaines terres, dont le roi récompense les officiers & les soldats qui se sont signalés à la conquête du pays. On trouve quantité de ces jaccras dans toute l'Amérique. Il y a, dans chacune, un petit village composé de cabanes, où logent les esclaves qui cultivent les terres. Le lendemain, nous nous rendîmes à Santa-Fé, petite ville à six lieues de Buenos-Aires, dans un pays fertile & agréable, le long d'une riviere qui se jette dans le grand fleuve de la Plata. En arrivant à Saint-Xavier, nous allâmes droit à l'églife; & dès que les miffionnaires furent qu'un étranger y faifoit fa priere, ils y defcendirent pour me recevoir. Le fupérieur me préfenta de l'eau benite, & me complimenta. On fonna les cloches; & les enfans qui s'affemblerent fur le champ, entonnerent une hymne paraguéenne, pour rendre graces à Dieu de notre bonne venue. La priere achevée, on me conduifit dans la maifon des peres, pour me rafraîchir; & on me logea dans une chambre commode.

Les églifes du Paraguay ne font deffervies que par les Jéfuites. A la rigueur, les curés devroient être nommés par le gouverneur, & admis par l'évêque aux fonctions de leur miniftere: l'un & l'autre ont été obligés de céder leurs droits au provincial de la fociété, qui, du centre de fes miffions, fait fes vifites dans toutes les peuplades, & y envoie des fujets. Il eft foulagé dans fon emploi par deux vice-fupérieurs, qui réfident, l'un près de la riviere de Parana, l'autre aux environs du fleuve de l'Uraguay. Il n'y a donc dans les réductions, ni clercs, ni prêtres féculiers, ni moines. On y choifit seulement, parmi les plus habiles de la nation, des especes de bédeaux, qui font aussi l'office de chantres, & aident les missionnaires dans l'exercice de leurs fonctions. Les peres & les meres les consultent, quand il leur est né un enfant, sur le nom qu'il faut lui donner. On suppose que ces chantres doivent savoir de quel saint on célebre la fête ce jour-là. Mais il arrive souvent que le bédeau n'entendant pas le latin, leur suggere un nom peu convenable, tel que *Capharnaum*, si c'est un garçon, & *Piscina*, lorsque c'est une fille, parce que ce sont les mots qui l'ont le plus frappé dans la messe du jour. Le missionnaire, qui vient ensuite pour administrer le baptême, instruit de la simplicité du chantre, après lui avoir montré son erreur, nomme l'enfant comme il lui plaît.

On pratique dans chaque réduction, non-seulement tout ce qui est d'usage dans les paroisses bien réglées de l'Europe, mais encore beaucoup d'autres exercices de piété, qu'on a jugé à-propos d'y introduire. On choisit des hommes fervens & zélés, qui sont,

chez

chez ces Indiens, ce qu'étoient à Rome les censeurs : ils doivent veiller spécialement sur la conduite & sur les mœurs des néophites. S'ils découvrent que quelqu'un soit tombé dans une faute, ils le conduisent à l'église, revêtu d'un habit de pénitent. Le missionnaire le condamne à recevoir le fouet au milieu de la place publique. Le coupable humilié baise la main & les verges qui l'ont frappé, en disant : « Dieu vous récompense de m'avoir » soustrait, par cette punition légere, » aux peines éternelles dont j'étois » menacé ». Ce qu'il y a d'admirable, c'est que des personnes qui ont aussi commis en secret quelque péché, viennent s'en accuser publiquement, & prient avec instance, qu'on leur impose la même pénitence : ce qui est exécuté sur le champ, & souvent avec les mêmes verges.

Comme les missionnaires ont à faire à des gens d'un entendement grossier, sur qui les raisons les plus convaincantes font moins d'impression que les objets materiels, ils ont pris un soin particulier de présenter à l'imagination de leurs néophites, ce qui pouvoit augmenter leur respect pour les choses saintes. En conséquence, ils ont voulu que les temples du vrai Dieu fussent bâtis & entretenus avec la plus grande magnificence. Les premieres églises n'étoient que de bois, & d'une structure fort grossiere. Elles avoient pourtant déja de quoi surprendre & frapper des sauvages, dont les yeux n'étoient point accoutumés à de pareils objets. La plupart sont aujourd'hui assez belles, pour plaire même à des Européens. Les autels sont ornés de tableaux, de colonnes, de statues & de bas-reliefs; on voit sur les murs la représentation de nos mysteres, où ces bonnes gens peuvent étudier les principaux dogmes de la religion. Des guirlandes de fleurs naturelles environnent l'intérieur de la nef; le pavé est jonché d'herbes odoriférantes: on l'arrose d'eau de senteur; on y brûle des parfums.

Pour entretenir le bon ordre durant les cérémonies de l'église, on place d'un côté toutes les petites filles, & de l'autre les petits garçons, auprès de la balustrade du sanctuaire. Chaque troupe a derriere elle son zélateur; c'est une personne qui tient en main une grande verge, dont il frappe sur le champ quiconque s'écarte tant soi peu de la modestie & du respect convenables. Après les enfans viennent les jeunes gens de l'un & l'autre sexe, pareillement observés par un zélateur d'un âge un peu plus avancé. La troisieme classe comprend les hommes & les femmes de tout âge, également séparés les uns des autres. Ils ont aussi leurs zélateurs élus parmi les vieillards, & sont, comme les enfans, sujets aux coups de verges.

Tous les habitans de la réduction doivent assister à la messe chaque jour, à moins qu'ils n'ayent des raisons légitimes & connues pour s'en dispenser. Chacun se rend ensuite à son travail, & le soir la cloche appelle tous les fideles à l'église, pour y réciter le rosaire. Pardonnez-moi, Madame, ces petits détails; ils entrent dans l'institution politique de ce gouvernement singulier, & unique dans l'univers. Ce sont les moyens que les Jésuites ont employés pour se former & s'attacher quatre cens mille sujets. Cet établissement avoit commencé par cinquante familles ; & il monte aujourd'hui à plus de cent mille, diſtribuées en trente-deux cantons, appellés le pays des miſſions : chaque canton contient plus de dix mille habitans.

Le dimanche, tout le monde ſe rend de grand matin à l'égliſe, pour y célébrer les mariages, qu'on remet à ce jour là, afin de leur donner plus de ſolemnité. Cette cérémonie eſt terminée par l'office divin ; enſuite on examine ſi perſonne ne s'eſt abſenté, s'il n'eſt point arrivé, au dedans ou au dehors de la réduction, quelque déſordre auquel il ſoit néceſſaire de remédier ; & l'on impoſe des pénitences à ceux qui ſe trouvent coupables. C'eſt communément la priſon ou le jeûne ; ſi la faute eſt grave, elle eſt toujours punie par le fouet. Après le dîner, on baptiſe les enfans & les catéchumenes, qui ſont ordinairement en grand nombre. Le reſte du jour ſe paſſe en d'autres exercices ; car les miſſionnaires ne laiſſent jamais ce peuple déſœuvré.

Un autre moyen auquel ils ont eu recours, pour nourrir & accroître la dévotion des Paraguéens, a été d'introduire la musique dans les réductions. Vous avez vu combien cet art a de charmes pour ces Indiens. Il est même assez commun de rencontrer de belles voix parmi eux ; & l'on prétend qu'ils en sont redevables aux eaux de leurs fleuves. On apprend aux enfans à chanter & à jouer des instrumens, avec autant de justesse & de précision qu'en Italie ; & il s'est établi dans chaque peuplade, une chapelle de musiciens, qui exécutent les morceaux les plus difficiles, que les Jésuites font venir d'Europe. L'orgue, le luth, le violon, l'épinette, le violoncelle, & les autres instrumens dont ils se servent, sont presque tous l'ouvrage de leurs mains.

Ces peuples n'ont pas moins de goût pour la célébration des fêtes solemnelles : mais c'est sur-tout à la fête-Dieu, & à celle de la paroisse, qu'ils font éclater leur magnificence & leur zele. Ils élevent, au milieu & aux extrémités de chaque rue, des arcs de triomphe, composés de branches d'arbres, avec des festons de fleurs & de fruits. Ils y suspendent les cerfs, les tigres, les lions, & d'autres animaux qu'ils ont pris à la chasse. La pêche leur fournit les poiſſons ; ils y joignent toutes les eſpeces d'oiſeaux rares par leur groſſeur ou leur plumage. Ils tâchent, le plus qu'ils peuvent, de les avoir en vie, & raſſemblent les plus remarquables par la beauté & la diverſité de leurs couleurs. Ils les attachent par le pied avec un cordon aſſez long, pour qu'ils puiſſent, en voltigeant de branche en branche, faire briller l'éclat de leurs plumes. Le comble de la magnificence, eſt de placer, le long des rues, des tigres vivans, ou d'autres bêtes féroces, priſes dans des piéges, & liées de maniere qu'elles ne puiſſent faire aucun mal. Le devant des maiſons eſt orné à peu-près comme les arcs de triomphe. Les femmes entremêlent, avec les compartimens de verdure, des tourtes & des gâteaux, ſous mille formes différentes. C'eſt à qui étalera le plus de richeſſe & d'abondance, à qui montrera plus d'intelligence & de goût : les fleurs, les fruits, les plantes, les oiſeaux, les poiſſons, les quadrupedes, toutes les créatures ſemblent s'être réunies, pour rendre, ce jour là, hommage au créateur. On voit, dans de jolies corbeilles, le maïs & les autres grains dont les Indiens doivent enfemencer leurs terres, afin que le feigneur, à fon paffage, daigne y répandre fa bénédiction, & les multiplier à proportion des befoins de la peuplade.

La dévotion des chrétiens du Paraguay ne fe borne pas à ces pratiques extérieures. On tâche fur-tout de les former à cette partie effentielle de la vraie religion, qui confifte à réprimer les paffions. L'incontinence eft bannie des réductions; les jeunes gens s'y marient de très-bonne heure, tant pour augmenter le nombre des fujets, que pour empêcher la débauche. S'il arrivoit quelque fcandale en ce genre, le châtiment fuivroit de près le délit. Les Jéfuites ont des émiffaires fecrets, qui les avertiffent, fur le champ, de tout ce qui pourroit demander un prompt remede. On change trois fois, pendant la nuit, ces efpeces de fentinelles, qui paroiffent n'être occupées que de la fûreté du pays, mais dont l'emploi eft principalement de veiller fur la conduite & les mœurs des habitans.

L'horreur pour le vol, le meurtre & les autres excès de cette nature, est établi dans toutes les peuplades, par les exhortations continuelles des missionnaires. Les châtimens même sont toujours précédés d'une remontrance qui dispose les coupables à les recevoir comme une correction fraternelle; & ces ménagemens de douceur & d'affection, mettent le curé à couvert de la haine & de la vengeance de celui qu'il fait punir. Aussi ces ames simples, qui croient leurs directeurs incapables d'erreur & d'injustice, ont pour eux un attachement & un respect, dont on cite des exemples étonnans. Il y a quelques années, qu'une troupe d'infideles forma le dessein d'ôter la vie au pere Ruiz. Ils se proposoient de faire un excellent repas de sa chair, qu'ils croyoient devoir être fort délicate, parce que les Jésuites sont les seuls au Paraguay, qui fassent usage du sel. Ces barbares étant donc entrés, à la faveur des ténebres, dans la réduction où étoit le Jésuite, le cherchoient de tous côtés. Un néophite, qui les apperçut, courut vîte à la maison du pasteur, prit son manteau long & son grand chapeau, & alla se montrer en cet équipage aux barbares, afin que, déchargeant sur lui seul toute leur fureur, ils épargnassent le missionnaire. Un autre Indien, homme d'âge & d'autorité parmi les siens, étant à l'article de la mort, fit appeller tous ses voisins, & les conjura de ne jamais abandonner les peres, sous quelque prétexte que ce pût être. « Car, dût-il vous en coûter la vie, ajouta-t-il, vous seriez du moins sûrs de ne pas mourir sans sacremens ». Un Jésuite trouva au pied d'un arbre, un Paraguéen qui se lamentoit. Le missionnaire lui demanda quel étoit le sujet de sa douleur. « Je pleure, répondit le néophite, de voir les peres s'exposer, loin de leur patrie, à tant de dangers, pour assister de pauvres Indiens ».

Quel spectacle, Madame, plus digne d'admiration, que de voir des hommes autrefois si barbares, changés en chrétiens aujourd'hui si fervens; des républiques qui ne connoissent presque d'autres loix, que celles de l'évangile, & où les vertus parfaites du christianisme sont devenues, si j'ose ainsi m'exprimer, des vertus du peuple! Au reste, la religion n'est pas l'unique source du bonheur des Paraguéens. Une liberté bien réglée, des provisions abondantes, un logement commode, la paix, l'union, la concorde, voilà ce qui acheve de les rendre entiérement heureux. Les habitans de ces réductions sont à la vérité sujets du roi d'Espagne, & dépendent des commendans de la province; mais le poids de cette sujétion est si léger, que sous l'autorité & la direction des Jésuites, ils sont en effet gouvernés comme dans une république libre. Ainsi l'on vit autrefois des nations nombreuses se ranger sous l'obéissance des Romains; & en même tems qu'elles devenoient, en apparence, leurs tributaires, elles évitoient l'esclavage réel, dont elles étoient menacées par des nations plus puissantes.

Les missions du Paraguay sont environnées d'idolâtres, dont les uns vivent en bonne intelligence avec les nouveaux convertis; les autres les menacent continuellement de leurs incursions. L'ardeur des missionnaires les conduit souvent chez ces barbares; & ils en convertissent toujours un certain nombre. Les plus obſtinés ſont les Guenoas, non-ſeulement parce qu'ils ſont dans l'habitude d'une vie licentieuſe, mais c'eſt qu'ayant parmi eux pluſieurs métifs, & même quelques Eſpagnols noircis de crimes, le mauvais exemple qu'ils en reçoivent, les éloigne des vérités qu'on leur prêche. Les Charuas montrent moins de réſiſtance, parce qu'ils ſont plus laborieux, & n'ont aucune communication avec ces Eſpagnols fugitifs.

Dès la fin du dernier ſiecle, on comptoit déja, dans le pays des Moxes, huit à neuf peuplades chrétiennes, dont la converſion étoit due au zele du pere Baraze. Sous le nom de Moxes, on comprend un aſſemblage de différentes nations infideles, qui habitent une contrée immenſe près de la zone torride. La plupart ſe réduiſent à trois ou quatre cens hommes; & quoiqu'elles confinent les unes aux autres, elles parlent chacune une langue différente, ne s'entendent pas, n'ont entr'elles aucun commerce, ſe font ſouvent la guerre, & mangent leurs priſonniers. Le pere Baraze conduiſit lui-même depuis Lima, juſqu'à ſa nouvelle mission, un nombreux troupeau de vaches & de taureaux, qui s'étant multipliés dans la suite, sont devenus d'une très-grande utilité dans ce pays. Des Moxes il passa chez d'autres Sauvages, & parvint jusqu'à la terre des Baures, où il fut massacré, au milieu de ses travaux apostoliques.

La nation des Manacicas est répandue dans un grand nombre de villages assez peuplés. Leurs mœurs différent entiérement de celles des autres Indiens; & leurs maisons ont toutes un air de symmétrie & de propreté, qui ne se trouve point ordinairement chez les sauvages. La plus gande est habitée par le cacique, en qui réside l'autorité souveraine. Ses terres sont cultivées aux dépens du public; sa table, toujours couverte de ce qu'il y a de meilleur dans le pays, ne lui coûte rien à entretenir. Nul ne peut pêcher ni chasser sans sa permission; chaque habitant lui doit le dixieme de son revenu; il punit les coupables, & maltraite, s'il le veut, les innocens; il peut avoir plusieurs femmes, & prend, s'il le juge à propos, les femmes de ses sujets: enfin, les Manacicas, par-tout environnés de peuples libres, mais barbares, ont tous les caracteres qui distinguent les peuples policés.

Les Indiens appellés Tscharos, n'ont presque de l'homme que la figure. Il ne faut d'autre preuve de leur barbarie, que la bisarre coutume qu'ils observent à la mort de leurs proches. Chaque parent du défunt est obligé de se couper l'extrêmité des doigts de la main, ou même un doigt entier, s'il veut témoigner une plus grande douleur. S'il arrive qu'il meure assez de personnes, pour que les mains soient tout-à-fait mutilées, il vont aux pieds, dont ils se font aussi couper les doigts, à mesure que la mort leur enleve quelque parent. La nation la plus perverse, celle qui s'est rendue la plus redoutable aux missionnaires, aux chrétiens, aux infideles même, ce sont les Mammelus, ainsi nommés pour exprimer apparemment leur ressemblance avec les anciens brigands d'Egypte. Voici ce que m'a raconté, de ce peuple cruel & perfide, un habitant de Buenos-Aires.

« Dans le tems que les Portugais
» firent la conquête du Brésil, ils y

» établirent diverses colonies, & en-
» tr'autres, celle de S. Paul, sur un ro-
» cher fort escarpé, que des monta-
» gnes inaccessibles & d'épaisses forêts
» environnent de toutes parts. Les
» habitans, qui n'étoient d'abord com-
» posés que d'hommes, prirent des
» femmes du pays ; & de ce mêlange
» naquirent des enfans qui eurent tous
» les défauts de leurs meres. Ils tom-
» berent dans un tel décri, par le déré-
» glement de leurs mœurs, que leurs
» voisins auroient cru se déshonorer,
» d'entretenir des liaisons avec eux ;
» & quoiqu'ils fussent originairement
» Portugais, on les jugea indignes de ce
» nom ; & on leur donna celui de Mam-
» melus. Des fugitifs de tous les ordres
» & de toutes les nations, des prêtres,
» des religieux, des soldats, des arti-
» sans, des Portugais, des Espagnols,
» des créoles, des métifs, des mulâ-
» tres, des negres, &c, qui fuyoient
» les poursuites des hommes & de la
» justice, ne craignant point celle
» du ciel, y chercherent un asile. Cette
» république ne consistoit d'abord
» qu'en une centaine de familles, qui
» pouvoient monter à trois ou quatre

» cens personnes; dans l'espace de
» quinze ou vingt ans, elle s'accrut
» de dix à douze fois ce nombre. Les
» Paulistes prennent la qualité de peu-
» ple libre, & ne donnent d'autre mar-
» que de dépendance aux Portugais,
» qu'un tribut annuel de la cinquieme
» partie de l'or qu'ils tirent de leur
» propre fonds. Chaque fois qu'ils l'en-
» voient payer, ils font déclarer que
» le devoir ou la crainte n'y ont aucu-
» ne part, & que leur unique motif est
» un ancien sentiment de respect pour
» le roi de Portugal. Ils sont si jaloux de
» leur liberté, qu'ils ferment l'entrée
» de leur terre aux étrangers, à moins
» qu'ils ne s'y présentent dans le des-
» sein de s'y établir : alors on les assu-
» jettit à de longues épreuves. On leur
» fait faire de pénibles courses, dans
» lesquelles ils sont obligés d'enlever
» chacun deux Indiens, qu'ils doivent
» amener pour l'esclavage, & qui sont
» employés au travail des mines & de
» l'agriculture. Si l'on ne soutient point
» ces épreuves, ou si l'on est soupçonné
» de quelque perfidie, on est puni de
» mort sans pitié.

» Le goût du brigandage s'étant

» continuellement accru parmi tant de
» gens accoutumés au crime, ils rem-
» plirent d'horreur une immenſe éten-
» due de pays. Les deux couronnes
» d'Eſpagne & de Portugal, réunies
» ſur la même tête, étoient également
» intéreſſées à purger la terre de ces
» ſcélerats ; mais leur ville ne pouvant
» être ſoumiſe que par la faim, il fal-
» loit des armées nombreuſes, que le
» Bréſil n'étoit point en état de four-
» nir, & un concert qui ne s'eſt jamais
» trouvé entre les deux nations. La
» douceur du climat, la fertilité de la
» terre qui fournit toutes les commo-
» dités de la vie, ſervent encore à en-
» tretenir les Mammelus dans l'amour
» de l'indépendance ; & nulle autorité
» n'étant capable de les contenir, ils
» ſe répandent, comme un torrent
» débordé, dans toutes les terres des
» Indiens, & enlevent une infinité de
» ces malheureux, pour les réduire à
» la plus dure ſervitude. On prétend
» que, dans l'eſpace d'un ſiecle & demi,
» ils en ont détruit ou fait eſclaves
» près de deux millions, & qu'ils ont
» dépeuplé plus de mille lieues de pays,
» juſqu'au fleuve des Amazones. Rien

» n'étoit pourtant plus misérable, que
» la vie qu'ils menoient dans ces sortes
» d'expéditions. Il en périssoit un grand
» nombre; d'autres, à leur retour,
» trouvoient leurs femmes remariées;
» & enfin leur propre pays auroit
» été bientôt sans habitans, si les
» absens n'eussent été remplacés par
» les captifs qu'on ramenoit de ces
» longues courses. Mais de tous ces
» nouveaux venus, à peine y en avoit-il
» un sur cent, qui leur fût de quelque
» utilité. La plupart mouroient de mi-
» sere, & périssoient, ou par le mauvais
» air qu'on respire dans les mines, ou
» par le travail excessif des plantations.
» Cependant, comme les Mammelus
» ne laissoient pas de trouver de la résis-
» tance de la part de plusieurs peuples,
» ils eurent recours à la ruse; & voici
» celle qui eut le plus de succès, du
» moins pendant quelque tems. Ils se
» diviserent en petites troupes, dont
» le chef étoit vêtu en Jésuite, dans
» les lieux où ils savoient que les mis-
» sionnaires cherchoient à faire des
» prosélytes. Ils commençoient par y
» planter des croix, faisoient de petits
» présens aux habitans, donnoient des

» médicamens aux malades, les pref-
» foient d'embraffer le chriftianifme,
» dont ils leur donnoient une courte
» explication ; & après en avoir
» raffemblé un grand nombre, ils leur
» propofoient de venir s'établir dans
» un lieu commode, où rien ne devoit
» manquer à leur bonheur. La plupart
» fe laiffoient conduire par ces traîtres,
» qui, levant enfin le mafque, les char-
» geoient de fer, & les conduifoient
» dans leur colonie. Avant que cette
» infernale perfidie fût reconnue &
» vérifiée, les Jéfuites en reffentirent de
» triftes effets, foit par la difficulté qu'ils
» trouverent long-tems à fe faire fuivre
» des naturels du pays, foit par les dan-
» gers auxquels ils furent eux-mêmes
» expofés dans leurs courfes apoftoli-
» ques. Ces cruautés ont enfin déter-
» miné les rois d'Efpagne & de Por-
» tugal à permettre aux miffionnaires
» d'armer les Paraguéens pour défendre
» leur province. On les trouve toujours
» prêts à marcher au premier ordre
» du gouverneur; & ils fe font rendus
» fi redoutables, que les Mammelus
» n'ofent prefque plus fe préfenter
» devant eux. Jamais ils ne vont au

» combat, sans avoir demandé la per-
» miſſion, & reçu la bénédiction de
» leur paſteur, avec laquelle ils ſe
» croient invincibles. Ils ſe ſont ſi-
» gnalés plus d'une fois, les armes à la
» main, pour ſoutenir les droits de la
» couronne d'Eſpagne contre le Por-
» tugal. En 1732 les Jéſuites, à la ſolli-
» citation du vice-roi du Pérou, en
» tirerent de petites armées de cinq
» à ſix mille hommes, pour réduire
» les habitans métifs & Eſpagnols du
» Paraguay, qui s'étoient révoltés, &
» vouloient ſe rendre indépendans ».

Vous devez comprendre, Madame, que dans un ſi vaſte pays, il doit y avoir une grande variété dans le climat, ainſi que dans le caractere & les mœurs des habitans. L'air y eſt communément humide & tempéré, & le terroir fertile en toutes ſortes de grains, de fruits & de légumes. On y cultive en particulier, beaucoup de coton, dont les Indiens fabriquent des toiles & des étoffes. Ce qu'on peut dire, en général, des habitans, c'eſt qu'ils ont tous le teint olivâtre, la taille ordinairement au-deſſous de la médiocre, & le viſage un peu plat. Ils ſont naturellement ſtupides, féroces, paresseux, perfides & voraces, tant que la religion n'a pas changé ou corrigé leur caractere.

Dans un pays si voisin du Pérou, on ne doutoit point qu'on ne dût trouver beaucoup de mines d'or & d'argent; mais après les recherches les plus exactes, on a appris à ne plus compter sur ces trésors imaginaires. Toutes les richesses du Paraguay ne consistent qu'en cire, en miel, en chanvre, en coton, en bœufs & en chevaux sauvages. Autrefois ces animaux y étoient si communs, qu'on avoit un cheval superbe pour deux aiguilles, & qu'aucun vaisseau ne sortoit du port de Buenos-Aires, qu'il ne fût chargé de cinquante mille peaux de bœufs. La quantité qu'on en tue dans une seule chasse, est incroyable. C'est ce qu'on appelle le grand massacre, ou le matanca. On s'assemble en grand nombre ; & l'on se rend à cheval dans une plaine qui en est toute couverte. On se sépare ensuite ; & chaque chasseur, armé d'une espece de hache, dont le tranchant est en forme de croissant, donne à droite & à gauche de grands coups aux jambes de derière des bœufs, & leur coupe le jarret. La bête tombe, & ne peut plus se relever. Le chasseur, au lieu de s'y arrêter, poursuit les autres à bride abattue; & frappant de la même maniere tous ceux qu'il rencontre, il les met hors d'état de fuir. On prétend qu'un homme seul en jette ainsi par terre plus de huit cens dans l'espace d'une heure. L'épouvante saisit ces animaux, qui s'embarrassent les uns dans les autres en voulant se sauver; ce qui donne le tems aux chasseurs de prendre quelque repos; & ils assomment ainsi sans danger, les taureaux qu'ils ont abattus. Après en avoir pris la peau, quelquefois la langue & le suif, ils abandonnent le reste aux corbeaux. Ces oiseaux carnaciers viennent fondre sur cette proie, & en peu de temps, on n'y retrouve plus que les os. Vous concevez, Madame, que ce massacre, qui se renouvelle tous les ans, a prodigieusement diminué le nombre de ces animaux. Ne feroit-on pas beaucoup mieux d'exterminer cette innombrable quantité de chiens sauvages, qui désolent les campagnes voisines de Buenos-Aires? Ils vivent dans des especes de tannieres, aisées à reconnoître par la multitude d'ossemens entassés autour de ces demeures souterreines. Il est à craindre que les bœufs sauvages venant à leur manquer, ils ne se jettent sur les hommes même. Le gouverneur de Buenos-Aires ayant jugé cet objet digne de son attention, avoit envoyé, pour les détruire, des soldats qui les tuoient à coups de fusil; mais à leur retour, ils se virent insultés par les enfans de la ville, qui les appelloient tueurs de chiens: d'où il est arrivé que, retenus par une mauvaise honte, ils n'ont plus voulu retourner à cette chasse. On a peine à comprendre comment les bœufs se sont si fort multipliés, vu la quantité de lions, d'ours, de tigres, de chiens & de chats sauvages, qui leur font une guerre éternelle. On peut juger du nombre de ces bêtes àcornes, par la multitude de peaux qui s'envoient en Europe. C'est presque, avec l'herbe du Paraguay, l'unique marchandise du pays. Les vaisseaux Espagnols, qui vont tous les trois ans à Buenos-Aires, en rapportent ordinairement quarante à cinquante mille ; & les contrebandiers Anglois ou Portugais en enlevent encore plus chaque année. Il faut, outre cela, remarquer qu'on ne prend que les peaux de taureaux, & que celles-ci même, pour entrer dans le commerce, doivent être *de loi*, c'est-à-dire, d'une certaine grandeur. Toutes celles qui se trouvent au-dessous, sont mises au rebut. Ainsi, pour en envoyer cinquante mille en Europe, il faut tuer au moins quatre-vingt mille de ces animaux, dont on n'emporte autre chose, comme je vous l'ai dit, que la peau, la langue & la graisse, qui, dans ce pays, tient lieu d'huile, de lard & de beurre : tant de cadavres, qui restent exposés dans la campagne, seroient capables d'infecter l'air, si des nuées de corbeaux & d'autres oiseaux de proie ne venoient aussi-tôt les dévorer.

L'herbe du Paraguay est encore une des grandes richesses de cette contrée. On connoît peu en France cette plante, si célebre dans toute l'Amérique méridionale. C'est la feuille d'un arbre de la grandeur d'un pommier ; son goût approche de celui de la mauve ; &,

quand elle a toute sa grandeur, elle est à peu-près de la figure de celle de l'oranger. La maniere d'en faire usage, est de remplir un verre d'eau bouillante, & d'y jetter la feuille pulvérisée. On passe ensuite l'eau dans un linge; &, après l'avoir laissé reposer, on la prend avec un chalumeau. Ordinairement on n'y met point de sucre, mais un peu de jus de citron, ou certaines pastilles d'une odeur agréable. Les Espagnols prétendent avoir, dans cette herbe, un remede ou un préservatif contre toutes sortes de maladies. On assure que dans les commencemens, quelques-uns en ayant pris avec excès, elle leur causa une aliénation totale de tous les sens, qui dura plusieurs jours; mais ce qu'elle a de plus singulier, c'est qu'elle produit souvent des effets tout contraires, comme de procurer le sommeil à ceux qui sont sujets à des insomnies, & de réveiller les léthargiques, &c. L'habitude d'en user, fait qu'on ne sauroit plus s'en passer, & qu'on a de la peine à en prendre modérément. Elle enyvre quand elle est prise avec excès, & cause les mêmes incommodités que les liqueurs fortes.

La

Le grand commerce de cette herbe se fait à Villa-Rica. Ce canton est le meilleur de tous pour la culture de l'arbre qui la produit. Le seul Pérou en tire quelquefois pour plus de deux millions de notre monnoie. On l'y porte seche, & presque réduite en poussiere; & on ne la laisse pas infuser long-tems, parce qu'elle rendroit l'eau noire comme de l'encre. Elle ne venoit naturellement, que sur les montagnes de Maracayu, éloignées de près de deux cens lieues du Paraguay. Comme les Indiens perdoient beaucoup de tems à l'aller recueillir, & qu'il en périssoit un grand nombre dans ce voyage, les missionnaires firent venir du jeune plant, qui réussit à merveille, & devint, par la suite, la principale richesse des Paraguéens. Le débit de cette espece de thé a servi de fondement à une infinité d'accusations contre les Jésuites.

Le Paraguay produit toutes les especes d'arbres que nous connoissons en Europe, soit qu'ils y naissent naturellement, soit qu'ils y ayent été portés par les Espagnols. Les cannes de sucre y viennent sans culture dans les lieux humides; mais les Indiens n'en savent faire aucun usage. On ne voit ici que très-peu de vignes; soit que la terre n'y soit pas propre, soit que les missionnaires, pour prévenir les désordres du vin, aient empêché qu'elles n'y fussent trop communes. Les terres situées le long des rivieres, offrent à la vue de belles plaines, d'agréables côteaux, & d'épaisses forêts. Les fleuves, dont les bords sont couverts d'une multitude d'oiseaux, regorgent, ainsi que les lacs, d'une infinité de poissons, & les campagnes de toutes sortes de gibier. Il ne manque à ce pays, pour être comparable aux provinces les plus fertiles de l'Europe, que d'être cultivé par des peuples moins ennemis du travail. Il donne beaucoup & exige peu; mais le peu qu'il exige, les Indiens le lui refusent. Leur goût est de tout simplifier, en faisant usage de tout,

On raconte des choses singulieres des serpens & des couleuvres du Paraguay. Il est peu d'endroits dans le monde, qui en nourrissent un plus grand nombre & d'une grosseur aussi monstrueuse. On en trouve qui avalent des cerfs tout entiers, si l'on en croit quelques Espagnols qui assurent en avoir été témoins. Il arrive même, que n'ayant pas assez de chaleur naturelle pour digérer de si gros morceaux, ils périroient, si la nature ne leur avoit pas suggéré un remede, que la raison ne leur permettroit assurément pas d'employer, mais qui leur réussit. Ils tournent leur ventre du côté du soleil, jusqu'à ce que la chaleur le fasse pourrir ; les vers s'y mettent ; & une troupe d'oiseaux fondant dessus, se nourrit d'un superflu qui leur causeroit la mort. Ils prennent leurs mesures pour empêcher que ces oiseaux n'aillent trop loin ; & bientôt ils se trouvent rétablis dans leur premier état. Les Paraguéens croyent que les mâles de ces serpens aiment les femmes & leur font violence. Un jour, dit-on, un missionnaire fut appellé pour conféffer une Indienne qui, étant occupée à laver du linge sur le bord d'une riviere, venoit d'être violée par un de ces animaux. Elle expira dès qu'elle eut achevé sa confession.

Il y a, dans ces mêmes lieux, un animal singulier, connu sous le nom d'Orocomo. Il est de la grandeur d'un chien, & vit dans les forêts. Son poil est roux ; il a le museau pointu, & les dents fort tranchantes. Lorsqu'il voit un homme armé, il prend la fuite ; mais s'il le trouve sans armes, il le renverse sans lui faire d'autre mal, pourvu qu'il ait la précaution de contrefaire le mort ; & après l'avoir agité pendant quelque tems, pour voir si effectivement il n'est plus en vie, l'orocomo se contente de le couvrir de feuilles, & s'enfonce dans l'épaisseur du bois. L'homme se releve ; & dès que la bête a disparu, il cherche son salut dans une prompte fuite, ou bien il monte sur un arbre, d'où il considere à loisir tout ce qui se passe. L'animal ne tarde pas à revenir, accompagné d'un tigre, qu'il semble avoir invité à partager sa proie : mais ne la retrouvant plus, il pousse des hurlemens épouvantables ; & regardant son compagnon d'un air triste, il a l'air de témoigner du regret de lui avoir fait faire un voyage inutile. Au reste, les animaux féroces du Paraguay n'attaquent guere les hommes, que lorsqu'ils en sont attaqués les premiers ; & si on ne les provoque point, on passe, sans rien craindre, des journées entieres dans les forêts.

Il y a, dans cette même contrée, beaucoup d'herbes & de bêtes venimeuses, qui ont toutes leurs contrepoisons ; tel est entr'autres l'herbe à moineau, qui forme d'assez gros buissons. Voici comme on l'a connue, & ce qui lui a fait donner le nom qu'elle porte. Parmi les différentes especes de moineaux qu'on voit dans ces provinces, il y en a un de la grosseur d'un merle, qui est fort friand de la chair de vipere. Dès qu'il en apperçoit une, il cache sa tête sous une de ses aîles, & paroît comme une boule toute ronde sans aucun mouvement. La vipere s'approche de lui, & en reçoit sur le champ un coup de bec. Elle s'en venge aussi-tôt par un coup de langue ; mais dès que l'oiseau se sent blessé, il va manger de son herbe qui le guérit dans l'instant. Il retourne bien vite au combat ; & toutes les fois qu'il est piqué, il a recours à son spécifique. Ce jeu dure jusqu'à ce que la vipere, qui n'a pas la même ressource, ait perdu tout son sang. Dès qu'elle est morte, le moineau la mange ; &,

le repas fini, il fait encore ufage de fon fpécifique.

Malgré les agrémens que je trouvois dans la peuplade de Saint-Xavier, malgré la politeffe ingénieufe des Jéfuites à chercher des raifons de m'y retenir, je pris la réfolution de retourner à Buenos-Aires. On m'avoit parlé d'un vaiffeau qui devoit partir dans un mois pour le Bréfil; je ne voulus pas perdre l'occafion de voir ce pays, le feul qui me refte à connoître dans l'Amérique méridionale. D'ailleurs, le procureur des miffions m'avoit propofé de me conduire dans quelques-unes des principales villes Efpagnoles, que nous n'eûmes que le tems de parcourir. Celles du Tucuman fe nomment Saint-Michel, Salta, Cordoue, &c. Cette derniere eft la capitale de la province, & le fiege d'un évêque.

La Paz, dans le gouvernement de la Plata, fut bâtie par l'ordre du préfident de la Gafca, qui lui donna ce nom, pour immortalifer l'honneur qu'il s'étoit acquis en étouffant la révolte, & en rendant la paix au Pérou, par la défaite & la mort du jeune Pizarre.

Quoique de l'audience de la Plata, elle appartient presque autant au Pérou qu'au Paraguay. Sa jurisdiction est fort bornée, & n'a guere d'autre lieu que la ville même. Sa riviere, quoique médiocre, entraîne, dans les grandes eaux, de prodigieux rochers, & roule des morceaux d'or, qu'on recueille après le débordement. En 1730, un Indien se lavant les pieds, en trouva un, que le marquis de Castel-Fuerte acheta douze mille piastres. Il l'envoya au roi d'Espagne, comme une rareté digne de son cabinet. A quatorze lieues de la Paz, parmi un grand nombre de montagnes, on en distingue une fort haute, qui renferme, dit-on, d'immenses richesses. Un coup de tonnerre en ayant détaché une roche, on y trouva tant d'or, que pendant quelque tems, l'once ne valut que huit piastres dans le pays.

La nouvelle Sainte-Croix, ou Santa-Cruz de la Sierra-Nueva, bâtie après la destruction de l'ancienne, & dans un lieu plus commode, est médiocrement grande, mal construite, & n'a rien qui la rende digne du titre de cité, dont elle est décorée, quoique capitale d'un gouvernement. Nuno de Chavès, qui en jetta les fondemens, la nomma Sainte-Croix, en mémoire du lieu de sa naissance, qui est un bourg du même nom, près de Truxillo en Espagne.

Les colonies situées dans le gouvernement de l'Assomption, se réduisent à la ville de ce nom & à Villa-Rica, qui ont pour habitans, des Espagnols, des Métifs & quelques Indiens. Elles sont l'une & l'autre de l'ordre le plus médiocre. Les maisons sont séparées par des jardins & des arbres, disposés sans ordre & sans symmétrie. Figurez-vous quelques villages bâtis les uns auprès des autres, & couverts de petits bois, qui empêchent d'appercevoir les maisons, & vous aurez une idée assez juste de la plupart des villes de ce district. On se trouve souvent au centre de la place, que l'on croit être au milieu d'une forêt. Le gouverneur de l'Assomption avoit autrefois, sous sa jurisdiction, une partie des missions du Paraguay ; mais elles en ont été détachées & unies au gouvernement de Buenos-Aires.

Cette derniere ville, sans être la capitale, est cependant la plus considérable de toute la contrée; vous avez vu que ses premiers habitans l'abandonnerent pour se retirer à l'Assomption. Elle demeura déserte pendant plus de quarante ans; & les Espagnols sembloient avoir oublié qu'ils avoient besoin d'une retraite pour les vaisseaux dont ils reçoivent leurs troupes & leurs munitions. Enfin, de fréquens naufrages leur firent ouvrir les yeux : ils rétablirent le port & la ville ; & cette entreprise étoit d'autant plus facile, que depuis la fondation des nouvelles colonies dans l'intérieur des provinces, on pouvoit en tirer de grands secours. Elle fut d'abord composée de différens quartiers, entre lesquels on avoit laissé des vergers & des plaines. La plupart des maisons bâties de terre, n'avoient qu'un étage, qu'une fenêtre ; & plusieurs même ne recevoient le jour que par la porte. Il n'y a pas plus de quarante ans, qu'elles conservoient encore cette forme ; mais des freres Jésuites, dont deux étoient d'Italie, inspirerent à ses citoyens le goût des édifices à l'Européenne ; & Buenos-Aires pourroit aujourd'hui figurer parmi les meilleures villes d'Espagne. Elle a d'ailleurs, par sa situation, par la bonté de l'air qu'on y respire, par le nombre de ses habitans & l'étendue de son commerce, tout ce qui peut rendre une colonie florissante. Le tiers de son enceinte répond à de vastes campagnes, toujours couvertes d'une belle verdure. Le fleuve fait les deux autres tiers de son circuit, & paroît au nord, comme une vaste mer.

Les mœurs des peuples qui forment les colonies Espagnoles du Paraguay, ressemblent si fort aux autres établissemens de l'Amérique méridionale, qu'il est inutile de rien dire de plus sur cet article. Les villes sont gouvernées par des corrégidors, des alcades & autres magistrats ordinaires. Les habitans sont composés d'Européens, de créoles, de negres, d'Indiens & de races mêlées. On y voit aussi beaucoup de moines ; & dans toutes celles qui sont un peu considérables, il y a un évêque, un chapitre, un séminaire, un hôpital & un collége de Jésuites. Ces derniers sont dans la classe ordinaire des autres religieux : l'extrême pouvoir qu'on leur reproche au Paraguay, ne s'étend point au-delà de leurs réductions ; & s'il est vrai qu'ils n'en usent que pour le bonheur de leurs néophites, comment peut-on leur en faire un crime ? Il est certain que, sans le secours des armes & de la violence, & par une méthode différente de celle des autres conquérans, ils ont subjugué les nations les plus indépendantes, adouci les mœurs les plus féroces, fixé les hommes les plus errans, policé les peuples les plus sauvages. Ils ont persuadé à des tribus dispersées de se réunir en société, d'embrasser leur religion, de se soumettre à leur gouvernement ; & loin de détruire une partie des habitans, comme firent les Espagnols, pour s'assurer de tous les autres, ils ont multiplié leurs sujets, à mesure qu'ils étendoient leurs domaines. Rien n'égale l'obéissance de ces Indiens, que le contentement qu'elle leur procure. Ils regardent leur soumission comme un devoir qui leur assure la tranquillité dans cette vie, & le bonheur dans l'autre. C'est ce que les Jésuites n'ont cessé de leur inculquer; & pour juger du service qu'ils leur ont rendu, il ne faut que les comparer avec les nations qui gémissent sous le joug des Espagnols. En considérant cette conquête sous ce point de vue, on sera obligé de convenir, que la société humaine leur est redevable de trois cens mille familles heureuses, civilisées, & réduites en un corps de peuple, au lieu d'un petit nombre de sauvages ignorans, vagabonds & misérables. Les mêmes principes qui ont fait des Paraguéens les sujets les plus soumis, en ont fait également de très-bons soldats; ils croient obéir & combattre par devoir. On a eu plus d'une fois besoin de leur secours contre les Portugais, les Mammelus & les sauvages antropophages. Conduits par les Jésuites à toutes ces expéditions, ils ont combattu avec courage & avec succès. Ce n'étoit donc pas, dans les commencemens, une mauvaise politique, de laisser prendre aux Jésuites tant de pouvoir : l'événement a montré qu'ils acquéroient à la couronne d'Espagne un pays immense, qu'elle sera toujours maîtresse de reprendre lorsqu'elle le jugera à propos. Il est seulement à craindre qu'en leur ôtant le gouvernement de ces provinces, on n'y éprouve bientôt la même vexation, la même tyrannie, & par conséquent, le même mécontentement, la même dépopulation, que dans toutes les autres colonies Espagnoles.

Je suis, &c.

A Buenos-Aires, ce 20 décembre 1751.

LETTRE CXLIV.

LE BRÉSIL.

JE pouvois, Madame, de l'embouchure de la Plata, me rendre, par terre, aux états du Brésil, qui confinent au Paraguay ; mais la difficulté de trouver toujours des chevaux ou des voitures, m'a fait préférer la voie de la mer. Je montois un vaisseau de la colonie du Saint-Sacrement, qui partoit pour San-Salvador, capitale des possessions Portugaises, & devoit ensuite gagner les Indes orientales par le cap de Bonne-Espérance. Cette destination entroit dans mes arrangemens, mon dessein étant, quand j'aurois parcouru le royaume du Brésil, d'aller aux isles de France & de Bourbon, & de retourner en Europe par les côtes d'Afrique.

De Buenos-Aires nous vînmes mouiller au port de Santos, dans la capitanie de Saint-Vincent. On donne ici le nom de *capitanies* aux quatorze ou quinze provinces qui divisent les établissemens Portugais sur les côtes maritimes du Brésil, & sont soumises à un vice-roi général. Il y en a neuf qui relevent immédiatement de la couronne; les six autres appartiennent à des seigneurs particuliers, qui les ont conquises par les armes. Elles sont toutes situées sur le rivage de la mer, à des distances inégales, & souvent assez considérables. On se figure quelquefois que les princes d'Europe, qui ont des états en Amérique, sont entiérement les maîtres des vastes contrées qu'ils renferment : mais ils n'occupent le plus souvent, que le rivage, avec un district qui n'est pas ordinairement fort étendu. L'intérieur du pays est habité par des peuples inconnus, pour la plupart, qui jouissent encore d'une entiere liberté, & ne craignent rien tant, que de recevoir la loi des Européens. La domination Portugaise dans les terres, ne va guere au-delà de cent lieues; mais l'on en compte plus de mille de côtes, depuis l'embouchure du fleuve de la Plata, jusqu'à celle du Maragnon, ou riviere des Amazones. Toute cette partie est naturellement riche & fertile; & il y a peu de grandes maisons en Portugal, qui n'y possedent quelque domaine. C'est aux guerres presque continuelles que les Européens ont eu à soutenir avec les naturels du pays, qu'on attribue leur éloignement à s'établir dans l'intérieur des terres.

La ville de Santos occupe le fond d'une baye, où les plus grands vaisseaux peuvent aborder. Elle contient à peine cent maisons, dont les habitans sont un mélange de Portugais & de Métifs. Outre l'église paroissiale, il y en a deux autres, dont l'une appartient aux Bénédictins, auxquels on a fondé un monastere, & l'autre aux Jésuites qui y ont un collége. Ces deux ordres, avec les Capucins, sont presque les seuls que l'on connoisse dans l'Amérique Portugaise, tandis que l'Espagnole regorge de Jacobins, d'Augustins, de Cordeliers & des peres de la Merci.

St. Vincent ne passe que pour la seconde ville de cette capitanie, quoique la province en porte le nom. Elle est située dans un petit golphe, qui forme un port inaccessible aux grands vaisseaux. Sept ou huit Jésuites y font leur sejour, s'emploient au salut des sauvages répandus dans plufieurs villages des environs, & pénetrent fouvent dans l'intérieur du pays, fur-tout vers les Cariges, qui font les habitans du Bréfil les plus policés. Ces peuples fe couvrent le corps de peaux de bêtes, & le difputent en blancheur aux Européens. On leur a toujours trouvé beaucoup de bonne foi dans le commerce; mais la crainte de l'efclavage, pour lequel ils fe voient quelquefois enlevés par les Portugais, leur ôte la hardieffe de s'approcher de Saint-Vincent. On obferve que les colonies qui maltraitent les Indiens, diminuent de jour en jour; au lieu que celles qui fe conduifent avec plus d'humanité, profperent d'une maniere fenfible.

Il eft un autre peuple dans cette même contrée, dont les Portugais ont eu beaucoup à fouffrir, & prefque toujours par leur faute. Il n'y avoit point de violences ni d'artifices, que ces derniers n'employaffent pour y faire des efclaves, jufqu'à fe déguifer, comme les habitans de Saint-Paul, fous l'habit de Jéfuite, avec des armes cachées fous leurs robes. C'eft des Mammelus, leurs voifins, que les Portugais de Saint Vincent avoient appris cette ruse détestable. Aussi les sauvages, implacables dans leur haine, l'étoient également dans leur vengeance. S'ils rencontroient un Portugais à l'écart, ils ne manquoient pas de le massacrer, & d'en faire un de ces horribles festins, qui font frémir la nature. La plupart des premiers voyages du Bresil, n'ont de remarquable que ces barbaries. Malgré ces fureurs, cette vaste région ne laissa pas de se peupler d'Européens ; & les fruits de leurs travaux en exciterent d'autres à les suivre. En moins de cinquante ans, on vit naître, dans l'espace de onze cens lieues de côtes, plus de cent cinquante, tant villes que bourgades, où les nouveaux Colons furent obligés de se partager sans cesse entre la nécessité de se défendre, & celle de défricher, par un travail assidu, des terres à la vérité très-fertiles, mais qui demandoient néanmoins de la culture, pour fournir aux besoins des habitans.

L'idée qu'on m'avoit donnée au Paraguay, des Mammelus de la ville de Saint-Paul, n'étoit guere capable de m'inspirer le desir de voir cette république de brigands, qui faifant profeſſion de chriſtianiſme, exerçoient le métier de pirates. J'appris cependant que leurs mœurs n'étoient plus les mêmes, depuis que le roi de Portugal venoit de les foumettre à fon domaine immédiat, & que le pape Benoit XIV avoit érigé leur ville en évêché. Elle fait aujourd'hui partie de la capitanie de Saint-Vincent, & eſt gouvernée comme les autres pays foumis à la domination Portugaiſe. On y compte pluſieurs maiſons religieuſes, & entre autres, une abbaye de Bénédictins. On a eu beaucoup de peine à y rétablir des Jéſuites.

Le lynx eſt un animal commun dans cette même province, où l'on en trouve de pluſieurs eſpeces : les uns font roux, d'autres agréablement tachetés, mais tous fi furieux, que rien ne peut réſiſter à leurs griffes. C'eſt une gloire égale, pour un Braſilien, de tuer un lynx à la chaſſe, ou un ennemi à la guerre. Il ne faut pas croire néantmoins, comme les anciens l'ont débité, que la vue de cet animal foit aſſez perçante, pour pénétrer les corps opaques, ni que fon urine ait la merveilleuſe propriété de devenir une pierre précieuse. Ce lynx imaginaire est une fable de l'antiquité, & n'a de rapport avec le lynx véritable, que celui de porter le même nom. Le lynx du Bresil ne voit pas à travers les murailles ; mais il est vrai qu'il a les yeux brillans & pleins de feu. Son urine n'engendre pas de pierres précieuses, mais seulement il la couvre de terre, comme font les chats, dont il a la figure, les mœurs & la propreté. Il est communément de la grandeur d'un renard, a le poil long, de grandes oreilles, & les pieds divisés comme le lion. Cet animal vit de chasse, & poursuit son gibier jusques sur la cime des arbres. Les chats sauvages, les écureuils ne peuvent lui échapper. Il saisit les oiseaux ; il attend les cerfs, les chevreuils, les lievres au passage, & s'élance dessus ; il les prend à la gorge ; & lorsqu'il s'est rendu maître de sa victime, il en suce le sang, lui ouvre la tête pour manger la cervelle, & l'abandonne ensuite pour en chercher une autre.

La seconde capitanie, en avançant au nord, est celle de Rio-Janeiro, riviere de Janvier, ainsi nommée,

parce que ce pays fut découvert le premier de l'an. Les François, sous les ordres du chevalier de Villegagnon y construisirent le fort de Coligni. Je crois en avoir parlé dans mes lettres sur la Guiane ; mais je n'entrai alors dans aucun détail des malheurs qui accompagnerent leur retour en Europe. Le plus grand de tous fut une horrible famine, dont la description fait frémir. Je n'en rapporterai que quelques circonstances que j'ai lues dans une ancienne relation, dont je ne fais que rajeunir le style. Celui qui parle éprouva lui-même les horreurs qu'il raconte. « Après avoir dévoré
» tous les cuirs de notre vaisseau, jus-
» qu'aux couvercles des coffres, nous
» pensions toucher au dernier moment
» de notre vie ; mais la nécessité fit
» venir l'idée de chasser les rats & les
» souris. Un rat étoit plus estimé
» qu'un bœuf sur terre. On le faisoit
» cuir dans l'eau, avec les intes-
» tins, que l'on mangeoit comme le
» corps. Il m'étoit dû en France une
» somme de quatre mille francs ; j'en
» eusse volontiers donné la quittance

» pour un pain d'un sou & un verre
» de vin. Je dirai en passant, avoir
» non-seulement observé dans les au-
» tres, mais senti moi-même, pen-
» dant cette cruelle famine, que lors-
» que les sens sont aliénés par la dissipa-
» tion des esprits, cette situation rend
» les hommes farouches, jusqu'à les
» jetter dans une espece de rage. Nous
» étions d'un humeur si noire & si
» chagrine, qu'à peine pouvions-nous
» nous parler l'un à l'autre, sans nous
» fâcher, & même, Dieu veuille nous
» le pardonner, sans nous jetter des re-
» gards terribles, accompagnés de quel-
» que mauvaise volonté de nous man-
» ger mutellement. J'avois gardé secret-
» tement un perroquet, qui pronon-
» çoit aussi nettement qu'un homme,
» ce qu'il avoit appris de la langue
» françoise, & de celle des sauvages.
» Il fut sacrifié à la nécessité : je n'en
» jettai que les plumes ; le reste nous
» soutint pendant quelques jours, mes
» amis & moi. Mon regret fut d'autant
» plus vif de le perdre, que deux jours
» après, nous découvrîmes la terre, &
» que nous eûmes notre patrie devant
» les yeux. Le maître du navire

» avoua publiquement, que si notre
» situation eût duré seulement un jour
» de plus, il avoit pris la résolution,
» sans avertir personne, de tuer quel-
» qu'un de nous, pour le faire servir
» de nourriture aux autres ».

Voilà, Madame, à quoi aboutit le projet qu'avoit Villegagnon, de former une colonie Françoise à Rio-Janiero. Il fut contraint d'abandonner aux Portugais, le fort qu'il venoit d'y faire construire. L'espece de golfe, que forme le fleuve dans les terres, est long de dix à douze lieues, & large de sept ou huit. On lui trouve quelque ressemblance avec le lac de Genéve; mais les montagnes qui l'environnent, sont moins élevées. L'entrée en est étroite, & fort resserrée par de petites isles, qui la rendent très-dangereuse. A gauche, est un mont en forme de pyramide, que sa hauteur fait découvrir de fort loin. Il est rond, & si régulierement taillé dans toutes ses faces, que les François l'appelloient le pot-à-beurre.

Après leur départ, les Portugais bâtirent une ville le long du golphe, qu'ils nommèrent Saint-Sebastien, du nom du roi qui regnoit alors en Portugal. Elle s'étend une demi-lieue en longueur; mais sa largeur n'est que de dix à douze maisons. Elle est partagée en trois villes, la haute, la basse & celle du milieu. La premiere comprend la cathédrale & un magnifique collége de Jésuites, fondé, comme presque tous ceux que ces peres possedent au Brésil, par ce même prince, qui leur vouloit beaucoup de bien. Une abbaye de Bénédictins occupe la partie du milieu; les Capucins François y ont aussi un couvent. Ils travaillent aux missions sous les ordres des Jésuites, auxquels est confié le gouvernement de toutes les paroisses des Indiens qui ont embrassé le christianisme. Ces peuples sont un mêlange de différentes nations qui ont reçu le joug des Portugais, & qui les servent avec une aveugle soumission.

On accuse ces derniers de vivre dans l'oisiveté, la molesse & le libertinage. Leur indolence leur fait abandonner les soins domestiques à des esclaves negres; & l'on prétend que les prêtres, moines ou séculiers, ne séculiers, ne sont pas exempts des mêmes vices. Le gouverneur réside dans cette ville, qui n'est pas fortifiée du côté de la terre ; mais elle est défendue du côté de la baye, par quatre forts qui n'empêcherent pas les François de la prendre au commencement de ce siecle ; on fait monter à plus de vingt-cinq millions la perte que firent alors les Portugais. On parle d'établir ici, l'année prochaine, un tribunal souverain, pour juger en dernier ressort toutes les affaires de la côte méridionale.

Je ne dois pas quitter cette province, sans parler de l'oiseau lugubre, qui semble en préférer le séjour aux autres contrées du Brésil. Il est de la grosseur du pigeon, & a le plumage d'un gris de cendre. Les Brasiliens le respectent, à cause de la tristesse de son chant, qu'il ne fait entendre que la nuit. Ils sont persuadés que cet animal leur est envoyé par leurs ancêtres, & qu'il vient leur parler de la part des morts. On raconte que du tems de Villegagnon, un François passant par un village, faillit d'être insulté par les habitans, pour avoir ri de l'attention religieuse, avec laquelle ils écoutoient cet oiseau plaintif. « Tais-toi, lui-dit » fort rudement un vieillard ; ne nous » empêche point d'entendre les nou- » velles que nos peres nous font annon- » cer ».

A soixante lieues vers le nord, nous trouvâmes la province ou capitanie du Saint-Esprit, dont on nous vanta la fertilité : la chasse y fournit toutes sortes d'animaux ; les rivieres, une quantité incroyable de poissons ; & les terres, arrosées des plus belles eaux, ne refusent rien au travail des habitans. La ville principale, qui porte le même nom que la province, n'a ni remparts, ni murs, ni fossés, & n'est remarquable que par un monastere de Bénédictins, & un collége ou maison de Jésuites. On ne compte, dans toute cette contrée, que deux cens familles Portugaises, & environ dix mille Indiens convertis, dans quelques villages voisins. On les appelloit anciennement Margajats ; & ils ont été long-tems les mortels ennemis des Portugais ; mais s'étant apprivoisés par degrés, ils ont fait avec eux des alliances que le tems a confirmées,

D'autres Indiens, plus enfoncés dans les terres, ne veulent point de réconciliation avec les étrangers.

La capitanie de Porto-Securo conserve toujours le nom que lui fit donner la sûreté de son port, lorsque le Brésil fut découvert par les Portugais qui ne pensoient guere à le chercher. Leur amiral Cabral, après avoir passé les isles du Cap-Verd, pour aller à la côte de Malabar, par le cap de Bonne-Espérance, prit tellement le large, qu'il vit cette terre du Brésil, qui se présentoit à l'ouest. De tous les pays du continent de l'Amérique, c'étoit, ce semble, celui qu'on devoit découvrir le premier, comme le plus voisin de l'Afrique. Cabral le nomma Sainte-Croix, parce qu'en arrivant, il y avoit arboré l'étendard du christianisme. On lui donna dans la suite le nom de Brésil, d'une sorte de bois qu'on y trouve en abondance, & dont on fait grand usage en teinture. Cet arbre, qui est de la hauteur d'un de nos chênes, & ne jette pas moins de branches, croît parmi les rochers, & dans les terreins les plus incultes. Il est raboteux, tortu,

F ij

& plein de nœuds, comme l'aube-épine ; les feuilles, qui ont quelque reſſemblance avec celles du buis, ſont vertes, liſſes, dures, ſeches, fragiles, ſes fleurs petites, & unies enſemble comme celles du muguet, mais plus odorantes, & d'un très-beau rouge. Son écorce eſt ſi épaiſſe, que lorſque l'arbre en eſt dépouillé, il diminue des trois quarts de ſa groſſeur. Le plus eſtimé pour la teinture, ſe reconnoît par le poids ; le plus peſant eſt le plus recherché. On le coupe en morceaux ; & par le moyen de l'alun, on en tire une eſpece de carmin. On en fait auſſi de la laque liquide pour la miniature. Dans les premiers tems, un vieux ſauvage voyant les Européens faire de grands amas de cette marchandiſe, leur dit : « Pourquoi venez-vous de ſi » loin chercher du bois pour vous » chauffer ? N'en vient-il pas dans » votre pays ? Nous en avons beau-» coup, lui répondit-on ; mais ce n'eſt » pas du même. Nous nous chauffons » avec le nôtre ; & le vôtre nous ſert » à teindre nos habits. Mais vous en » faut-il tant, demanda le Braſilien ? » Oui, ſans doute, lui répliqua-t-on; & il

» y a tel marchand parmi nous, à qui
» plusieurs vaisseaux chargés de ce bois,
» ne suffiroient pas, pour colorer toutes
» les étoffes de ses fabriques. Mais, ré-
» partit le vieillard, cet homme ne mour-
» ra-t-il point ? Ou, quand il sera mort,
» à qui passeront toutes ses richesses ?
» A ses enfans, lui dit-on, ou, s'il n'en
» a point, à ses parens les plus pro-
» ches. Vraiment, reprit alors le sau-
» vage, je reconnois bien maintenant
» que vous êtes de grands fous, vous
» autres étrangers, de vous donner
» des peines infinies pour amasser du
» bien à ceux qui viennent après vous :
» comme si la terre qui vous a nourris,
» n'étoit pas suffisante pour les alimen-
» ter de même ».

Cabral ayant reconnu que les pays qu'il venoit de découvrir, étoient fertiles, arrosés de belles rivieres, coupés par une infinité de ruisseaux, couverts de diverses espèces d'arbres, & également peuplés d'hommes & d'animaux, y descendit pour en prendre possession, au nom du Portugal. Quelques habitans, attirés par ses présens & par ses promesses, ne firent pas de difficulté d'apporter des rafraîchissemens à sa flotte. Il crut remarquer de la bonté dans leur caractere; mais ne leur voyant aucune trace de religion, il leur fit annoncer, par des missionnaires, les vérités de l'évangile. On a peine à comprendre quel fruit il se promettoit d'une prédication qui ne pouvoit être entendue. Quoi qu'il en soit, le défaut de toute espece de culte semble prouver que l'Amérique n'avoit jamais été connue de l'ancien monde: on n'auroit pas manqué de porter quelque religion dans une terre si peu éloignée de l'Afrique, & il en seroit au moins resté des vestiges.

Cabral fit planter un poteau avec les armes de Portugal; comme s'il n'eût rien manqué désormais aux droits de cette couronne. Ensuite ayant dépêché un de ses vaisseaux à Lisbonne, il remit à la voile vers les lieux auxquels sa flotte étoit destinée. Le zele des Portugais ne devint pas fort ardent pour établir des colonies au Brésil; on se contenta d'en faire venir des bois de teinture, des singes & des perroquets; marchandises qui ne coûtoient que la peine de les prendre, & qu'on vendoit fort cher en Europe.

La cour de Lisbonne n'y fit transporter qu'un certain nombre de criminels & quelques femmes de mauvaise vie, dont on vouloit purger le royaume. Aussi ne se fit-elle pas presser pour accorder d'amples concessions à ceux qui offrirent, d'eux-mêmes, d'y former des établissemens. Elle assigna à divers seigneurs, des provinces entieres, dans l'espérance qu'ils y rassembleroient quelques habitans. La terre coûtoit d'autant moins à donner, que l'état n'y faisoit aucune dépense. Enfin le Brésil fut engagé à ferme pour un revenu assez modique; & le monarque, content de l'acquisition d'un nouveau royaume, se réduisit presque au seul titre de souverain. Dans la suite, la cour de Portugal sentit le tort qu'elle s'étoit fait; & Jean III entreprit d'y remédier. Il commença par révoquer tous les pouvoirs accordés aux chefs des capitanies, & y envoya une flotte nombreuse, avec ordre d'y bâtir des villes, & d'y établir une nouvelle administration.

Ce prince, occupé de la conversion des Brasiliens, qu'il regardoit comme ses sujets, s'adressa à saint Ignace, fondateur des Jésuites, pour avoir quelques missionnaires. Il en obtint six, qui partirent avec le gouverneur général ; & à leur arrivée, ils commencerent, dans la baye de tous les Saints, ou la baye simplement dite, la fameuse ville de San-Salvador, devenue la capitale du Brésil, le siege d'un archevêque, le séjour de la cour souveraine & de celle de la monnoie, la résidence du vice-roi & de tous les officiers du gouvernement. Elle est défendue par trois châteaux, & s'étend sur une colline escarpée du côté de la mer, qui oblige de se servir de grues, pour faire monter & descendre les marchandises du port à la ville, & de la ville au port. Le terrein qu'elle occupe, est d'ailleurs si inégal, les rues si étroites, si tortues, qu'au lieu de voitures pour transporter les fardeaux, on ne peut employer que des esclaves, dont on compte ici plus de quinze mille. Les gens de considération se font porter en palanquin ; & en général, tous les habitans sont vains, paresseux, jaloux, voluptueux, fourbes, hypocrites, orgueilleux, cruels, vindicatifs & dévots. Semblables aux peuples de la plupart des pays méridionaux, ils préferent le faste & la magnificence aux plaisirs de la société & de la bonne chere.

On attribue, avec assez de raison, une partie de ces défauts au commerce qu'ils ont avec leurs negres. Ils en sont continuellement environnés; & la plupart ne les gardent, que pour augmenter leur cortege. Ils les font aussi servir d'instrumens de leur vengeance, & les emploient contre leurs ennemis, en qualité de bretteurs & d'assassins. A l'égard des autres détails de la vie civile, rappellez-vous ce que je vous ai dit des Portugais de Goa, & vous aurez, à peu de chose près, une assez juste idée de ceux du Brésil. Plusieurs de ces familles descendent de race juive, & ont retenu de leurs ancêtres, cet esprit de commerce, qui distingue la nation judaïque. Le principal négoce se fait en negres de Guinée; & c'est d'ici que les autres provinces du Brésil tirent leurs esclaves. Le vice-roi préside aux conseils civils & criminels; mais la justice y est si corrompue, que le plus souvent la vertu reste opprimée; & le crime impuni. Il étoit autrefois défendu aux juges, de condamner à mort aucun Portugais; & vous concevez combien un pareil privilége devoit entraîner de désordres.

Les dangers & les malheurs qu'ont éprouvés, de la part des François & des Hollandois, les habitans de San-Salvador, les ont rendus très-attentifs à leur sûreté. Ils entretiennent sur pied un corps de troupes Européennes, dont il y a toujours deux régimens dans la capitale. Ils ont aussi une milice Indienne, qu'ils forment au métier de la guerre; & ils ont soin de tenir les fortifications en bon état. Enfin cette ville est grande, riche & bien peuplée; les maisons y sont hautes, & presque toutes construites de pierres de taille ou de briques. Les églises, & spécialement la cathédrale, abondent en ornemens & en argenterie. L'archevêque a six suffragans, trois desquels sont de la création du pape régnant. A l'égard des moines, ce sont toujours, comme je vous l'ai dit, des Bénédictins, des Capucins, des Jésuites. Il y a cependant aussi d'autres religieux & religieuses de différens ordres. On tire les Capucins de France & d'Italie;

les habitans s'en accommodent mieux, que de ceux des autres pays.

L'Espagne voulut d'abord disputer aux Portugais la possession du Brésil ; mais après bien des contestations, il fut enfin réglé, que ces derniers conserveroient tout ce qui est compris entre la riviere de la Plata & celle des Amazones. Leur droit ainsi reconnu, les rois de Portugal, déja surchargés des richesses de l'Asie, reçurent à la fois les tributs des deux mondes. Le Brésil leur procura ce que le Mexique & le Pérou donnoient aux Espagnols, de l'or, de l'argent, & de précieuses denrées. Ce pays n'a point de province plus riche ni plus peuplée, que celle de la baye de tous les Saints, dont je viens de parler. Le terrein y est fertile en maïs, en sucre, en tabac, en ris, en coton, en manioc ; & il y a des pâturages, où l'on nourrit un si grand nombre de bestiaux, que la viande s'y vend au plus bas prix. Les terres sont arrosées par une multitude de rivieres, entre lesquelles il s'en trouve d'assez considérables. Leurs bords sont peuplés d'habitations, où l'on jouit d'un air ferein & tempéré, quoique dans le voifinage de l'équateur.

Après la fondation de la capitale, les villes du Bréfil commencerent à fe multiplier. Elles n'eurent d'abord que des fortifications très-fimples, qui fuffifoient néanmoins contre les furprifes des fauvages ; mais bientôt les Européens de diverfes nations s'étant rendu redoutables dans ces mers, il fallut fe mettre à couvert de l'invafion. Les François y pénétrerent les premiers. Vous avez vu quel en fut le fuccès ; & certainement les Portugais feroient reftés paifibles poffeffeurs de ces riches contrées, fans un de ces événemens qui, dans des circonftances critiques, décident prefque toujours du fort des empires. Leur roi, dom Sebaftien, fut tué dans une expédition contre les Maures ; & en perdant ce prince, leur liberté & leur pays, ils devinrent fujets du roi d'Efpagne. Peu de tems après ce malheur, les habitans des Pays-Bas fecouerent le joug des Efpagnols ; & devenus les ennemis de leurs anciens maîtres, ils ne fongerent qu'à s'enrichir de leurs dépouilles. Ils tomberent d'abord fur les poffeffions Portugaises, dès qu'elles firent partie du domaine de l'Espagne. Vous les avez vus, dans les Indes orientales, s'emparer des principales places. Ils porterent aussi leurs armes dans le Brésil, qu'ils trouverent sans défense, & dont ils se rendirent maîtres par la lâcheté du gouverneur. Ces provinces eussent été perdues sans ressource, si l'archevêque, Michel Texeira, d'une des plus illustres familles du Portugal, & d'un esprit supérieur à sa naissance, n'eût cru devoir sacrifier les devoirs de son état au danger de sa patrie. S'étant mis à la tête de son clergé, & de quelques petits corps de troupes qu'il rassembla à la hâte, il opposa une digue aux conquêtes de la Hollande. Il sauva, par sa résistance, sept provinces qui resterent fideles aux Espagnols. Les autres tomberent sous la puissance des Hollandois; & c'est au prince Maurice de Nassau, que ces derniers dûrent leurs établissemens dans ce pays, & la paix avantageuse, qui leur en assura la conservation. Mais bientôt la république, guidée par des principes d'avarice, & trouvant que Maurice entretenoit plus de troupes, bâtissoit plus de forteresses qu'il n'en falloit pour défendre cette possession, & vivoit plus somptueusement qu'il ne convenoit à un homme qui étoit à son service, l'obligea à se démettre de sa place. Elle réforma alors une partie de la milice, négligea les fortifications des villes, & par une sordide économie, aliéna les cœurs de ses sujets du Brésil. L'ennemi étoit à leurs portes, leurs frontieres sans défense ; & les Portugais, délivrés du joug Espagnol, ayant repris leurs anciens domaines, resterent enfin les maîtres d'une contrée, qui, comme je l'ai dit, vaut aujourd'hui le Pérou pour cette nation. Mais je reprends la suite de mon voyage.

De la capitanie de Porto-Securo, nous entrâmes dans celle d'Ilheos, ou des Isles. Ce qu'on y voit de plus remarquable, est un lac d'eau douce, de neuf lieues de circuit, dans lequel il y a des lamentins, des caymans & des requins qui sont d'une grosseur monstrueuse. La même province offre des arbres, dont la moindre incision fait découler un baume, auquel on attribue des vertus merveilleuses contre plusieurs sortes de maladies. Ce pays feroit un des meilleurs du Bréfil, fi le voifinage de certains peuples cruels & barbares permettoit de le cultiver. On prétend qu'ils pouffent l'inhumanité, jufqu'à dévorer leurs propres enfans.

Dans l'intérieur des terres, entre Porto-Sécuro & la baye de tous les Saints, on trouve, dit-on, dans les lieux fecs, un arbre fort grand, fort épais, dont toutes les branches percées de trous profonds, raffemblent une humeur aqueufe, qui ne déborde ni ne diminue jamais, quelque quantité qu'on en puiffe tirer. Comme il peut contenir jufqu'à cinq cens perfonnes dans la circonférence de fes branches, c'eft une retraite admirable contre la chaleur, & où l'on ne manque d'eau ni pour boire ni pour fe laver.

La capitanie d'Olinde ou de Fernanbuc eut, pour premier feigneur, Edouard d'Albuquerque; mais elle fut réunie à la couronne lorfqu'on eut repris ce pays aux Hollandois. On y compte plus de cent moulins à fucre, dont les Portugais tirent tous les ans vingt mille caiffes de cette denrée.

C'est dans cette même province, qu'on recueille le meilleur bois de teinture : il appartient au roi, ou à ceux qui achetent de lui le droit de le couper ; & chaque vaisseau qui sert au transport, est obligé, suivant sa grandeur, d'en prendre une certaine quantité pour sa majesté. Tout ce pays est d'un extrême agrément par la verdure & la fertilité de ses campagnes. On nomme la ville principale, indifféremment comme la province, Olinde ou Fernambuc ; & avant que les Hollandois l'eussent prise & ruinée, elle étoit aussi belle, aussi grande qu'Orléans. Le collége des Jésuites, qui subsiste encore, a coûté plus de douze cens mille livres à bâtir, & passe pour un des plus beaux édifices du Brésil. Il a été fondé par le roi D. Sebastien, sur la pente d'une agréable colline ; c'est le premier objet qui se présente à ceux qui arrivent de la mer. On y enseigne les sciences aux jeunes gens ; & l'on y montre à lire & à écrire aux enfans. Vis-à-vis de cette superbe maison, est un humble couvent de Capucins, toujours disposés à se porter où il plaît aux Jésuites de les envoyer. Les Bénédictins ont, dans la partie supérieure de la ville, un monastere si naturellement fortifié, qu'il en fait la principale défense. Je ne parle, ni des églises, ni des autres couvens d'hommes & de femmes, qui sont en grand nombre. On compte, dans Olinde, deux mille habitans, non compris les esclaves & les moines.

Je suis, &c.

A Fernambuc, ce 2 Février 1752.

LETTRE CLV.
SUITE DU BRESIL.

LES autres provinces du Brésil sont Tamaraca, Seregipé, Paraïba, Riogrande, Ciara, Para & Maragnan. La premiere passe pour une des plus anciennes colonies Européennes; mais le voisinage d'Olinde l'a fait tomber dans l'obscurité. On prétend que les François en ont été les premiers possesseurs, & qu'elle leur fut enlevée par les Portugais. On y voit même encore un port qui porte leur nom: *Porto-dos-Francejes.* La seconde n'a rien de remarquable. La troisieme doit encore son origine aux François, & son nom au fleuve qui l'arrose. Une autre de ses rivieres a la singularité d'être plus large à sa source qu'à son embouchure : on parle d'un arbre qui croît vis-à-vis de cette côte, dans l'isle de Fernand de Noronha, & dont la qualité est si caustique, que ceux qui portent la main aux yeux, après l'avoir touché, sont privés de la vue pendant quelques heures; mais il s'y trouve un autre arbre, dont les feuilles servent aussi-tôt de remede. Des peuples, nommés Molopaques, occupent, dans cette province, une vaste contrée au-delà du fleuve Paraïba. Les François comparoient cette nation aux Allemands pour la taille. Elle est du petit nombre de celles qui se couvrent le corps, & laissent croître leur barbe. Leurs mœurs n'ont rien qui blesse l'honnêteté naturelle. Ils ont des villes environnées d'un mur de solives, dont les intervalles sont remplis de terre. Leurs femmes sont belles, sages, spirituelles, & ne souffrent jamais de badinage indécent, ce qui déplaisoit fort à nos François. Elles portent leurs cheveux très-longs, & ne les ont pas moins beaux, que les Européennes les plus curieuses de cette sorte de parure. Toute la nation a des heures réglées pour les repas; elle aime la propreté; les mœurs & les usages n'y sentent point la barbarie, excepté ce goût détestable pour la chair humaine, auquel elle n'a pas encore tout-à-fait renoncé. Aux environs du même fleuve, habite un autre peuple, qui a toujours conservé beaucoup d'affection pour les François, avec lesquels il s'est allié autrefois par des traités & par des mariages. Le souvenir de ses anciens amis lui fait aujourd'hui détester ses derniers maîtres, & le dispose toujours à prendre parti contre les Portugais.

Les capitanies de Ciara & Riogrande méritent peu votre attention. On comprend, dans celle de Para, les pays situés le long de la riviere des Amazones, où les Portugais ont établi plusieurs missions pour la conversion des Indiens. La ville de Para, qui en est la capitale, est grande & bien bâtie; ses rues sont alignées; & ses maisons, construites depuis quelques années en pierre & en moilon, sont riantes, & les églises magnifiques. Benoît XIV y a établi un évêché; & la ville est défendue par une bonne citadelle. Elle entretient, avec Lisbonne, un commerce direct, qui lui procure de grandes commodités. Le cacao, qui est la monnoie courante du pays, fait la principale richesse des habitans; ils y recueillent aussi beaucoup de sucre & de tabac. Les Portugais ont plusieurs forts sur la droite de l'Amazone, qui dépendent de la capitanie de Para. Un curieux, qui a parcouru

SUITE DU BRESIL. 141
cette riviere, depuis l'endroit où elle commence à être navigable, jufqu'à fon embouchure, m'en a fait une defcription qui pourra bien m'en épargner le voyage.

« Ce fleuve, dit-il, traverfe des
» royaumes plus étendus, répand plus
» de richeffes, nourrit plus de peuples,
» porte fes eaux douces plus loin dans
» la mer, reçoit le tribut d'un plus
» grand nombre de rivieres, que le
» Nil, l'Euphrate & le Gange. Si ce
» dernier orne fes bords d'un fable
» doré, l'Amazone charge les fiens
» d'un or pur. Si le Nil fertilife, chaque
» année, les campagnes qu'il inonde,
» le débordement de l'Amazone les
» rend fécondes pour plufieurs années;
» & elles n'ont pas befoin d'autre pré-
» paration. Un printems éternel regne
» dans cette heureufe contrée : la cha-
» leur du climat y eft tempérée par
» la fraîcheur de mille ruiffeaux à
» peine fortis de leur fource, & par
» l'épaiffeur des bois qui en ombragent
» les bords. Un nombre prodigieux
» de plantes extraordinaires & de
» fleurs inconnues, préfente un fpecta-
» cle toujours varié, toujours nou-
» veau. On y eft éclairé avec des bois

» de senteur & des résines odoriférantes ; on y marche sur des herbes parfumées ; on y foule aux pieds l'or & les pierreries ; la terre produit dans chaque saison, & n'exige aucun soin pour produire. Ah ! si les peuples vouloient y seconder la nature, plus délicieux que les vergers d'Eden, plus fortunés que les rivages de l'Euphrate, les vastes pays du Maragnon ne seroient bientôt plus que d'immenses jardins, où regneroient à la fois la joie, la santé, l'abondance. Toutes les productions dispersées dans d'autres régions, se trouvent rassemblées dans celle-ci : une multitude prodigieuse de poissons dans les rivieres, mille animaux différens sur les montagnes, un nombre infini de toutes sortes d'oiseaux dans les forêts, des arbres toujours chargés de fruits, des champs toujours couverts de moissons. Le gibier vient de lui-même s'offrir au chasseur ; les pierres précieuses, les riches métaux n'attendent que des mains pour les recueillir. Enfin, parmi les habitans même, on ne voit que des hommes bien faits, adroits & pleins de génie pour les choses

» du moins qui leur font utiles. Ils ont
» tous les arts qu'exigent les vrais be-
» foins ; ils ont tous les befoins qu'exi-
» ge le bonheur. Ils ne les multiplient
» jamais, & ne fe refufent à aucun de
» ceux qu'ils éprouvent. Celui de l'a-
» mour, quoique plus preffant, ne leur
» coûte pas plus à fatisfaire ; & ils ne
» croient la nature fatisfaite, que lorf-
» qu'elle n'a plus rien à demander. Les
» femmes n'enfeveliffent pas les beau-
» tés dont elle les pare ; elles imagine-
» roient l'outrager, en rougiffant de fes
» dons. La liberté y ajoute ces graces
» faciles, que la gêne rendroit timides
» & concertées. La loi ne contrarie
» point leur penchant : fi elles s'y li-
» vrent en fecret, ce n'eft que pour
» affaifonner les charmes de la volupté,
» des douceurs du myftere ; & l'indif-
» crétion des amans ne leve point le
» voile dont elles le couvrent. Leurs
» plaifirs font vifs, mais paifibles, &
» leurs remedes auffi fimples que leurs
» alimens ; ou plutôt la fimplicité de
» leurs alimens rend moins fréquent
» l'ufage des remedes ; & ces peuples,
» que nous croyons fi bornés, ont
» fçu prendre la voie la plus courte

» pour arriver au bonheur. Enfin ils
» ne desirent rien, parce qu'ils igno-
» rent qu'il y ait d'autres biens à de-
» sirer, que ceux dont ils jouissent.
» Je me délassois parmi eux, d'avoir
» vécu avec des hommes ; &, si j'ose
» le dire, je n'en regrettois pas le
» commerce. Après plusieurs années
» passées dans une agitation continuel-
» le, je jouissois pour la premiere fois,
» d'une douce tranquillité. Le souve-
» nir de mes fatigues, de mes peines,
» de mes périls passés me paroissoit
» un songe. Je partageois les plaisirs
» innocens de mes Indiens ; je me bai-
» gnois avec eux ; j'admirois leur in-
» dustrie à la pêche & à la chasse. Ils
» m'offroient l'élite de leur poisson &
» de leur gibier. Tous étoient à mes
» ordres : le cacique qui les comman-
» doit, étoit le plus empressé à me
» servir.

» C'est une tradition universelle-
» ment répandue chez ces peuples,
» qu'il a existé parmi eux de vraies
» amazones, dont le fleuve a tiré son
» premier nom. Ils m'ont attesté qu'une
» des provinces voisines de cette gran-
» de riviere, étoit peuplée de femmes
» belliqueuses,

» belliqueuses, qui vivoient & se gou-
» vernoient sans hommes; qu'en cer-
» tains tems de l'année, elles en rece-
» voient chez elles, & restoient ensuite
» dans leurs bourgs, où elles se pro-
» curoient, par le travail de leur mains,
» tout ce qui est nécessaire à l'entretien
» de la vie. Lorsque les hommes leur
» rendoient ces visites amoureuses,
» elles les attendoient armées d'arcs
» & de flêches, jusqu'à ce qu'elles
» fussent assurées qu'ils ne venoient que
» pour payer le tribut annuel de leur
» tendresse. Dès qu'elles les avoient
» reconnus, elles se rendoient en
» foule aux canots qui avoient amené
» cette colonie passagere d'adorateurs.
» Chacune saisissoit le premier hamac
» qu'elle y trouvoit, & alloit le sus-
» pendre dans sa maison, pour y rece-
» voir les caresses de celui à qui le hamac
» appartenoit. Après quelques jours
» de familiarité, ces nouveaux hôtes
» s'en retournoient dans leurs habita-
» tions. Tous les ans ils ne manquoient
» pas de faire ce voyage dans la même
» saison & dans la même vue. Les filles
» qui en naissoient, étoient nourries par
» leurs meres qui les instruisoient au tra-

» vail & au maniement des armes. Si c'é-
» toient des garçons, les uns disent que
» l'année suivante elles les donnoient
» aux peres de ces enfans ; d'autres
» croient qu'on les faisoit mourir au
» moment de leur naissance. Ce récit m'a
» été si souvent répété, & d'une ma-
» niere si uniforme, que si le fait n'est
» pas vrai, il faut que le plus grand des
» mensonges passe, dans tout le nou-
» veau monde, pour la plus constante
» des vérités historiques.

» Plusieurs savans prétendent que
» les Amazones anciennes sont des
» personnages éclos du cerveau des
» poëtes, & que tout ce qu'en ont écrit
» Philostrate, Diodore de Sicile &
» Justin, n'est fondé que sur de vaines
» traditions. Les femmes qui, en
» Cappadoce, alloient à la guerre avec
» leurs maris, ont donné lieu de
» feindre un peuple d'héroïnes, qui ne
» souffroient point d'hommes parmi
» elles, ou au moins, qui ne leur lais-
» soient prendre aucune autorité. Pour
» qu'elles pussent tirer de l'arc avec
» plus de facilité, on a imaginé qu'on
» leur brûloit la mamelle droite dans
» la premiere enfance ; ce qui leur

» a fait donner le nom d'Amazones,
» c'est-à-dire, *privées de mamelles.*
» Elles nourrissoient, dit-on, leurs
» filles avec du lait de jument, &
» rendoient boiteux leurs enfans mâles,
» afin qu'ils fussent, selon quelques-
» uns, incapables des exercices de
» la guerre, & selon d'autres, plus
» propres à ceux de l'amour. On rap-
» porte qu'une reine des Amazones,
» qui avoit eu la foiblesse ou la cu-
» riosité de se rendre aux vœux em-
» pressés d'un monarque, lui dit le
» lendemain : ah ! vous ne valez pas le
» boiteux.

» La nécessité de perpétuer leur répu-
» blique, étoit le seul motif qui portoit
» ces héroïnes à voir des hommes ; en-
» core étoit-ce des inconnus, des étran-
» gers, tels que le hazard les présentoit à
» elles dans des lieux écartés : & elles
» ne conservoient pour eux, ni senti-
» ment ni souvenir. Ceux qui soutien-
» nent que de pareilles femmes ont
» existé, & qu'elles formoient une na-
» tion féminine, sur les bords du Ther-
» modon, s'autorisent de quelques mé-
» dailles grecques, où l'on en voit de
» représentées ; mais ces médailles

» prouvent seulement, qu'il y a eu des
» femmes guerrieres, telles que celles
» de la Cappadoce; & personne n'en
» doute. Je trouve plus de fondement
» dans ce qu'on dit des Amazones mo-
» dernes, dont le plus grand fleuve de
» l'univers porte le nom. Si jamais il
» y a pu avoir de semblables femmes
» dans le monde, c'est principalement
» en Amérique, où la vie errante des
» Indiennes qui suivent leurs maris à
» la guerre, & n'en sont pas plus
» heureuses dans leur domestique, a
» dû leur fournir des occasions plus
» fréquentes qu'ailleurs, de se déro-
» ber au joug de leurs tyrans, en
» formant entr'elles cette espece de
» république. Mais en supposant que
» ces héroïnes Américaines aient
» existé, je doute qu'elles subsistent au-
» jourd'hui. Il est vraisemblable qu'el-
» les ont perdu, avec le tems, leurs
» anciens usages : soit qu'elles aient
» été subjuguées par une autre nation,
» soit qu'ennuyées de leur solitude,
» les filles moins farouches & plus
» sensées que leurs mères, aient pris
» le parti de se réconcilier avec d'aussi
» chers ennemis que les hommes.

» Ceux qui ont visité & mesuré
» avec le plus d'exactitude la riviere
» des Amazones, disent qu'elle prend
» sa source au pied des montagnes de
» Quito; qu'elle traverse près de qua-
» torze cens lieues de pays d'occident
» en orient, & se jette dans la mer du
» nord, par une embouchure qui n'a pas
» moins de trente lieues de largeur.
» La grande région qu'elle arrose, en
» a plus de quatre mille de circuit;
» & cet espace étoit peuplé, au tems
» de sa découverte, de plus de cent
» cinquante nations, parmi lesquelles
» on n'a pas trouvé un seul gouverne-
» ment policé. Les habitations étoient
» si proches l'une de l'autre, que
» du dernier bourg, on entendoit
» couper le bois de la peuplade voi-
» sine. Cette grande proximité ne ser-
» voit point à les faire vivre en paix;
» elles étoient divisées par des guerres
» continuelles, dans lesquelles elles s'en-
» tre-tuoient, ou s'enlevoient mutuel-
» lement pour l'esclavage. Mais quoi-
» que vaillans entr'eux, ces gens ne te-
» noient pas contre les Européens. La
» plupart prenoient la fuite, se jettoient

» dans leurs canots, abordoient à
» terre en un clin-d'œil, & se reti-
» roient vers quelqu'un des lacs que
» la riviere forme en grand nombre.

» La religion de tous ces peuples
» est presque la même : ils ont des ido-
» les fabriquées de leurs mains, aux-
» quelles ils attribuent diverses opé-
» rations : les unes président aux eaux,
» d'autres aux moissons & aux fruits.
» Ils se vantent que ces divinités sont
» descendues du ciel, pour demeurer
» avec eux & leur faire du bien ; mais
» ils ne leur rendent aucun culte. Elles
» sont gardées, ou à l'écart, ou dans un
» étui, pour les occasions où l'on
» a besoin de leur secours. C'est ainsi
» que prêts à marcher pour la guerre,
» ils élevent à la proue de leurs canots,
» l'idole dont ils attendent la victoire,
» & qu'en partant pour la pêche, ils
» arborent celle qui préside aux fleu-
» ves & aux lacs. Un de ces barbares,
» qui ne l'étoit cependant pas trop dans
» sa conversation, admirant avec quel
» bonheur nous avions surmonté les
» difficultés de la grande riviere, après
» nous avoir fourni des vivres, nous
» pria de lui donner, par reconnois-

» sance, un de nos dieux, qui pût le servir
» avec autant de bonté & de puissance
» dans toutes ses entreprises. Nous lui
» demandâmes pourquoi ses compa-
» gnons avoient pris la fuite à la vue de
» notre flotte, tandis qu'il étoit venu li-
» brement au-devant de nous. Il répon-
» dit que des hommes qui avoient été
» capables de remonter le fleuve mal-
» gré tant d'obstacles, sans essuyer
» aucune perte, devoient en être un
» jour les vainqueurs ; qu'il ne vouloit
» pas toujours vivre en crainte, & trem-
» bler dans sa maison ; qu'il aimoit
» mieux se soumettre de bonne heure,
» & recevoir pour ses amis, ceux que
» les autres seroient obligés de servir
» comme leurs maîtres.

» De toutes les nations qui habi-
» tent les bords de l'Amazone, les
» Omaguas sont les plus raisonnables
» & les mieux policés. Ils ont la cou-
» tume, avant que de se mettre à table,
» de présenter une seringue à chaque
» convive, comme dans plusieurs villes
» de l'Europe on apporte de l'eau pour
» se laver les mains avant le repas, ou du
» caffé après le dîner. La forme de ces
» seringues est celle d'une poire creuse,

» percée d'un petit trou à la pointe,
» dans lequel ils adaptent une canule.
» Ils les remplissent d'eau, & pressées,
» lorsqu'elles sont pleines, elles font
» l'effet des seringues ordinaires. Ce
» meuble est fort en honneur chez ces
» Indiens, & annonce qu'on fera bonne
» chere, à laquelle il convient de faire
» place.

» Les Portugais ont publié que les
» Omaguas engraissoient leurs escla-
» ves pour les manger. C'est une
» calomnie qu'ils ont inventée, dans
» la seule vue de colorer leurs pro-
» pres cruautés contre cette innocente
» nation. Il est vrai que lorsqu'ils font,
» parmi leurs ennemis, quelques pri-
» sonniers qui ont une grande réputa-
» tion de bravoure, ils les tuent dans
» leurs fêtes, pour se délivrer d'un
» sujet de crainte ; mais après leur
» avoir coupé la tête, qu'ils pendent
» en trophée dans leurs cases, ils
» jettent les corps dans le fleuve. Il
» ne s'est jamais vendu de chair humai-
» ne dans leurs boucheries, comme
» l'ont écrit ces mêmes Portugais,
» qui, sous prétexte de venger cette
» barbarie, en commettent une très-

» grande, lorsqu'ils réduisent à l'escla-
» vage des peuples nés libres & indé-
» pendans. Aussi depuis la conquête
» du Brésil, ces pauvres gens ont-ils
» abandonné leurs pays, pour s'éloi-
» gner de leurs cruels vainqueurs.

» Il n'y a point aujourd'hui d'antro-
» pophages sur les bords du Maragnon;
» mais il en reste encore dans les terres,
» sur-tout vers le nord. Les Portugais
» se sont mis en possession de presque
» toute la partie méridionale, & y ont
» établi plusieurs missions. Près de
» celle de Saint-Paul, commencent
» de grandes isles, anciennement habi-
» tées par les Omaguas : le lit du fleuve
» s'y élargit si considérablement, qu'un
» seul de ses bras a quelquefois huit à
» neuf cens toises. Cette grande éten-
» due donnant au vent beaucoup de
» prise, il y excite de vraies tempêtes.
» Nous en essuyâmes une, contre la-
» quelle nous ne trouvâmes d'abri,
» que dans l'embouchure d'un petit
» ruisseau ; c'est le seul asyle en pareil
» cas : aussi s'éloigne-t-on rarement
» des bords du fleuve. Mais il est dan-
» gereux de s'en trop approcher ; car
» un des plus grands périls de cette

» navigation, est la rencontre des
» troncs d'arbres déracinés, qui de-
» meurent engravés dans le sable ou
» le limon, proche du rivage, & cachés
» sous l'eau. En suivant les bords de trop
» près, on est menacé encore de la
» chûte subite de quelqu'arbre, soit
» par sa caducité, ou parce que le
» terrein qui le soutenoit, s'abîme
» tout d'un coup, après avoir été
» long-tems miné par les eaux.

» Au lieu de maisons & d'églises faites
» de roseau, on commence à trouver
» dans la mission de S. Paul, des chapel-
» les & des presbiteres construits en
» maçonnerie. Il n'est pas moins surpre-
» nant de voir, au milieu de ces déserts,
» des chemises de toile de Bretagne
» à toutes les femmes Indiennes, des
» coffres avec des serrures & des clefs
» de fer dans leur ménage, des aiguil-
» les, de petits miroirs, des couteaux,
» des ciseaux, des peignes, & divers
» autres petits meubles d'Europe. Ces
» peuples se les procurent tous les ans
» à Para, dans les voyages qu'ils y
» font, pour y porter le cacao qu'ils
» recueillent, sans culture, sur les
» bords du fleuve.

» La découverte du Maragnon, la
» connoissance des lieux qu'il arrose,
» le desir d'y former des établissemens,
» le moyen d'y entretenir une espece
» de navigation, ont long-tems occupé
» la Cour d'Espagne; & voici quelles
» étoient les vues politiques de cette
» couronne. Les François, les Anglois
» & les Hollandois faisoient, en Améri-
» que, des courses qui lui étoient fort
» incommodes, & d'où ils revenoient
» comblés de gloire & de richesses. Il
» n'avoit pas été facile de s'opposer à
» ce désordre sous le regne de Charles-
» Quint, parce que toutes les côtes n'é-
» toient pas alors assez connues, pour
» permettre à ce prince de changer
» la route ordinaire de ses galions. De
» tous les projets qui furent propo-
» sés à ses successeurs, pour don-
» ner le change aux armateurs, ils n'en
» imaginerent point de plus propre,
» que d'ouvrir la navigation sur la
» riviere des Amazones, depuis sa
» source jusqu'à son embouchure. En
» effet, les plus grands vaisseaux pou-
» vant demeurer à l'ancre sous la for-
» teresse de Para, on auroit pu y faire
» venir toutes les richesses du Pérou,

G vj

» de la Nouvelle-Grenade, de Terre-
» Ferme, & même du Chili. Quito
» auroit servi d'entrepôt, & Para
» de rendez-vous pour la flotte du
» Bréfil, qui se joignant aux galions
» pour le retour en Europe, auroit
» effrayé les corsaires par la force
» & par le nombre. La difficulté ne
» consistoit qu'à trouver la véritable
» embouchure du fleuve, pour remon-
» ter jusqu'au Pérou.

» Orellana fut le premier qui entre-
» prit cette découverte. Il suivit le
» cours d'une grande riviere, à la-
» quelle il donna le nom d'Amazone,
» parce qu'on lui dit que ses bords
» étoient habités par des femmes guer-
» rieres, dont il devoit se défier.
» C'étoit la même que celle dont
» l'embouchure avoit déjà été recon-
» nue par quelques Espagnols, & qui
» portoit alors le nom de Maragnon.
» Orellana se rendit en Europe, &
» obtint de sa majesté catholique le
» gouvernement du pays qu'il avoit
» découvert, avec la permission d'en
» faire la conquête. Plus de cinq cens
» hommes, presque tous d'une nais-
» sance noble, s'embarquerent sous

» ſes ordres ; mais leur navigation fut
» ſi malheureuſe, qu'ayant commencé
» à ſe rebuter dès les Canaries, la plu-
» part abandonnerent leur chef, & ſe
» diſperſerent dans ces iſles. Il mourut
» lui-même de maladie ou de chagrin
» dans le cours du voyage, ſans avoir
» tiré d'autre fruit de ſes travaux,
» qu'une gloire aſſez équivoque.

» Ce mauvais ſuccès avoit rallenti
» l'ardeur des Caſtillans pour la décou-
» verte du Maragnon, lorſqu'au milieu
» du ſeizieme ſiecle, un gentilhomme
» nommé d'Orſua, vint offrir ſes ſervi-
» ces au vice-roi du Pérou, pour cette
» importante expédition. L'opinion
» qu'on avoit de ſon mérite, attira
» ſous ſes drapeaux un grand nombre
» d'officiers & de vieux ſoldats. On
» comptoit, parmi les premiers, un
» jeune homme nommé Guſman, &
» un autre appellé d'Aguirre, d'une
» conduite peu réglée, mais pleins de
» réſolution, & que la reſſemblance
» de leurs inclinations avoit rendus
» fort amis. Ces deux avènturiers con-
» çurent une criminelle paſſion pour
» la femme de leur général, qui s'étoit
» déterminée à ſuivre ſon mari dans

» ses courses. L'ambition jointe à l'a-
» mour leur inspira le moyen de faire
» révolter les troupes d'Orsua con-
» tre lui; & dans le trouble, ils l'assassi-
» nerent. Après une action si noire,
» quelques traîtres qui l'avoient favo-
» risée, élurent Gusman pour leur chef,
» & lui donnerent le titre de roi. Sa
» vanité l'aveugla jusqu'à le lui faire
» accepter; mais il en jouit peu; car ceux
» qui le lui avoient accordé, le tuerent
» presque aussi-tôt. D'Aguirre lui suc-
» céda, & prit, comme lui, le titre &
» les honneurs de la royauté. Son regne
» fut si sanglant, qu'il passe encore en
» proverbe chez les Espagnols, pour
» signifier une domination cruelle &
» tyrannique. Il descendit dans la ri-
» viere des Amazones; mais n'en
» pouvant vaincre le courant, il fut
» porté dans le grand canal qui mene
» au cap de Nord. En arrivant à la mer,
» il prit sa route vers la Marguerite, &
» aborda dans un lieu qui conserve
» encore le nom de port du Tyran.
» Il se rendit maître de l'isle, après
» en avoir tué le gouverneur, la
» pilla avec des cruautés inouies;
» & de là passant à Cumana, il y exerça

» les mêmes fureurs. Il défola les côtes
» de Caracas, & pénétra dans la Nou-
» velle Grenade, pour s'avancer vers
» Quito, avec le projet de porter la
» guerre au fein du Pérou. On avoit
» pris de juftes mefures pour lui fer-
» mer les chemins; & ayant rencon-
» tré quelques troupes qu'il ne put
» éviter de combattre, il fut entiére-
» ment défait & contraint de fuir. Il
» crut fa perte certaine; & fon défef-
» poir lui fit commettre une barbarie
» fans exemple.

» D'Aguirre avoit une fille qu'il aimoit
» tendrement, & qui l'avoit fuivi dans
» tous fes voyages. Ma fille, lui dit-il,
» mon efpérance étoit de te mettre
» fur le trône; mais puifque la for-
» tune s'y oppofe, je ne veux pas que
» tu vives, pour devenir l'efclave de
» mes ennemis, & t'entendre nom-
» mer la fille d'un traître & d'un tyran.
» Meurs de la main de ton pere, fi
» tu n'as pas la force de mourir de la
» tienne. Elle lui demanda quelques
» heures pour s'y préparer; mais trou-
» vant fes prieres trop longues, il lui
» tira un coup de fufil au travers du
» corps; & ne l'ayant pas tuée à

» l'inſtant, il l'acheva de ſon poignard,
» qu'il lui enfonça dans le cœur. Elle
» lui dit en expirant : ah ! mon pere,
» c'eſt aſſez. Il fut pris quelques jours
» après, & conduit priſonnier à l'iſle
» de la Trinité. On lui fit ſon procès
» dans les formes ; & ſa ſentence, qui
» fut exécutée à la lettre, portoit qu'il
» ſeroit écartelé, ſa maiſon raſée juſ-
» qu'aux fondemens, & qu'on y ſeme-
» roit aſſez de ſel, pour rendre la
» place à jamais ſtérile.

» De ſi malheureux événemens firent
» perdre l'idée de pouſſer plus loin la
» découverte du Maragnon ; & cet
» oubli dura plus de quarante ans. On
» fit de nouvelles tentatives, mais tou-
» jours infructueuſes, juſqu'en 1636,
» que des religieux Franciſcains, partis
» de Quito, prirent la route de cette
» riviere. Il eſt vrai que la plupart
» n'ayant pu réſiſter aux fatigues du
» voyage, retournerent ſur leurs tra-
» ces. Il n'en reſta que deux, André
» de Toléde, & Dominique de Brieda,
» qui, plus zélés ou plus curieux, pé-
» nétrerent conſtamment dans le pays,
» & continuerent de braver tous les
» périls. Parvenus enfin à la rive qu'ils

» cherchoient, ils se mirent dans une
» espece de pirogue, s'abondonne-
» rent au cours de l'eau, & furent
» portés jusqu'à Para. La couronne de
» Portugal étant alors unie à celle
» d'Espagne, ils y furent reçus avec
» toute sorte de faveurs. Norona, qui
» commandoit dans cette contrée, pro-
» fitant de leurs lumieres, équipa,
» sous les ordres du capitaine Texeira,
» une petite flotte, sur laquelle les deux
» religieux & quelques soldats s'em-
» barquerent pour remonter le Mara-
» gnon. Il en est de ce fleuve comme
» d'un grand & puissant arbre, nourri
» par une infinité de racines, sans qu'on
» puisse distinguer précisément celle
» dont il tire son origine. Ses sources
» sont si nombreuses, qu'on peut en
» compter autant, qu'il y a de rivieres
» qui descendent des Cordillieres ; de-
» puis le gouvernement de Popayan,
» jusqu'aux environs de Lima. La na-
» vigation de Texeira fut longue & dif-
» ficile ; mais il arriva enfin dans la pro-
» vince de Quito, avec tous les éclair-
» cissemens nécessaires, pour tirer
» de ce voyage les avantages qu'on
» s'en étoit promis. Les communautés

» religieuses en firent des réjouissances
» publiques, pour remercier le ciel
» de leur avoir ouvert une vigne qui
» n'avoit pas encore été cultivée,
» & s'offrirent toutes avec la même
» ardeur, à servir pour la prédication
» de l'évangile. L'affaire fut mise en
» délibération ; & le conseil décida
» qu'on renverroit Texeira avec tout
» son monde, par le même chemin ;
» qu'on lui donneroit deux personnes
» d'une capacité reconnue, qui feroient
» un rapport fidele de la route, &
» informeroient la cour d'Espagne de
» tout ce qu'ils auroient observé. Deux
» Jésuites, les peres d'Acuna &
» d'Artieda, furent destinés à l'exécu-
» tion de ce grand dessein. Ils parti-
» rent de Quito en 1639; & s'étant
» embarqués sur le fleuve, ils arrive-
» rent à Para, d'où ils allerent en Eu-
» rope publier leur relation ».

Il me reste, Madame, à vous parler de la capitanie de Maragnan, pour achever de vous faire connoître le royaume du Bresil. Maragnan est le nom d'une isle qui forme un gouvernement particulier, habité par les Topinamboux. Ces peuples sont oriinaires de la province de Fernambuc: après la conquête du Brésil, ils aime-rent mieux renoncer à leurs poſſeſſions, que de ſe ſoumettre aux Portugais, & ſe bannirent volontairement de leur patrie. Ils s'avancerent juſqu'aux frontieres du Pérou; mais ayant été maltraités par les Eſpagnols, ils deſcendirent la riviere des Amazones, juſqu'à la grande iſle qu'ils occupent préſentement. Ils détruiſirent une partie de ſes habitans, & forcerent les autres d'aller chercher une retraite dans des terres éloignées.

On vante les Topinamboux comme une nation brave, ſpirituelle, guerriere & très-attachée aux François, avec leſquels ils ont été en liaiſon. Il en eſt même venu à Paris, qui y furent baptiſés ſolemnellement à Notre-Dame, ſous l'avant-dernier regne; & nous avons ſongé ſérieuſement, à leur ſollicitation, à établir une colonie dans leur iſle: nous y avions même déja bâti un fort ſous le nom de Saint-Louis. C'eſt aujourd'hui une petite ville, appellée Saint-Philippe, érigée en évêché, ſous la métropole de San-Salvador. Elle eſt défendue par un château ſitué ſur un rocher, près de la côte, où il y a un bon port, qui rend la ville fort marchande. On compte dans l'isle, vingt-huit à trente villages d'Indiens, & sept ou huit cens habitans. Des missionnaires envoyés par la cour de France, y prêcherent l'évangile; & plusieurs de ces sauvages embrasserent le christianisme. Nous ne fûmes pas longtems maîtres de cette possession; les Portugais nous obligèrent de l'abandonner. Celui qui avoit eu le plus de part à cet établissement, se nommoit Rasilly. Etant arrivé à l'isle Sainte-Anne, voisine de celle de Maragnan, il fit demander au chef des Topinamboux, s'il n'avoit point d'éloignement à recevoir des François. La réponse fut favorable; & ces sauvages lui firent l'accueil le plus honnête. Ils lui bâtirent de petites loges pour lui & pour son monde, & l'aiderent même à construire le fort qu'il nomma Saint-Louis.

Rasilly fut ensuite invité de se trouver à une assemblée générale de la nation, où le chef, prenant la parole, lui dit : « Vaillant capitaine, le voyage
» que tu viens de faire, est pour nous
» utile & honorable. Tu nous défendras

» contre l'injuste puissance des Portu-
» gais. La crainte que tu ne vinsses pas
» assez tôt à notre secours, nous avoit
» fait prendre la résolution d'abandon-
» ner cette isle, & de nous retirer si avant
» dans les terres, que nous ne fussions
» plus exposés à leurs attaques. Mais
» quand nous avons imaginé le regret
» que nous aurions de ne plus voir les
» François, avec qui nous avions cou-
» tume de commercer, & qui nous ap-
» portoient des couteaux, des serpes &
» des haches ; quand nous avons songé
» que nous allions être réduits, comme
» les anciens Topinamboux, à n'avoir
» que des pierres dures pour couper
» & abatre les arbres ; nous avons
» mieux aimé ne pas quitter ces lieux.
» Que le ciel bénisse ton retour parmi
» nous ! Tu nous as non-seulement
» amené de vaillans soldats pour nous
» défendre, mais encore de grands
» prophetes, pour nous faire connoître
» la loi de Dieu. Tu as abandonné ta
» patrie & ta famille, pour venir de-
» meurer avec nous. Quelle recon-
» noissance ne te devons-nous pas ?
» Quoique ce pays ne soit pas, comme
» la France, orné de beaux édifices,

» tu pourras y faire un séjour agréa-
» ble. Notre isle produit en abon-
» dance, du fruit, du gibier, du pois-
» son, & toutes sortes d'animaux bons
» à manger. Notre nation fidele sa-
» crifiera sa vie, s'il le faut, pour
» te rendre victorieux de tes ennemis.
» Je ne doute pas que toi & les tiens
» ne vous accommodiez de notre pain.
» Il ne le cede guere au vôtre, dont
» j'ai mangé quelquefois. Nous espé-
» rons enfin que nos enfans, instruits
» par vous dans votre religion, vos
» sciences & vos arts, ne formeront
» à l'avenir, avec vous, qu'un seul
» peuple, & qu'on nous croira tous
» des François.

» Ces méchans Portugais, qui ont
» exercé sur nous tant de cruautés,
» nous répetent sans cesse, que nous
» n'avons point de Dieu : c'est une
» fausseté ; nous en reconnoissons un
» qui a créé toutes choses, qui a fait
» nos ames immortelles, & qui est
» souverainement bon. Vous & nous
» n'étions d'abord qu'une nation :
» Dieu lui envoya ses prophetes, pour
» se faire connoître à elle. Ils présen-
» terent à notre premier pere, deux

» épées, l'une de bois, & l'autre
» de fer ; il prit celle de bois, & fit
» mal. Mais le pere, dont vous êtes
» descendus, prit celle de fer, & fit
» bien. Depuis nous avons toujours
» été malheureux ; & les prophetes
» irrités contre nos peres qui ne vou-
» loient point écouter leur voix,
» remonterent dans le ciel. La confu-
» sion des langues qui survint entre
» nous, augmenta encore notre mal-
» heur. Le démon s'est joué de nous ;
» il a fait massacrer & manger nos
» compagnons. Les Portugais, pour
» combler notre désolation, sont venus
» dans notre pays ; ils nous ont chassés,
» ont détruit notre grande nation, &
» l'ont réduite en l'état affreux où
» tu nous vois dans cette isle. Mais
» ton arrivée au milieu de nous,
» dissipe nos craintes, & nous rend
» l'espérance que nous avions perdue,
» d'être encore distingués parmi les
» autres peuples. Ta bonté, ta dou-
» ceur & tes manieres nous annon-
» cent que nous serons heureux de
» t'avoir pour maître. Les Topinam-
» boux n'ont jamais obéi par con-
» trainte ; depuis que je leur com-

» mande, je les ai toujours traités avec
» humanité, & m'en suis bien trouvé;
» j'espere que tu en feras de même.
» Nous en avons une nouvelle assu-
» rance dans le commerce agréable
» que nous entretenons depuis quel-
» ques années avec les François. Les
» Portugais ont été bien cruels à notre
» égard : ils ne vouloient pas que nous
» eussions les lévres percées, & nous
» faisoient ignominieusement raser nos
» cheveux longs. Dis-nous ta volonté
» sur ces usages, ainsi que sur celui de
» tuer nos esclaves & de les manger.
» Sûrs de ta sagesse, nous suivrons
» tes ordres sans répugnance.

Le cacique de Maragnan ayant achevé son discours, Rasilly lui fit cette réponse : « Grand ami des
» François, nous sommes sensibles
» au plaisir que te fait notre arrivée
» dans cette isle. La prudence que tu
» as eue d'y retenir les Topinamboux,
» nation jadis si guerriere, est digne
» des plus grands éloges. En fuyant
» de ces lieux, ils auroient fait une
» double perte. Leurs ames, privées de
» la connoissance du vrai Dieu, auroient
» été le partage du démon; & il n'y
» auroit

SUITE DU BRESIL. 169

» auroit plus eu de commerce entre
» vous & les François. Mon roi,
» inſtruit de vos malheurs, nous a en-
» voyés à votre ſecours. Le deſir de
» votre ſalut, & celui de votre con-
» ſervation, eſt l'unique motif de notre
» voyage. Nous devons vous ſouſtraire
» à la fois à l'empire du démon, & à
» la tyrannie des Portugais. La France
» ſurpaſſe, ſans doute, en beauté tous
» les pays qui ſont ſous le ciel. Je m'en
» ſuis éloigné cependant; j'ai, comme
» vous l'avez dit, abandonné ma
» famille & mille autres avantages;
» mais mon courage aime à ſervir les
» malheureux; & je demeurerai près
» de vous, tant que vous conſerverez
» la volonté de ſervir Dieu, & d'obéir
» à mon prince. Les ſoins que vous
» prendrez, de concert avec nous,
» pour bâtir des forterefles dans cette
» iſle, feront autant pour votre ſûreté,
» que pour la nôtre; & vos enfans ſe
» trouveront ainſi à portée d'apprendre
» de nous les arts & les ſciences qui
» nous conduiſent à l'honneur. Ne
» craignez plus les cruautés des Por-
» tugais; je perdrai la vie pour vous
» en garantir, s'il eſt néceſſaire. Quant

Tome XIII.   H

» à vos usages, celui de tuer vos
» esclaves & de les manger, est in-
» humain; & si vous n'y renoncez
» entiérement, je ne puis demeurer
» avec vous. J'approuve fort que vous
» portiez les cheveux longs; & je vous
» prie de ne point perdre cette cou-
» tume. Je vous laisse la liberté de
» percer vos levres; mais je vous
» avertis que j'aimerai plus particu-
» liérement ceux d'entre vous, qui ne
» les auront point percées ».

J'ai parlé, Madame, de toutes les provinces qui composent les vastes états du Brésil; il ne seroit pas aisé de vous faire connoître également toutes les nations qui l'habitent, tant elles different de nom, d'usages & de caractere. Il est cependant certains traits généraux, sous lesquels on peut les peindre. Elles ne parlent pas toutes la même langue; mais il en est une plus universelle, qu'entendent la plupart même des Portugais, & que les Jésuites emploient dans leurs missions. Je vous ai déja fait remarquer que la religion avoit peu de part aux idées des Brasiliens, du moins avant l'arrivée des Portugais. Ils ne connoissoient alors aucune sorte de divinité; & leur langue n'a pas même de mot qui en exprime le nom. Dans leurs fables on ne trouve rien qui ait rapport à leur origine, ou à la création du monde. Ils ont seulement quelques histoires confuses d'un grand déluge, qui fit périr le genre humain, à la réserve d'un frere & d'une sœur qui recommencerent à peupler le pays. Cependant ils attachent quelque idée de puissance au tonnerre, dont ils croient que leur vient la science de l'agriculture. Il ne leur tombe point dans l'esprit, qu'il puisse y avoir une autre vie, ni des récompenses ou des peines après la mort. Ils disent néanmoins, que ceux qui se sont signalés par des actions importantes & méritoires, comme d'avoir tué & dévoré un grand nombre d'ennemis, sont changés en des especes de démons qui passent le tems à danser, à sauter, à rire, dans des campagnes fertiles & agréables. Ils ont des devins, comme toutes les nations ignorantes & barbares; & comme les nations policées & savantes, ils ont des charlatans, qui sont leurs médecins. Ces empyriques portent des plumes sur la tête, excitent les peuples au combat, leur font remarquer la nouvelle lune, leur donnent des herbes qui ne guérissent pas leurs maladies. &c. Chez les peuples civilisés, la religion entre dans le système politique du gouvernement, & maintient les différentes branches de l'état. Mais il n'y a ni état ni gouvernement chez des sauvages qui sont sans besoins & sans police.

En général les Brasiliens ont plusieurs femmes, & les quittent aussi facilement qu'ils les prennent. Cependant les hommes ne peuvent se marier, sans avoir tué quelque ennemi de la nation, ou dompté quelque bête féroce. Une maîtresse estime pour le moins autant un grand chasseur, qu'un habile guerrier. Il est vrai que celui-ci donne de la considération à celle qu'il épouse; mais l'autre lui donne des vivres; & chez les sauvages, l'abondance vaut mieux que la gloire. Jusqu'à leur mariage, les jeunes gens doivent s'abstenir des liqueurs fortes. Jusqu'à ce même tems, les filles se livrent sans honte aux hommes libres; & leurs parens les offrent aux premiers venus. Il n'y en a peut-être pas une, qui apporte sa virginité à son mari; pas un mari qui fasse cas de la virginité. Mais lorsqu'elles sont attachées par des promesses, on cesse de les solliciter; & elles-mêmes cessent de prêter l'oreille aux sollicitations.

Les Brasiliens se peignent le corps, excepté le visage, d'une couleur noire, portent des colliers d'os à leur cou, se percent la levre inférieure, & y mettent une pierre de la longueur du doigt, qu'ils ont l'art de faire tenir sans aucune sorte de lien. Ils regardent comme une autre beauté, d'avoir le nez plat; & le premier soin des peres, est de rendre cet important service à leurs enfans. Ils ne peuvent souffrir de poil dans toute autre partie du corps qu'à la tête. Les ciseaux & les pincettes qui servent à s'en défaire, sont un des plus grands objets du commerce qu'ils font avec les Européens. On a eu beaucoup de peine à contraindre les femmes à se vêtir. Elles apportoient, pour prétexte, l'usage où elles sont, de se baigner dans toutes les eaux qu'elles rencontrent; & c'eût été un embarras de se dépouiller si souvent. Quand on les obligeoit à mettre une chemise, de peur de la salir, elles la retroussoient jusqu'aux épaules, & laiſſoient préciſément à découvert, ce qu'on vouloit qu'elles tinſſent caché. Celles que les Européens faiſoient priſonnieres, ou qu'ils achetoient pour travailler dans les forts, ne manquoient pas, dès que la nuit venoit, de ſe déshabiller, pour avoir le plaiſir de ſe promener toutes nues avant que de ſe coucher. Si, à grands coups de fouets, on ne les eût forcées de ſe vêtir, elles euſſent mieux aimé s'écorcher les bras & les épaules a porter des fardeaux, que d'avoir ſur elles le plus léger habillement. Cependant ces femmes ne le cédoient point en beauté à celles de l'Europe; & ſouvent c'étoit par un rafinement de volupté, qu'on les obligeoit de ſe couvrir.

Il y a des pays entiers de peuples ſi barbares, que les Portugais n'ont jamais pu les engager dans un commerce réglé. On ne traite avec eux que de loin, & toujours avec des armes à feu, pour réprimer par la crainte, un appétit déſordonné qui ſe réveille en eux, à la vue de la chair blanche des Européens. Les échanges ſe font à la diſtance de cent pas: c'eſt-à-dire, que de part & d'autre, on porte dans un endroit également éloigné, les marchandises qui font l'objet du commerce. On se les montre de loin, sans prononcer un seul mot; & chacun laisse ou prend ce qu'il veut. Cette méthode s'observe d'assez bonne foi; mais il paroît que la défiance est mutuelle, & que si les Portugais craignent d'être dévorés, ces barbares ne redoutent pas moins l'esclavage.

La maniere dont ils traitent leurs prisonniers, differe peu de celle des sauvages du Canada. Comme eux, ils les engraissent pour rendre leur chair de meilleur goût. Comme eux aussi, ils leur donnent des femmes pendant le tems qu'ils les laissent vivre; & le maître du captif ne fait aucune difficulté de lui abandonner, ou sa sœur ou sa fille. Cette compagne lui rend toutes sortes de services, jusqu'au jour qu'il doit être massacré & mangé. Ce jour n'est jamais déterminé; il dépend de l'embonpoint du prisonnier.

Je n'entre point dans le détail des cérémonies barbares que l'on observe à sa mort; ce sont les mêmes que celles des Iroquois. Dès qu'il a reçu le coup funeste, la femme qui avoit vécu avec lui, se hâte d'accourir, & se jette sur son corps, pour y pleurer un moment. C'est une grimace qui ne l'empêche pas de manger sa part de ce malheureux. Ensuite, d'autres femmes apportent de l'eau chaude, dont elles lavent le corps; elles le coupent en pieces, & frottent les enfans avec son sang, pour les accoutumer de bonne heure à la cruauté. On rôtit tous ces morceaux, ainsi que les entrailles, qui sont soigneusement nettoyées. C'est l'office des vieilles femmes. Celui des vieillards, en mangeant cet exécrable mets, est d'exhorter les jeunes gens à devenir de bons guerriers, pour se procurer souvent un pareil festin. S'il arrive que ces captifs aient eu quelqu'enfant de celles qui ont pris soin de les engraisser, ces petits malheureux sont dévorés en naissant, ou lorsqu'ils ont acquis un peu plus de force. Les vieilles femmes aiment si passionnément ces sortes de ragoûts, qu'elles en recueillent la graisse qui dégoute le long des grils, & lechent leurs doigts pour n'en rien perdre. Ici lorsqu'une femme fait une fausse cou-

che, elle se nourrit de son fruit, disant qu'il ne peut avoir de meilleur tombeau, que le sein qui l'a porté. Les Brasiliens exercent la même cruauté sur le corps de leurs amis, quand ils sont morts : ils les déchirent en morceaux, & les mangent avec avidité. Au reste, je peins ces Indiens dans l'état qu'on peut appeler de pure nature, c'est-à-dire, tels qu'ils étoient avant que la culture eût fait changer de face à leur pays, & que l'introduction de nos usages eût altéré leur caractere. Ceux qui ont formé quelque liaison avec les Européens, reviennent par degrés de cette férocité. Ils baissent la vue avec une sorte de confusion, lorsqu'on leur en fait des reproches. « C'étoient des peuples » chasseurs, dit quelqu'un, par consé-
» quent n'ayant pas toujours une subs-
» tance assurée ; de là, nécessairement
» féroces, se faisant la guerre avec
» leurs flêches & leurs massues pour
» quelques pieces de gibier, comme
» les barbares policés de l'ancien con-
» tinent la font pour quelques villages.
» La colere, le ressentiment d'une
» injure les armoit souvent, comme

» on le raconte des premiers Grecs &
» des Asiatiques. Ils ne sacrifioient
» point d'hommes, parce que n'ayant
» aucun culte religieux, ils n'avoient
» point de sacrifice à faire, ainsi que
» les Mexicains; mais ils mangeoient
» leurs prisonniers. L'instinct seul les
» gouvernoit : cet instinct les portoit
» à chasser lorsqu'ils avoient faim, à
» se joindre à des femmes, quand le
» besoin le demandoit, & à satisfaire
» à ce besoin passager avec de jeunes
» gens, lorsqu'ils manquoient de fem-
» mes ».

Malgré cette ancienne barbarie, ces peuples reçoivent humainement les étrangers : à l'arrivée d'un voyageur, on le presse de se coucher dans un hamac; & on le laisse quelques instans sans lui parler. C'est pour se donner le tems d'assembler les femmes qui viennent s'accroupir à terre, autour de lui, les mains sur leurs yeux. Bientôt elles laissent tomber des larmes de joie; & sans cesser de pleurer, elles adressent mille choses flatteuses à leur hôte. « Que tu es bon ! Que tu as pris
» de peine à venir ! Que tu es beau !
» Que tu es vaillant ! Que nous t'avons

» d'obligation ! Que tu nous fais de
» plaisir » ! Si l'étranger veut donner
bonne opinion de sa personne, il doit
répondre par des marques d'attendrissement ; on a vu des François pleurer
plus fort qu'elles ; & ceux qui ne pouvoient pleurer, jettoient du moins
quelques soupirs. Après cette premiere
salutation, le maître du logis fait apporter de l'eau ; & ces femmes lavent les
pieds & les jambes du voyageur. On
lui sert ensuite à boire & à manger ;
& s'il veut passer la nuit dans le même
lieu, on lui tend un nouveau lit ; &
l'on éloigne tout ce qui peut troubler
son repos.

Quelques Brasiliens se nourrissent
de manioc, & font une sorte de
cidre qui enivre. D'autres ne vivent
que de leur pêche ou de leur chasse ;
& l'eau des rivieres fait leur unique
boisson. Ils sont, en général, d'une
bonne constitution ; & l'on ne voit
parmi eux, ni bossus, ni boiteux, ni
gens estropiés ou contrefaits. Il est
vrai qu'on n'y suit pas la coutume ridicule d'emmailloter les enfans, comme
chez nous autres peuples civilisés. Ils
viennent au monde pour agir ; & nous

les emprisonnons. Nos Indiens au contraire les laissent sans bandages, sans ligature, sans gêne, sans compression, avec toute la facitité de se mouvoir, de se tourner de tous côtés, d'étendre leurs membres, de ramper, de n'être enfin que ce que la nature veut, que ce qu'elle indique. Ils n'empêchent ni le jeu de la machine humaine, ni le développement de ses forces. Aussi l'enfant sauvage marche-t-il plutôt, que l'enfant des nations policées.

Les habitans naturels du Brésil, je parle de ceux qui n'ayant pas subi le joug des Portugais, ont conservé leur indépendance avec les Européens, n'ont ni rois ni princes qui les gouvernent; ils vivent dans des villages, où ils ne sont soumis à l'autorité d'aucun homme ni d'aucune loi. Dans la guerre, ils obéissent volontairement à des chefs; dans la paix, ils n'obéissent à personne. Ils conservent entr'eux la plus grande union, & ont pour autrui les mêmes attections qu'ils exigent pour eux-mêmes. Quiconque oseroit y manquer, ne ne feroit pas impunément; car la vergeance est l'instinct le plus naturel des hommes qui vivent dans des sociétés indépendantes ; & le sauvage qui ne peut faire craindre à ses semblables ni le magistrat, ni les loix, pour leur faire redouter ses fureurs.

Dans leurs maladies, les Brasiliens se traitent mutuellement avec des égards si tendres, que s'il est question d'une plaie, un voisin se présente aussitôt pour la sucer; & tous les offices de l'amitié sont rendus avec le même zele. Si, après avoir employé tous les remedes, le mal continue, ils cassent la tête au malade, persuadés qu'il lui est plus avantageux de mourir tout d'un coup, que de souffrir les peines qui accompagnent son état. Au reste, les maladies sont ici peu fréquentes, surtout dans la partie méridionale, où l'air est extrêmement sain. Quantité de vieillards Européens s'y rendent de Portugal, pour rétablir leur santé, & y prolongent leurs jours, beaucoup plus qu'ils ne l'auroient fait dans leur patrie.

Le même pays est en général très-fertile, & a produit toutes les choses nécessaires à la vie, jusqu'au tems où l'on y a découvert des mines d'or & de diamans. Ces richesses, ont appauvri les Portugais. Leurs colonies d'Asie avoient déja enlevé beaucoup d'habitans ; celles du Brésil, comptant fur de nouveaux tréfors, ont ceffé de cultiver les véritables mines, qui font l'agriculture & les manufactures. L'or & les diamans peuvent à peine payer ce que les Anglois leur apportent ; & aujourd'hui, pour fa fubfiftance journaliere, ce pays dépend totalement de l'Europe. Les denrées qu'il fournit à l'étranger, font le fucre, le tabac, les cuirs, l'indigo, l'ipécacuana, le baume de capaïi, & fur-tout le bois de bréfil. Ce commerce eft confidérable, & augmente chaque jour, par la facilité qu'ont les Portugais d'avoir des negres à meilleur marché que les autres nations. Leur voifinage de l'Afrique leur procure cet avantage fi effentiel dans les colonies, & fans lequel ils ne pourroient, ni conferver leurs établiffemens, ni étendre leurs plantations, ni ouvrir de nouvelles mines. Au moyen des marchandifes dont je viens de parler, ils tranfportent tous les ans au Bréfil quarante à cinquante mille noirs, qui rendent cette poffeffion une des plus floriffantes de l'Amérique. Ses mines ont presque versé autant d'or dans leur pays, qu'on a tiré d'argent de celles du Mexique. Quelques-uns de ses diamans ne le cedent, ni par leur poids, ni par leur brillant, ni par leur transparence, à ceux de l'Inde. Il est vrai que la plupart ont une eau jaunâtre ; mais il s'en trouve d'une grosseur prodigieuse. Il y a quelques années, m'a-t-on dit, qu'on en envoya un au roi de Portugal, qui pésoit plus de cent soixante carats, & dont le prix étoit de plusieurs millions de notre monnoie.

Le hasard seul a fait découvrir tous ces trésors ; les Hollandois n'en avoient eu aucune idée. Les Portugais remarquerent les premiers, que les hameçons des Indiens étoient d'or ; & les ayant questionnés, ils apprirent qu'il tomboit tous les ans, des montagnes, une quantité de ce métal que l'eau entraînoit dans les vallées. Il n'y a pas cent ans, qu'on a commencé à le transporter en Europe ; depuis ce tems, le produit en a considérablement augmenté. Le soin de le recueillir fait la principale occupation des esclaves, que les Portugais entretiennent pour ce service. Chaque negre est obligé d'en fournir un gros, par jour, à son maître; & s'il en amasse davantage, le surplus est à lui; il peut en disposer à sa volonté. La découverte des diamans est encore plus récente que celle de l'or. Il n'y a guere que cinquante ans, que le premier a paru en Europe. On les trouve dans les rivieres & dans les ravines, mêlés avec le sable.

Le commerce de Portugal se fait sur le même plan, que celui des autres nations Européennes, & principalement des Espagnols. Il part tous les ans trois flottes de Lisbonne, qui se rendent en autant de ports; savoir, à Fernambuc, à Rio-Janeïro, & à la Baye de tous les Saints. Elles rapportent une cargaison qui surpasse celle des galions d'Espagne. L'or seul monte à plus de quarante millions de notre monnoie. Je ne parle que de celui qui vient de l'Amérique; car, comme les Portugais commercent directement avec l'Afrique, ils en tirent aussi beaucoup de la côte occidentale de ce continent. Les provinces du Brésil, qui en fournissent le plus, sont celles de Rio-Janeïro & de Tous-les-Saints. Le sucre fait la principale cargaison de la flotte de Fernambuc ; on prétend même, qu'il est plus beau, plus fin que celui que les François, les Anglois, les Espagnols reçoivent de leurs colonies. A l'égard des diamans, la cour de Lisbonne ayant limité le nombre des personnes employées à cette recherche, il ne lui en arrive guere que pour trois millions. Le Portugal n'envoie pas, de son fonds, la cinquantieme partie des marchandises que le Brésil prend en échange pour toutes ces richesses. Les draps, les toiles, les soieries, les dentelles, les ustensiles de fer, de cuivre, d'étain, &c, viennent d'Angleterre, de France, de Hollande, d'Italie & d'Allemagne. Les Espagnols fournissent de l'huile; les Anglois, du fromage, du beurre, de la farine, du poisson & des viandes salés. Le Portugal ne donne que du vin & quelques fruits. Ainsi, quoique ce commerce soit très-lucratif, il l'est moins pour les Portugais que pour les étrangers, & sur-tout pour les Anglois, dont ils ne sont, pour ainsi dire, que les facteurs. Il est vrai qu'une loi sévere défend aux autres nations l'entrée des ports du Brésil, & la part la plus indirecte dans ce négoce; mais le Bréſil même & les Portugais ne ſubſiſtent, que par la violation perpétuelle de cette loi. Ce commerce ſe fait ſous leur nom. Toujours fideles à leur correſpondans, toujours trompant le roi, qui a beſoin de l'être, ils ne donnent aux marchands étrangers aucune reconnoiſſance : la bonne foi, ſans laquelle il n'y auroit jamais eu de commerce, en fait ſeule la ſûreté. Ils tiennent cet uſage des Eſpagnols; & cette fidélité, ſi honorable aux deux nations, prouve bien que les hommes n'obéiſſent de bon gré, qu'aux loix qui tendent à leur propre avantage, ou à celui de la ſociété. Celles qui ne ſont que la volonté du ſouverain, trouvent toujours les cœurs rebelles.

Mais, pour revenir aux colonies du Bréſil, je le répete, Madame, en ne s'attachant qu'à la recherche de l'or, elles appauvriſſent la métropole. Il n'eſt de richeſſes réelles, que celles qui dépendent de l'induſtrie d'une nation, du nombre de ſes habitans, de la culture de ſes terres. Les tréſors des Portugais ne font que paſſer de leurs mains dans celles des étrangers. Ce peuple abandonne les richesses naturelles pour des richesses de fiction, qui diminuent de prix à mesure qu'elles se multiplient; tandis que les denrées, dont elles ne sont que la représentation, devenant plus rares, augmentent de valeur. Rappellez-vous ce roi insensé, qui demandoit que tout ce qu'il toucheroit fût converti en or, & qui finit par la plus affreuse misere. C'est l'image des Portugais.

Je suis, &c.

A San-Salvador, ce 12 Mars 1752.

LETTRE CLVI.

ISLES D'AFRIQUE.

J'AI dit, Madame, un éternel adieu à l'Amérique ; j'ai quitté pour toujours les vastes domaines de l'Espagne & du Portugal, où mille peuples, qui different entr'eux de coutumes, de mœurs, de figure, de caractere & de langage, se ressemblent en ce seul point, qu'ils sont tous également barbares & cruels. L'homme civilisé ne le cede point, sur cet article, à l'homme sauvage, le chrétien à l'idolâtre, l'Espagnol à l'Américain, le Portugais à l'Indien, le negre au mulâtre. Les plus policés même sont les plus industrieux à persécuter leurs semblables : j'ose le le dire à la honte des Européens, ils ont moins cherché à gagner l'amitié, qu'à répandre le sang des peuples du nouveau monde. La cruauté a toujours été le premier effet de leur victoire ; & leur fureur se portoit sur toute la race des vaincus. Enfin, ils n'ont conquis ce pays, qu'en exterminant ses habitans; & aujourd'hui même, s'ils cessent de les détruire, ce n'est que pour les rendre, ou leurs vassaux ou leurs esclaves.

Un vaisseau qui partoit pour les Indes, m'a laissé à l'isle de Bourbon, éloignée d'environ trois cens lieues des côtes orientales de l'Afrique. Nous relâchâmes d'abord à l'isle de Sainte-Helene, & ensuite à celle de Madagascar. La premiere étoit déserte en 1502, lorsqu'elle fut découverte, par les Portugais, le jour de la sainte dont elle porte le nom. Les Hollandois voulurent s'y établir; mais les Anglois la leur enleverent, & l'ont depuis toujours conservée. Nous étions à une demi-lieue du rivage, lorsque, dans une petite baye qui s'offrit à notre vue, nous découvrîmes un fort portant le pavillon d'Angleterre. Nous le saluâmes de trois coups de canon; & l'on nous en rendit un. Une chaloupe s'étant approchée à la portée du pistolet, demanda en langue angloise, d'où étoit le navire; on lui répondit, du Brésil. « De quel quartier du Brésil? de San-» Salvador. D'où vient-il? de Portugal. » Le nom du capitaine? Almeïda. Qu'il

» descende, & qu'il vienne montrer ses
» commissions au gouverneur. Enseï-
» gnez-nous un lieu de bon ancrange».
On nous répondit que nous pouvions
mouiller en sûreté dans cet endroit
même : les ancres y furent jettées sur
vingt-quatre brasses de profondeur.

Le capitaine se disposant à descendre, un officier du fort arriva au bâtiment, le reconnut, & nous fournit des rafraîchissemens. Nous obtînmes la permission de faire de l'eau; & nous allâmes rendre visite au gouverneur, qui nous fit saluër sa femme & deux de ses filles. Il nous présenta quelques liqueurs, en attendant le dîner. Ensuite nous ayant menés lui-même à la chûte d'un ruisseau qui tombe entre deux grands rochers, à côté du fort, il prit la peine de détourner un courant, qui se réduisit en tuyaux commodes pour remplir nos tonneaux. Le dîner fut servi avec beaucoup de propreté, en mets moitié Anglois, moitié Portugais. Nous eûmes les dames à table; & la liberté n'y régna pas moins qu'en France. Je fus choqué seulement, que lorsqu'on en vint aux santés, elles furent bues par tout le monde dans le même verre. On nous fit coucher, le capitaine & moi, dans la plus belle chambre du fort. On y monte par un balcon de six marches, qui donne dans une grande salle d'armes bien entretenue. Des quatre coins de cette piece, on entre dans quatre appartemens, composés chacun de trois chambres, & meublés d'étoffes des Indes, de tapis de Perse, de lits & de sieges d'ébene. On y voit tous les portraits des rois d'Angleterre, depuis Charles I, jusqu'au prince régnant, qui occupe l'endroit le plus visible. Celui de Cromwell est dans la ruelle du lit, le visage tourné vers la tapisserie : car la politique regne jusques dans les lieux les plus éloignés & les plus solitaires.

Le fort est environné de rochers d'une hauteur effrayante, excepté du côté de la mer. Sa forme est triangulaire ; deux de ses bastions portent de gros canons de fer, pointés sur l'eau ; & le troisieme pourroit tenir lieu d'un second fort, si le premier étoit forcé. Vingt cases alignées servent de cazernes aux soldats de la garnison. La plupart ont des possessions dans l'isle, & viennent à leur tour faire la garde du fort. Ils ont quelques negres pour les services pénibles. Le gouverneur commet aux siens le soin d'environ cent cinquante vaches, & laisse à huit femmes celui du lait & du beurre. J'admirois la quantité de pois, de feves, de raves, de navets, de choux, d'ananas, de bananes, de citrons, d'oranges, de grenades, de melons, qui servent de nourriture aux habitans, indépendamment des bestiaux & de la volaille. On y avoit aussi amené des chevaux ; mais ils sont devenus si farouches, que lorsqu'on les poursuit jusqu'aux extrêmités de l'isle, ils s'élancent du sommet des rochers dans la mer, plutôt que de se laisser prendre. Les perdrix & les pintades y font les divertissemens de la chasse.

Telle est, Madame, cette fameuse isle de Sainte-Helene, qui peut avoir douze lieues de tour, & forme un épisode si interressant dans le roman de *Cléveland*. « C'est là, disois-je en
» moi-même, en approchant de ses
» côtes, que le fils naturel de Crom-
» well, se précipitant dans la mer, fut
» reçu pendant la nuit dans la chaloupe
» de madame Eliot ». Le sort de ce malheureux

malheureux fugitif me rappelloit celui de Léandre, avec cette différence cependant, que ce dernier perdit la vie & la maîtresse, au lieu que Cleveland trouva autant de maîtresses charmantes, qu'il y avoit de filles aimables dans ce séjour enchanté. Je cherchois des yeux l'endroit où il avoit gagné la terre avec sa conductrice; je tâchois du moins de découvrir les rochers qui cachoient le passage, d'où l'on arrive à cette belle plaine, dont l'auteur du roman fait une si agréable description. Mon imagination me représentoit ces allées d'arbres à perte de vue, ces petits bois, ce mélange bien ordonné de prairies, de terres cultivées, de maisons qui se répondoient avec symmétrie, & paroissoient aussi bien disposées pour le plaisir des yeux, que pour la commodité des habitans. Il me sembloit entendre madame Eliot dire à Cleveland : « Mon fils, vous voyez notre » demeure & la vôtre; c'est cet heu- » reux coin de la terre, que la bonté » du ciel vous accorde, comme à » nous, pour asyle. Jugez de notre » amour pour cette solitude, par le » soin que nous avons pris de l'em-

» bellir. La nature nous aide ; car elle
» n'eſt nulle part plus libérale & plus
» féconde. On n'y connoît d'autre
» ſaiſon, qu'un printems éternel, tou-
» jours accompagné des richeſſes de
» l'automne. Mais cette campagne,
» toute favoriſée qu'elle eſt du ciel,
» a quelque choſe de vicieux, qui s'op-
» poſe à la propagation de la colonie.
» Je ne veux point dire que les femmes
» y ſoient ſtériles ; au contraire, elles
» y ont preſque toutes une heureuſe
» fécondité ; mais elles ne mettent au
» monde que des filles. Il eſt vrai que
» ce ſont des créatures ſi parfaites,
» qu'il ſemble qu'en les formant, la
» nature mette en charmes, tout ce
» qu'elle auroit dû employer de plus,
» pour produire un garçon. Vous con-
» cevez que la plupart étant ſans maris,
» elles paſſent leur vie dans une lan-
» gueur qui nous afflige. Ces pauvres
» enfans ne font que ſoupirer nuit &
» jour ; il n'eſt que trop aiſé de voir
» qu'il leur manque quelque choſe »...
Mais où m'emporte mon imagination !
Pardonnez-moi, Madame, cet écart.
La vue de Sainte-Helene me rappelle
ce fameux roman, qui nous a fait

répandre tant de larmes, quand nous le lisions ensemble dans notre jeunesse.

Madagascar, la plus grande de toutes les isles connues, a été visitée par toutes les nations. Ses habitans la nommèrent *Madecasse*; les Grecs, *Menuthias*; les Romains, *Cirné*; les Arabes, *Sarandip*; les Portugais, *Saint-Laurent*; les François, *l'isle Dauphine*. Un simple voyageur lui a donné le nom de Madagascar; & ce nom a prévalu sur celui des François, des Portugais, des Arabes, des Latins, des Grecs, & de ses propres habitans. Je n'aurois presque rien à vous apprendre de cette terre, si je n'en parlois que d'après mes connoissances particulieres. Nous n'y restâmes que trois jours, pour y faire de l'eau & y prendre quelques provisions. J'y vis des montagnes fort droites & fort élevées, des plaines très-étendues & très-agréables, de grands bois toujours verds, & dont les arbres sont si durs, que la coignée s'émousse au premier coup. Les citroniers, les orangers, le grenadiers y croissent comme les buissons; & leur mélange, avec d'autres arbres, forment naturellement des berceaux qui surpassent la régularité de l'art. Ces beaux lieux sont arrosés par une infinité de ruisseaux & de fontaines, qui, malgré l'ardeur du climat, y entretiennent une délicieuse fraîcheur. Voilà ce qu'une promenade de quelques heures m'a fait connoître de l'isle de Madagascar; mais le récit d'un François, dont la famille y est établie depuis plus d'un siecle, va suppléer à ce que je n'ai pu voir par moi-même.

« Mon pere, nous dit-il, étoit petit-
» fils de Pierre Baudon, procureur de
» Mantes. L'envie de voyager, lui fit
» solliciter un emploi dans la compa-
» gnie de Madagascar, fondée en 1642,
» sous les auspices du cardinal de Ri-
» chelieu. Il y fut admis en qualité
» d'écrivain de vaisseau; & c'est d'un
» manuscrit fait de sa main, & qui s'est
» conservé dans notre famille, que j'ai
» tiré une partie de ce que je vais
» dire.

» L'objet de la compagnie Fran-
» çoise, en formant un établissement
» dans cette isle, étoit de s'assurer la
» facilité de pénétrer dans les Indes.
» Elle fit d'abord quelques progrès;
» mais ses fonds étoient si médiocres,

» qu'après la mort de son protecteur,
» elle tomba par sa propre foiblesse.
» Dans cette décadence, le maréchal
» de la Meilleraye conçut le dessein de
» relever, pour son utilité particu-
» liere, cette entreprise mal soutenue,
» & fit partir plusieurs navires équipés
» à ses frais. Ils arriverent au fort Dau-
» phin, que la compagnie avoit fait
» construire sur une petite langue de
» terre, pour être le siege du gouver-
» nement. Il étoit situé entre deux
» pointes, qui formoient une anse de
» sept lieues de tour. On y avoit bâti
» une maison pour le gouverneur, une
» chapelle pour le service divin, un
» logement pour des missionnaires,
» quelques magasins, un corps de ca-
» sernes, & quelques barraques. Le
» sieur de Charmagou y commandoit,
» & avoit soumis les nations voisines
» du fort, qui lui payoient un tribut.
» Fortifié par de nouveaux secours, il
» entreprit de nouvelles conquêtes. Il
» envoya trente hommes en course;
» & dans l'espace de deux mois, ils se
» rendirent maîtres de plus de quatre-
» vingt lieues de pays. Un autre déta-
» chement, sous les ordres du célebre

I iij

» la Cafe, dont la valeur est encore
» en très-grande réputation dans cette
» isle, pénétra dans la partie du nord.
» Les peuples subjugués venoient, de
» toutes parts, se ranger sous l'obéis-
» sance des François ; & deux cens
» mille hommes regarderent comme
» une faveur, que dans leur isle même,
» cent soixante aventuriers ne leur
» ôtassent pas la vie.

» Ce fameux la Cafe, dont le cou-
» rage extraordinaire a été d'un si
» grand secours à l'établissement de
» Madagascar, s'étoit embarqué dans
» un des vaisseaux de M. de la Meille-
» raye, sans autre motif que de voir
» le monde. A son arrivée, trouvant
» les François exposés aux insultes de
» leurs voisins, son premier coup d'es-
» sai fut de tuer, de sa propre main, le
» prince Ramael ; & bientôt après, il
» vainquit, dans un combat singulier,
» le prince Dalax. Il défit ensuite les
» souverains d'Anossy, de Mahaphale,
» & de Caramboule, enleva leurs fa-
» milles & un grand nombre de leurs
» sujets, & les envoya au fort Dau-
» phin, où on les fit tous périr inhu-
» mainement. Il n'y eut d'excepté que

» quelques enfans de princes, qui furent
» menés en France au maréchal de
» la Meilleraye. On en a vu un marié
» à Paris, sous le nom de Panola, &
» gentilhomme du duc de Mazarin.

» Des victoires si multipliées, si con-
» tinuelles, si éclatantes, exciterent la
» jalousie du gouverneur contre la
» Case. Il ne put voir, sans cha-
» grin, la distinction dont un simple
» aventurier jouissoit parmi les insu-
» laires. Aussi le reçut-il très-froide-
» ment ; & il refusa constamment de
» l'employer. Cette conduite déter-
» mina la Case à quitter le fort, & lui
» fit prendre le parti de se retirer au-
» près du prince d'Amboule, qui l'avoit
» appellé à sa cour. Il y étoit principa-
» lement attiré par les charmes de la
» princesse sa fille, qui brûloit pour lui
» des mêmes feux qu'elle lui avoit inspi-
» rés. Le prince son pere favorisant cet
» amour, consentit à leur union ; &
» la Case, en épousant la princesse,
» succéda à la souveraineté. Cet évé-
» nement ne fit que redoubler la haine
» de Chamargou, qui envoya des gens
» affidés pour l'assassiner. La Case étoit
» heureusement sur ses gardes ; & sa

» prudence fut le garantir de la fureur
» de son ennemi. Désespérant de pou-
» voir se réconcilier, il se renferma
» dans ses états d'Amboule, où il atten-
» dit paisiblement des tems plus heu-
» reux.

» Les succès des François ayant
» établi la tranquillité dans le fort
» Dauphin, les missionnaires persuadés
» que le regne de la paix est celui de
» l'évangile, jugerent qu'il étoit tems
» de penser à l'exercice de leur minis-
» tere ; mais l'impétuosité d'un zele
» mal entendu, devint également fu-
» neste à l'établissement des François,
» & à celui de la religion. Un prince
» de cette isle, nommé *Dian-Manan-*
» *gue*, jouissoit, parmi les insulaires,
» de la plus grande réputation d'esprit,
» de valeur & de science militaire.
» Cette opinion, généralement répan-
» due, fit croire aux missionnaires, que la
» conversion d'un homme de cette con-
» sidération seroit un exemple qui entraî-
» neroit celle de tous ses sujets. Il étoit
» notre ami & notre allié, & entendoit
» parfaitement notre langue. Ils juge-
» rent donc qu'il ne seroit ni difficile
» de l'instruire, ni impossible de l'ame-

» ner à leur but. Le gouverneur ap-
» prouva ce dessein, & en consé-
» quence invita le prince à se rendre
» au fort, où M. Etienne, prêtre de la
» maison de Saint-Lazare de Paris, de-
» voit lui en faire la premiere ouver-
» ture. Dian-Manangue se hâta d'y
» arriver; & croyant qu'il s'agissoit de
» quelque opération de guerre, offrit
» joyeusement toutes ses forces au ser-
» vice de notre nation. Il n'est aujour-
» d'hui question ni de guerre ni de
» combats, lui dit le missionnaire,
» mais d'augmenter le nombre des dis-
» ciples de Jesus-Christ. Nous sommes
» vos amis, & vous êtes le nôtre. Nous
» voulons nous rendre utiles à votre
» bonheur, comme nous l'avons été à
» votre gloire, & en vous associant à
» notre religion, vous faire participer à
» la félicité qu'elle promet. Quittez vos
» dieux & vos femmes; le dieu des
» chrétiens vous dédommagera de ces
» sacrifices.

» Cette proposition étonna le prince,
» qui répondit cependant avec dou-
» ceur, qu'il laisseroit aux personnes
» de sa dépendance, & même à ses
» enfans, la liberté d'embrasser le

» christianisme ; mais que pour lui-
» même, il étoit encore trop jeune
» pour quitter ses femmes, & déja
» trop vieux pour changer sa façon de
» vivre. Le missionnaire lui déclara que
» les chrétiens n'avoient pas de plus
» grands ennemis, que ceux de leur
» dieu, & que s'il refusoit de le recon-
» noître, non-seulement les François
» ne vouloient point d'alliance avec lui,
» mais qu'ils lui enleveroient ses états
» & ses femmes. Ebranlé par cette mena-
» ce, Dian-Manangue demanda quinze
» jours pour délibérer, & revint au
» fort dans le tems convenu. Le mis-
» sionnaire & le gouverneur renou-
» vellerent leurs sollicitations ; mais
» toutes ses réponses furent celles d'un
» homme intrépide, qui n'avoit fait
» que se confirmer dans sa résistance.
» Furieux de cette obstination, le gou-
» verneur tira le prêtre à l'écart, & lui
» dit tout bas, qu'étant armé d'un
» pistolet, il alloit casser la tête à cet
» opiniâtre, qui refusoit de croire à
» l'évangile. Le missionnaire loua son
» zele, mais le détourna de ce dessein.
» Le prince se doutant du péril, changea
» insensiblement de langage, & parut,

» sans affectation, se rapprocher peu à
» peu du parti qu'on lui proposoit. Le
» missionnaire n'eut pas de peine à
» regarder ce changement comme un
» miracle de la grace; & le gouverneur
» s'en applaudit, comme d'un effet de
» sa modération.

» On se quitta, de part & d'autre,
» avec les marques de l'amitié la plus
» sincere; & l'on fixa le jour auquel le
» prince devoit recevoir le baptême.
» Il fut réglé que la cérémonie se feroit
» devant son palais, & en présence de
» tout son peuple. Le missionnaire s'y
» rendit au tems prescrit; & le zele l'en
» portant sur la prudence, il ne se fit ac-
» compagner que d'un clerc & de six
» negres, qui portoient les ornemens
» sacerdotaux. Le prince le reçut civi-
» lement; mais il lui fit comprendre
» qu'il s'étoit livré à des espérances
» vaines. Le prêtre employa, pendant
» quelques jours, les prieres & les
» exhortations; & voyant que tout
» étoit inutile, l'emportement de sa
» charité lui fit déclarer la guerre à
» celui qu'il vouloit convertir. Le
» prince, plus modéré, ménagea son
» ennemi; & affectant un air de res-

» pect & de crainte, sembloit lui laif-
» ser toujours quelque espoir. M.
» Etienne, aussi imprudent dans sa con-
» fiance que dans ses menaces, pre-
» noit ses repas à la table du prince, &
» ne se doutoit pas de l'indignation
» qu'avoit excitée en lui son dernier
» entretien. Il ne tarda pas à en ressen-
» tir les effets; les viandes qu'on lui
» servit au dernier dîner, étoient in-
» fectées d'un poison si subtil, que son
» clerc en mourut trois heures après;
» & le prince, impatient de trouver le
» missionnaire encore en vie, le fit
» assommer à coups de bâtons.

» Cette action barbare lui ôta toute
» espérance de se réconcilier avec les
» François: aussi ne songea-t-il plus
» qu'à finir cette tragédie par leur
» entiere destruction. Il massacra un
» détachement de quarante hommes,
» avant qu'on pût être instruit de sa
» perfidie; & avec un corps de quatre
» mille combattans, il attendit fiere-
» ment les approches de l'ennemi. Le
» gouverneur comprit qu'avec le peu
» de monde qui lui restoit, il ne pour-
» roit soutenir les efforts de quatre
» mille hommes aguerris par les leçons

» même des François, fous lefquels ils
» avoient long-tems appris à combat-
» tre. Il fut en effet obligé de fuir de-
» vant fon vainqueur, qui réduifit la gar-
» nifon du fort au défefpoir. Dans cette
» confternation générale, quelques-
» uns oferent s'emporter contre la
» mémoire du miffionnaire, auquel ils
» reprocherent toutes leurs difgraces.
» M. Manier fon confrere, & prêtre,
» comme lui, de la maifon de Saint-
» Lazare, fe crut obligé de prendre la
» défenfe de fon compagnon, & de
» foutenir publiquement, que le refte
» des François ne devoit leur con-
» fervation qu'aux prieres de ce faint
» martyr. Il menaça d'excommunier
» ceux qui manqueroient de refpect
» pour fon nom; & Chamargou joi-
» gnit la menace d'une peine rigou-
» reufe à celle des cenfures eccléfiafti-
» ques.

 » Dans l'extrêmité où fe trouvoit
» la colonie, on fentit combien le fe-
» cours de la Cafe pouvoit être utile;
» & l'on ménagea fa réconciliation
» avec le gouverneur. Ce brave guer-
» rier, toujours affectionné à fa pa-
» trie, & fâché du préjudice que les

» François se causoient volontairement
» par leurs divisions, se rendit au fort
» Dauphin, & vint offrir ses services
» au commandant. Il fut reçu, de la
» part des troupes, avec des transports de joie ; sa présence ranima
» leur courage ; & Dian-Manangue ne
» tarda pas à s'appercevoir qu'il auroit
» en lui un ennemi formidable.

» Les choses étoient dans cet état,
» lorsqu'on apprit que le maréchal de
» la Meilleraye étoit mort, & qu'il
» s'étoit formé une nouvelle compagnie sous les auspices de M. Colbert.
» Ce ministre ayant reconnu, par l'exemple des états voisins, combien le
» commerce étranger contribue à la
» prospérité d'une nation, obtint du
» roi une déclaration, pour l'établissement d'une compagnie Françoise des
» Indes orientales. Ce fut le commencement de cette fameuse compagnie des Indes, qui a éprouvé depuis
» tant de variations. Elle envoya quatre
» vaisseaux, dont un arriva à Madagascar, où le sieur de Bausse, sous le
» titre de président du conseil de la
» France orientale, devoit comman-

» der. Le duc de Mazarin, fils & héri-
» tier de M. de la Meilleraye, ayant
» cédé ses prétentions sur cette isle,
» le sieur Chamargou, qui ne tenoit
» son autorité que du maréchal, fut
» obligé de reconnoître celle du pré-
» sident. La compagnie lui offrit les
» provisions de commandant des ar-
» mes, & de second conseiller au
» conseil souverain, que sa majesté éta-
» blissoit à Madagascar. Il fut quelque
» tems sans se décider; mais il accepta
» enfin ces emplois, qui lui parurent
» solides, & qu'il s'exposoit à perdre
» par de plus longs délais. Le gouver-
» nement fut donc partagé entre lui &
» le président de Baussle. Ce dernier
» prit les dispositions des magasins
» & du commerce, & l'autre celles
» de la milice & de la guerre. Il fut
» réglé qu'on feroit l'inventaire de
» tout ce qui étoit au duc de Mazarin,
» auquel la compagnie en tiendroit
» compte; qu'elle prendroit à son ser-
» vice les anciens François de Mada-
» gascar; qu'ils paieroient un tribut
» pour les terres qui leur appartenoient
» en propre, ou qu'ils seroient trans-
» portés en France à leur volonté.

» L'arrivée d'un vaisseau, qui devoit
» être bientôt suivi de trois autres, ra-
» mena à la soumission plusieurs petits
» princes qui avoient secoué le joug
» des François depuis la révolte de
» Dian-Manangue. La princesse d'Am-
» boulle, épouse de la Case, vint au
» fort avec un nombreux cortege, au-
» tant pour y faire briller ses charmes,
» que pour rendre son hommage au
» nouveau gouverneur. Elle se fit ap-
» porter dans une espece de palanquin,
» que plusieurs hommes soutenoient
» sur leurs épaules, accompagnée de
» douze femmes, & de quatre cens
» negres à pied. Elle descendit à
» cinq cens pas de la place, pour y
» faire camper son corps de troupes,
» & se mit en marche avec ses dames
» d'honneur, précédée de vingt gardes
» conduits par la Case, qui lui servit
» d'interprete. Elle témoigna au prési-
» dent combien elle se croyoit redeva-
» ble aux François, & demanda la con-
» tinuation de leur amitié. Ses douze
» femmes présenterent autant de petites
» corbeilles de jonc, remplies de fleurs
» d'orange, de jasmin & de grenade,
» avec six menilles d'or, & une pierre

» si précieuse sur chaque corbeille. Vous
» jugez bien que la Case avoit présidé
» à cette galanterie. On y ajouta cin-
» quante paniers pleins des meilleurs
» fruits du pays ; & la princesse, en se
» retirant, laissa vingt bœufs à la porte
» du gouverneur. Ce présent, donné
» de si bonne grace, fut reconnu avec
» peu de libéralité de la part des Fran-
» çois. On la renvoya avec quelques
» grains de verre, dont la Case lui avoit
» appris à connoître le peu de valeur.
» Aussi en fut-elle très-mécontente ;
» & elle déclara librement, que des
» gens qui s'entendoient si mal en gé-
» nérosité, pour des princes dont
» l'amitié leur étoit nécessaire, de-
» voient espérer peu de succès de leur
» entreprise.

» Le même manuscrit, où se trou-
» vent tous ces détails, nous trace en
» ces termes, le portrait de cette prin-
» cesse. Dian-Nong, c'est le nom sous
» lequel elle figure dans cette histoire,
» étoit d'une taille au-dessus de la mé-
» diocre. Elle avoit la peau d'un fort
» beau noir, comme tous les habitans
» de l'isle, & la gorge bien faite, quoi-
» qu'elle eût eu trois enfans de la

» Cafe. Ses dents étoient admirables;
» le fond de ses yeux d'une blancheur
» éblouissante, & la prunelle brune. Son
» habillement étoit un corset sans man-
» che, avec un pagne de soie, d'herbe
» & de coton, ingénieusement tissu &
» nuancé, qui ne la couvroit que jus-
» qu'aux genoux. Sa coëffure consistoit
» en de petites tresses de ses propres
» cheveux, qui tomboient jusqu'à la
» moitié de son corset, par les côtés,
» & étoient tournées en rond par der-
» riere. Les dames de sa suite étoient
» parées dans le même goût, & avoient
» les oreilles percées, avec un bois
» rond, enrichi de plaques d'or, passé
» dans le trou. La Cafe avoit choisi les
» plus jolies; & ce cortége offroit un
» coup-d'œil très-agréable.

» Dian-Manangue, devenu le plus
» cruel ennemi des François, après
» avoir été le plus fidele de leurs alliés,
» n'apprit pas, sans effroi, l'arrivée du
» premier vaisseau de leur flotte. Ses
» terreurs augmenterent par le débar-
» quement de l'escadre entiere, & sur-
» tout par les glorieux exploits du
» brave la Cafe, qui revenoit chaque
» jour couvert de nouveaux lauriers,

» Sa chere Dian-Nong partageoit ses
» travaux & sa gloire; car elle suivoit
» son mari dans les combats; & n'étant
» encore que sa maîtresse, elle lui avoit
» sauvé plus d'une fois la vie. Chamar-
» gou, qui, comme vous l'avez vu,
» cherchoit à le faire périr, avoit payé
» des negres pour l'assassiner. Ils le sur-
» prirent endormi, & sans gardes, dans
» sa propre maison. Ils auroient péné-
» tré jusqu'à lui, si son amante, la lance
» à la main, ne les eût arrêtés, & ne
» lui eût donné le tems de se recon-
» noître. Elle l'avoit sauvé dans une
» autre occasion, où elle fut blessée, en
» combattant pour sa défense.

» La réputation de la Case fit sentir
» au conseil, de quelle importance il
» étoit pour la compagnie, de s'atta-
» cher un homme, dont elle pouvoit
» espérer tant de services. Il lui envoya
» une commission de lieutenant; &,
» deux jours après, il lui fit présent
» d'une belle épée, avec des félicita-
» tions sur le succès de ses armes. Ce
» guerrier, qui, depuis neuf ans, n'a-
» voit reçu que de mauvais traitemens,
» pour prix de tant de belles actions,
» parut extrêmement sensible à cet

» honneur. Il offrit d'entreprendre la
» conquête de l'isle, & assura qu'avec
» des secours médiocres, il exécute-
» roit ce qu'il promettoit. Mais il avoit
» toujours des ennemis secrets, dont
» la jalousie traversoit ses desseins.

» Quelque tems avant cette époque,
» le président de Bausse mourut; & la
» cour envoya le marquis de Monde-
» vergue à Madagascar, pour y com-
» mander. Il y arriva avec une flotte
» de dix vaisseaux, qui portoient en-
» viron deux mille personnes. Leur
» étonnement fut extrême, de voir ce
» fameux fort, où leur nation étoit
» établie depuis vingt-cinq ans, dans
» l'état le plus déplorable. Il offroit à
» peine quelques huttes pour le loge-
» ment des principaux officiers, & ne
» présentoit, du côté de la mer, que
» deux petits bastions ruinés, avec
» neuf pieces de canons de fer sans
» affuts. Des premiers agens de la com-
» pagnie, les uns étoient morts, d'au-
» tres avoient pris le parti de s'en re-
» tourner en France; le reste étoit allé
» chercher fortune dans des lieux plus
» heureux. Mondevergue ne trouva
» aucune provision dans les magasins,

» parce que les chefs avoient fait tour-
» ner les profits de la compagnie à leur
» propre utilité. Tous les engagés de-
» mandoient justice contre celui qui,
» chargé du commerce & des appro-
» visionnemens, les laissoit périr de
» faim & de misere.

» Mondevergue tâcha de rétablir l'or-
» dre dans la place, & d'y procurer l'a-
» bondance; mais le même esprit de divi-
» sion, qui avoit toujours empêché les
» progrès de la colonie, excita de nou-
» veaux troubles parmi les chefs. Plu-
» sieurs se déterminerent à quitter
» l'isle; & après leur départ, on ne vit
» régner dans le fort Dauphin, qu'une
» affreuse langueur. Les vivres conti-
» nuoient de manquer, parce qu'ils y
» étoient, ou distribués avec peu d'é-
» conomie, ou pillés par des gens que
» la faim réduisoit au désespoir. La
» Case, dont le zele ne se rallentissoit
» pas plus que le courage, amena plu-
» sieurs fois des milliers de bestiaux,
» qui ne furent pas mieux ménagés.
» Ce héros de Madagascar, toujours
» en action, toujours en course, signa-
» loit sans cesse sa valeur par de nou-
» velles victoires. Mais tous ces avan-

» tages, & la réconciliation même qui
» se fit avec Dian-Manangue, à qui on
» ne proposa plus de quitter sa reli-
» gion & ses femmes, ne servit point
» à faire prospérer l'établissement. Les
» directeurs se persuaderent enfin, que
» Madagascar pouvoit être moins regar-
» dée comme un objet de commerce,
» que comme un lieu de repos & de
» rafraîchissement; que la compagnie
» devoit chercher plus loin des facilités
» qu'ils désespéroient de trouver dans
» cette isle.

» Par un vaisseau nouvellement ar-
» rivé, Mondevergue reçut des lettres
» du roi, qui lui laissoient le choix, ou
» de conserver son gouvernement, ou
» de retourner à la cour. Il prit le se-
» cond parti, & eut M. de la Haye
» pour successeur. Ce dernier, après
» s'être mis en possession de son com-
» mandement, déclara que le roi nom-
» moit Chamargou lieutenant général,
» & la Case major de l'isle. Le nouveau
» gouverneur se dégoûta de sa place,
» comme avoit fait son prédécesseur;
» & laissant l'empire à ceux qui en
» avoient joui les premiers, il passa
» aux Indes, avec tous les officiers

» qu'il avoit amenés de France. Ainsi,
» l'isle Dauphine, pour laquelle il s'é-
» toit formé de si glorieux projets,
» fut presque entiérement abandonnée.
» Il n'y resta que ceux qui avoient com-
» mandé pour le maréchal de la Meille-
» raye, avec les anciens François, &
» quelques missionnaires, que leur zele
» y retint.

» On fut quelque tems en Europe
» sans entendre parler de Madagascar,
» lorsqu'un vaisseau François, faisant
» voile pour l'isle de Bourbon, vint
» aborder au fort Dauphin. Le capi-
» taine apprit que Chamargou & la
» Case étoient morts; que la Bretes-
» che, lieutenant réformé, qui avoit
» épousé la fille aînée de ce brave guer-
» rier, obtint sa charge de major de
» l'isle; que la princesse Dian-Nong se
» remaria secretement avec un Fran-
» çois nommé Thomassin, & que beau-
» coup de gens furent très-mécontens
» de ce mariage; que la Bretesche s'étant
» allié avec plusieurs grands du pays,
» contre Dian-Manangue, qui avoit re-
» commencé la guerre, s'en étoit vu
» abandonné; & que les negres venoient
» d'égorger tous les François qu'ils

» avoient pu trouver. Il n'en resta que
» quelques familles, du nombre desquel-
» les est la mienne, me dit le sieur Bau-
» don; & l'avantage qu'avoit mon aïeul
» d'être le parent & l'ami de la Case,
» dont le nom est encore en vénération
» dans le pays, nous a valu des dis-
» tinctions & des ménagemens dont
» nous jouissons depuis un siecle ».

Vous me permetrez, Madame, d'in-
terrompre ce récit, & d'en remettre la
suite à une autre lettre. Comme je n'ai
fait que le rendre mot à mot, je l'ai
écrit fort vîte; & ma main fatiguée,
demande du repos.

Je suis, &c.

A l'isle Bourbon, ce 28 Avril 1752.

LETTRE CLVII.

SUITE DES ISLES D'AFRIQUE.

Voici, Madame, la suite du récit de notre François de Madagascar. « Je con-
» serve toujours, ma-t-il dit, l'habita-
» tion de mes peres, dans la province
» d'Annossy, où est situé le fort Dauphin.
» La pointe sur laquelle cette forte-
» resse étoit bâtie, est reconnue comme
» le canton le plus sain de l'isle. Il s'y
» trouve peu de bestiaux ; & delà sont
» venus les malheurs des François, qui
» étoient obligés d'envoyer conti-
» nuellement des partis, pour en tirer
» des autres provinces. La longueur
» du chemin & la difficulté des pas-
» sages, ôtoient aux insulaires le desir
» de leur en amener. Le port pouvoit
» contenir cinq ou six navires ; mais
» pour être en sûreté, il falloit mouil-
» ler sous le fort ; les vents qui souf-
» flent dans la baye, exposent tou-
» jours à quelque danger. Outre la
» place principale, les François avoient

» encore quelques autres habitations;
» mais elles ne leur servoient guere
» qu'à nourrir les bestiaux qu'ils enle-
» voient dans leurs courses. Cependant
» ils y cultivoient un peu de tabac; mais
» ils n'en ont jamais assez recueilli pour
» en vendre. Les autres denrées qu'ils
» devoient à leur travail, étoient em-
» ployées à leur subsistance : celle dont
» ils tiroient le plus d'avantage, étoit
» l'hydromel. A l'égard des traités
» qu'ils faisoient avec les princes de
» l'isle, ils ne leur ont jamais donné que
» des espérances imaginaires. Enfin,
» si l'on excepte la pureté de l'air, le
» lieu qu'ils avoient choisi étoit le
» moins favorable à leur établissement.

» La baye d'Antongil paroît préfé-
» rable en ce point, que les vaisseaux y
» sont en sûreté. Son ouverture est
» large de cinq ou six lieues, & va tou-
» jours en augmentant. Il est malheu-
» reux que les pluies aient des qualités
» dangereuses, qui rendent cette par-
» tie très-mal-saine. Nous y avions
» formé une habitation, & jetté les
» fondemens du fort de Saint-Louis,
» que cette raison nous a fait abandon-
» ner. Antongil n'auroit pas laissé de

» fournir beaucoup de riz au fort Dau-
» phin, si les habitans s'étoient cru
» assurés d'un commerce régulier ; mais
» ne voyant pas venir tous les ans des
» navires à la traite, ils n'en semoient
» pas autant qu'ils auroient pu. Les
» Hollandois y chargent chaque année
» deux bâtimens, qu'ils font partir du
» cap de Bonne-Espérance. C'est le
» meilleur riz, non-seulement de l'isle,
» mais peut-être du monde entier. Ils
» donnent en échange toutes sortes de
» clinquailleries, dont ces peuples sont
» fort curieux.

» La baye de S. Augustin, quoique peu
» favorable pour la retraite des vais-
» seaux, a été long-tems l'entrepôt de
» ceux des Anglois dans leurs voyages
» aux Indes. Il est vrai qu'ils étoient obli-
» gés de se retirer à l'abri d'une isle éloi-
» gnée de deux lieues, où ils avoient
» un petit fort de terre dans une plaine
» fort aride. La plupart des personnes
» qu'ils y avoient laissées, étant mortes
» de maladie, ils ont abandonné cet
» établissement. On fait dans cette baye
» de l'eau & du bois, par la facilité
» qu'ont les chaloupes d'entrer dans
» deux rivieres, où les negres four-

» nissent aussi des bestiaux pour du sel,
» qui y est extrêmement rare. Ils
» aiment, sur-tout, beaucoup la pou-
» dre à tirer, quoiqu'on ne leur voie
» pas d'armes à feu. On trouve parmi
» eux de l'écaille de tortue, des coquil-
» lages, & une sorte de gomme qui
» ressemble au sang de dragon, dont
» ils se servent, comme de poix, pour
» calfater leurs canots.

» La pointe du nord de Madagascar
» est encore peu connue, parce qu'é-
» tant remplie de petites isles, de ro-
» chers & de bancs de sable, la naviga-
» tion y est toujours dangereuse. Cette
» partie se courbe vers la mer des Indes,
» & est plus étroite que celle du sud,
» qui s'élargit près du cap de Bonne-
» Espérance. On voit sur les côtes, &
» même dans l'intérieur de l'isle, des
» villes, des bourgs & des villages. Il y
» a de ces villes qui ne contiennent
» pas moins de mille maisons, & sont
» entourées de fossés & de palissades.
» Au reste, ces maisons ne sont propre-
» ment que des barraques de bois, cou-
» vertes de feuilles, & si basses, qu'on
» ne sauroit s'y tenir de bout. Au mi-
» lieu s'éleve celle du seigneur, plus

» haute, plus étendue, mais bâtie avec
» les mêmes matériaux, que celles des
» sujets, c'est-à-dire, de bois, de plan-
» ches & de feuilles d'arbres.

» Le nombre des hommes n'est nul-
» lement proportionné à la grandeur
» de cette isle. A peine y compte-t-on
» seize cens mille habitans. Ce qui
» s'oppose principalement à leur mul-
» tiplication, c'est l'usage où ils sont,
» de distinguer des jours heureux &
» malheureux pour la naissance des
» enfans, & d'abandonner impitoya-
» blement ceux qui viennent au monde
» sous un astre défavorable. La cou-
» leur de ces insulaires est celle du
» charbon le plus noir; il faut pourtant
» excepter les grands du pays, qui,
» étant originaires d'Arabie, conser-
» vent encore quelque chose de leur
» teint : mais il noircit insensiblement;
» & chaque génération y apporte
» quelque différence. Le peuple, par-
» tagé en nobles & en esclaves, vit sous
» l'autorité de ces grands, qui la trans-
» mettent à leurs descendans, & se
» font réciproquement la guerre, pour
» de nouvelles ou d'anciennes que-
» relles. Les Madagascarois sont, en

» général, grands, bien faits, agiles, &
» d'une contenance fiere & audacieuse;
» mais leur langage a des sons doux &
» agréables; & ils savent se contrefaire
» avec autant d'art, que les plus grands
» fourbes de l'Europe. Il n'y a pas de
» métiers, dont ils n'aient quelque
» notion, & qu'ils n'exercent avec
» utilité. Leurs armes sont des demi-
» piques garnies de fer, qu'ils entre-
» tiennent toujours très-luisantes, &
» qu'ils lancent avec une adresse admi-
» rable.

» Les femmes sont bien faites, d'un
» très-beau noir, d'une complexion
» amoureuse, & capables, envers leurs
» amans, de tendresse, d'attachement
» & de constance. Un officier François
» en avoit épousé une qu'il surprit avec
» un negre. Usant de la double qualité
» de mari offensé, & de maître ou-
» tragé, il fit attacher à un arbre, &
» percer l'esclave de quatre coups de
» lances. La dame, toujours amoureu-
» se, envoya reconnoître si son amant
» étoit mort; & lui ayant trouvé quel-
» que reste de force, elle lui sauva
» la vie, en pansant elle-même ses
» plaies. Les hommes ont, de leur
» côté, tant de complaisance pour

» les femmes, qu'ils ne marquent ja-
» mais ni de colere, ni de tristesse, en
» leur présence. On marie les filles à
» l'âge de huit ou neuf ans; & à dix,
» on en voit beaucoup qui sont meres
» & nourrices. Celles qui ont les ma-
» melles assez longues, les donnent à
» l'enfant par-dessus l'épaule ; & cette
» difformité n'en est point une à Mada-
» gascar, où l'on ne sait pas encore
» s'occuper de l'art d'arranger, ni du soin
» de soutenir une gorge. On s'y marie
» de même sans cérémonie; & la reli-
» gion n'entre pour rien dans l'union
» conjugale.

» Ces peuples ont des loix, dont ils
» ne connoissent ni l'esprit, ni l'ori-
» gine, mais qu'ils observent avec assez
» d'uniformité. On perce les mains aux
» voleurs ; on coupe la tête aux meur-
» triers ; on est plus indulgent pour
» l'adultere ; & c'est un des points où
» ils se rapprochent le plus des nations
» policées. Les grands jugent les pro-
» cès, tant en affaire civile, qu'en ma-
» tiere criminelle. La punition des cou-
» pables n'entraîne aucuns frais de jus-
» tice ; on se croit assez payé, d'avoir
» un scélérat de moins dans la nation.

» Le vassal suit son chef à la guerre,
» & combat avec courage, lorsqu'il est
» animé par son exemple, ou fuit avec
» lâcheté, s'il le voit fuir ou périr.
» Tous les soirs, en tems de paix, ces
» gens s'assemblent autour de la mai-
» son de leur souverain, dont ils exal-
» tent la bonté & la valeur, par des
» cris & des chants d'allégresse. Lors-
» qu'un de ces princes en visite un
» autre, ce dernier ne manque jamais
» de lui prêter une de ses femmes ; &
» ce seroit lui faire affront insigne, que
» de n'en point user à son gré.
 » Les occupations ordinaires de la vie
» se partagent entre les deux sexes. Les
» hommes gardent les troupeaux ; les
» femmes cultivent la terre. La fabri-
» cation des pagnes & des tapis de
» coton, est un travail commun à
» tout le monde. Le lait, le riz, les
» racines sont la nourriture ordi-
» naire. On ne mange de la viande,
» que les jours de fêtes ou de grande
» réjouissance. On la rôtit avec la
» peau, après l'avoir nettoyée comme
» celle du porc. La liqueur chérie est
» l'hydromel. L'habit le plus somp-
» tueux, est un morceau de toile qui

» couvre les épaules, & un autre le
» milieu du corps. Les gens du com-
» mun sont toujours mal couverts.

» Nos insulaires ne joignent au-
» cune pratique religieuse aux devoirs
» qu'ils rendent aux morts, & n'ont
» d'autre divinité connue, qu'une es-
» pece de grillon qu'ils nourrissent dans
» leur case. Ils l'appellent leur *oly*, &
» dansent au tour avec un emporte-
» ment qui ressemble à la fureur.

» L'usage de la circoncision, géné-
» ralement répandu dans cette isle, ne
» laisse nul doute, que des Juifs ou
» des Mahométans n'y aient porté quel-
» que religion : à moins que cette pra-
» tique, née des seuls besoins physi-
» ques, ne se soit établie naturellement,
» comme un remede qui se présente
» de lui-même, contre une maladie fort
» commune dans les pays chauds. Il se
» forme dans certains replis, une
» foule de petits vers, dont on ne peut
» se garantir que par l'incision de la
» partie même qui les engendre. Voilà
» peut-être pourquoi la circoncision,
» ainsi que les ablutions fréquentes, a
» passé non-seulement en coutume, mais
» en loi, chez les Orientaux. Voilà pour-

» quoi les chrétiens même de l'Abyssinie
» ont été obligés de la conserver & de la
» combiner avec le baptême. Ce n'est
» que par abus, qu'elle subsiste chez les
» Mahométans & chez les Juifs, dans
» les provinces tempérées, où aucun
» besoin physique ne l'exige. Ce qui
» semble confirmer cette opinion, c'est
» l'excision qui se pratique sur les fem-
» mes même, chez plusieurs nations de
» l'Asie & de l'Afrique, pour les pré-
» server de la même maladie.

   » La cérémonie de la circoncision se
» fait ici tous les trois ans. On bâtit,
» dans chaque ville, une halle élevée
» sur des piliers de bois, & ceinte de
» palissades. Un des grands du pays
» égorge un taureau, & en répand le
» sang, mêlé d'hydromel, au tour de
» cet espace. Il fait ensuite une ouver-
» ture à la palissade, & y plante un
» bananier chargé de feuilles & de
» fruits. Ce lieu passe alors pour sacré;
» & il n'est permis à personne d'en
» approcher, & encore moins d'y en-
» trer. Les enfans qui doivent être cir-
» concis, sont portés par la ville sur
» les épaules de leurs peres, qu'on
» fait jeûner pendant neuf jours.

» Les jeunes gens qui ont déja subi
» l'opération, suivent la procession,
» armés de leurs lances, & font mille
» gestes menaçans, comme s'ils al-
» loient au combat. Ils s'arrêtent de-
» vant l'ouverture de l'enceinte, se
» séparent en deux troupes, & s'exer-
» cent par de feintes attaques, jusqu'à
» ce qu'ils tombent de lassitude sur des
» nattes qu'on leur a préparées. Une
» espece de prêtre, dont l'emploi est
» de chasser les mauvais génies, court
» en furieux dans chaque case, menace
» les esprits malins, les oblige de sortir,
» & de se refugier dans un poulet qu'il
» écrase à la porte. Les peres & les
» meres se présentent alors avec au-
» tant de bœufs & de poulets noirs,
» qu'il y a d'enfans. La circoncision se
» fait sur une pierre ; & chaque pere
» égorge aussi-tôt son poulet, dont il
» fait couler le sang sur la plaie. La
» mere y trempe du coton, & le lie
» sur la blessure.

» Les fables que racontent les habi-
» tans de Madagascar, touchant le pre-
» mier homme & son péché, sont
» absurdes, burlesques & ridicules.
» Adam, selon eux, placé dans le paradis

» terrestre, n'étoit sujet à aucun besoin
» corporel, à aucune des nécessités de
» la nature. Il ne devoit avoir ni faim
» ni soif, & conséquemment ne pou-
» voit être tenté de rien manger de
» tout ce qui se trouvoit dans ce lieu
» de délices. Il paroissoit donc assez
» inutile de lui défendre de cueillir des
» fruits de ce jardin. Cependant le
» diable ne désespere pas de le faire
» succomber. Il va le trouver, & lui
» demande pourquoi il ne goûte pas
» de ces fruits délicieux ; pourquoi il
» ne boit pas des liqueurs excellentes,
» qui coulent comme de l'eau dans cet
» agréable séjour ? Adam lui allegue la
» défense du Très-Haut, & sur-tout le
» peu de besoin qu'il a de nourriture.
» Le diable revient à la charge, & l'as-
» sure que Dieu l'envoie pour lui
» signifier que la défense est levée, &
» qu'il lui est permis de manger & de
» boire tout ce qui lui plaira. Adam ne
» se donne pas le tems de vérifier la
» mission du tentateur, & boit &
» mange sur sa parole. Bientôt la na-
» ture, surchargée par ce repas, a be-
» soin de se soulager. Adam satisfait à
» cette nécessité, & souille le lieu divin

» qu'il habite. Le diable victorieux se
» hâte de l'aller accuser auprès de
» l'éternel ; & le premier homme est
» chassé du paradis. Quelque tems après
» sa disgrace, il lui vient une tumeur à
» la jambe, qui s'ouvre au bout de six
» mois ; & il en sort une jeune fille.
» Surpris de cette nouveauté, Adam
» fait demander à Dieu par un ange,
» comment il doit en user avec cette
» nouvelle créature ? On lui répond
» qu'il faut l'élever avec soin, pour en
» faire sa femme, quand elle aura atteint
» l'âge nubile.

» Il n'y a point de pays où les bœufs
» & vaches soient aussi communs qu'à
» Madagascar. Ces animaux appar-
» tiennent aux premiers qui veulent les
» prendre ; car, comme les habitans
» mangent peu de viande, ils ne se
» donnent pas la peine de nourrir les
» bestiaux. Aussi sont-ils presque tous
» sauvages ; & l'on en voit des troupes
» de trois ou quatre cens à la fois. Ils
» ont sur le cou une grosse masse de
» graisse ; mais en général, leur chair
» n'est ni d'aussi bon goût, ni aussi saine
» qu'en Europe. Les brebis ont deux,
» trois, quatre agneaux d'une seule

» portée. Leur queue, large d'un demi-
» pied, & traînante jusqu'à terre,
» pese quelquefois jusqu'à vingt-huit
» livres. Les Portugais, en descendant
» pour la premiere fois dans cette isle,
» y laisserent un troupeau de porcs,
» qui ont multiplié singuliérement. Les
» singes y sont en grand nombre; &
» l'on y en voit de plusieurs espe-
» ces. Les poules, les perdrix, les
» faisans, les canards, les sarcelles,
» les pintades, les ramiers n'y sont pas
» moins communs. On y trouve quan-
» tité de caméléons, des lézards d'une
» grosseur monstrueuse, des chauve-
» souris aussi grosses que des corbeaux.
» Les rivieres sont remplies de poisson,
» mais infestées de crocodiles. Les mou-
» ches à miel & les vers à soie tra-
» vaillent sur presque tous les arbres;
» les premieres, dans une sorte de
» ruches qu'elles se bâtissent sur de
» fortes branches; les seconds, dans
» leurs coques, dont ces mêmes bran-
» ches sont chargées. L'isle abonde en
» une infinité d'autres animaux ter-
» restres & aquatiques, privés & sau-
» vages, doux & féroces, utiles &
» mal-faisans, insectes, quadrupedes,
» reptiles, oiseaux, poissons, &c. Les

» coquillages y sont d'une beauté ad-
» mirable, par l'éclat de leurs couleurs
» & la variété de leurs formes. On y
» trouve aussi des pierres précieuses,
» telles que des rubis, des aigues ma-
» rines, des topazes, des opales & des
» améthistes. Je ne parle point d'une
» multitude de plantes singulieres, d'où
» découlent mille sortes de baumes
» également agréables & utiles.

» La langue qu'on parle à Mada-
» gascar, est très-abondante, & paroît
» avoir beaucoup de rapport avec les
» langues orientales. Quoique répan-
» due dans toutes les parties de l'isle,
» elle reçoit quelque variété de la dif-
» férence des accents. La prononcia-
» tion est breve dans plusieurs provin-
» ces, longue dans d'autres, dans
» quelques-unes affectée, dans d'au-
» tres naturelle. On se sert de lettres
» arabes; & l'on écrit de la droite à la
» gauche, comme les Hébreux. Le pa-
» pier se fait avec de l'écorce d'arbre,
» & presque de la même maniere qu'en
» Europe, mais avec moins d'ustensiles
» & d'appareil. On pile cette écorce
» dans un mortier de bois pour la
» réduire en bouillie; & on la dé-

» trempe dans de l'eau claire. Un chaf-
» fis, composé de petits roseaux, sert
» à la faire égoutter; & on la verse sur
» une feuille de balisier, frottée d'huile,
» pour la sécher au soleil. La couleur
» de ce papier tire sur le jaune, & ne
» boit jamais, pourvu qu'on ait soin de
» le mouiller dans une eau de riz, &
» qu'on le lisse quand il est sec. L'encre
» est une décoction de bois, qu'on laisse
» tarir jusqu'à un certain degré; & au
» lieu de plume, on se sert d'un mor-
» ceau de canne, qui se taille & se fend
» à une de ses extrêmités ».

C'est, Madame, avec ces mêmes plumes, cette encre, ce papier, que je vous écris ces détails, auxquels je vais joindre quelques éclaircissemens sur l'isle de Bourbon. Elle fut découverte au seizieme siecle par les Portugais, qui l'appellerent Mascaragnas; mais ils n'y firent aucun établissement. Les François y entrerent en 1671, & changerent son premier nom en celui qu'elle porte aujourd'hui. Ils y fonderent quelques bourgades, dont les principales sont Saint-Denis, Saint-Paul & Sainte-Suzanne. Chacune d'elles a sa paroisse, desservie par un Lazarifte, indépendamment des autres habitations où l'on cultive du caffé, de l'indigo, du fucre, & d'autres productions qu'on envoie en Europe. Cette ifle, qui fert d'entrepôt aux vaiffeaux de la compagnie des Indes, eft aufli très-fertile en coton, en manioc, en poivre blanc, &c. Le bled, le riz, & toutes fortes de légumes, y viennent parfaitement. La vigne qu'on y avoit plantée d'abord, n'y croiffoit pas moins; mais le raifin n'y parvenoit point à maturité, où étoit mangé par les oifeaux, à mefure qu'il mûriffoit. Les perroquets, les bêtes à cornes, les chevres, les cochons, les fangliers font très-communs; & l'on ne rencontre aucun animal nuifible. La chaffe étoit autrefois fi abondante, que le gibier, loin de s'effrayer à la vue des chaffeurs, venoit l'entourer, & fe laiffoit choifir. Les tortues de terre y rampoient de toutes parts; & celles de mer fe promenoient fur le fable, où on les prenoit facilement. Quelques chaffeurs indifcrets rendirent les oifeaux plus rares, en les épouvantant à coups de fufils; & pour réprimer ces abus, il fallut ufer de la plus grande violence. Il y eut des cantons où la chasse fut défendue sous peine de la vie. Ce même la Haye, que vous avez vu gouverneur de Madagascar, fut un des plus sévères à faire exécuter les ordonnances. Trois François ayant été pris dans cet exercice, on les fit tirer au billet. Un gentilhomme, sur qui le sort tomba, fut attaché au tronc d'un arbre, pour y être passé par les armes. Cependant les fusiliers avoient ordre de tirer en l'air, pour lui donner seulement toute la peur. Mais elle fit tant d'impression sur lui, qu'il en mourut peu de tems après.

L'air de cette isle, quoique très-chaud, est fort sain; mais on y éprouve des ouragans si violens, qu'ils brisent les navires, & déracinent les plus grands arbres. Le pays est arrosé par des rivieres très-poissonneuses, & une multitude de ruisseaux & de sources qui fournissent d'assez bonne eau. La plupart des arbres distillent des gommes précieuses, & donnent des matériaux propres à bâtir des maisons, mais trop durs & trop lourds pour la construction des vaisseaux. Cette terre est entrecoupée de montagnes très-hautes, parmi lesquelles est un volcan, dont autrefois une partie de l'isle fut embrasée. On voit encore les traces du feu, & les marques qu'il a laissées de sa violence. On recueille sur le rivage de l'ambre gris, du corail, & de superbes coquillages.

Saint-Paul avoit été la premiere habitation des François ; & l'ancien gouverneur y faisoit sa résidence. Elle est auprès d'une montagne, à deux lieues de la mer ; & cet espace forme une grande plaine, arrosée par un étang. La partie méridionale de l'isle est peu habitée ; & en général, le pays ne contient guere que trois ou quatre mille ames, dont plus de la moitié sont des esclaves negres, employés aux plantations. Le gouverneur, le commandant, le conseil supérieur & l'intendant résident à Saint-Denis, où l'on a aussi fondé un hôpital pour quatre ou cinq cens malades.

Lorsque j'arrivai dans cette partie du monde, tous les rivages retentissoient du nom & des louanges de M. de la Bourdonnais. Il en avoit été gouverneur; & chacun se félicite encore du bonheur de son administration. Elle excita les cris de l'envie, & dès-là même lui attira une foule d'ennemis. Vous savez, & tout l'univers a su, les querelles & les persécutions qu'ils lui susciterent, & le glorieux dénouement qui l'en a fait triompher. Les circonstances de ce grand procès se trouvent développées dans un mémoire imprimé l'année derniere à Paris, & dont on envoie ici tous les jours des exemplaires. On me l'a fait lire à mon arrivée; c'est delà que j'ai tiré ce qui concerne l'isle de France, peu éloignée de celle de Bourbon, & faisant partie du même gouvernement. C'est lui, Madame, c'est M. de la Bourdonnais, qui va lui-même vous apprendre ces détails, qu'aucun de ses adversaires n'a contredits, & dont il pourroit citer autant de témoins, qu'il y a d'habitans dans ces deux isles. L'objet de la cour, en lui confiant cette place, étoit le rétablissement général de l'ordre, dans un pays où régnoient la licence, la confusion & l'anarchie.

" L'isle de France, dit M. de la
» Bourdonnais, n'a commencé à rece-
» voir des habitans qu'en 1720. Elle

» en avoit même si peu, que dix ans
» après, la compagnie des Indes étoit
» encore incertaine, si elle devoit la
» garder ou l'abandonner. Son terrein
» n'étant pas, comme celui de l'isle de
» Bourbon, propre à la culture du
» caffé, il fallut trouver des expédiens,
» pour en former une colonie, & la
» mettre en état de fournir aux vais-
» seaux, des rafraîchissemens dans les
» voyages des Indes & de la Chine.
» On n'imagina rien de plus efficace,
» que d'avancer des vivres, des usten-
» siles & des negres aux habitans;
» mais on fut bien éloigné d'en tirer le
» fruit qu'on s'en étoit promis. On
» apporta si peu de discernement au
» choix de ceux qui furent employés,
» que la plupart manquoient d'indus-
» trie & de talens. Aussi, loin de trouver
» dans leur travail les secours qu'en
» espéroit la compagnie, elle s'est pres-
» que toujours vue dans la nécessité de
» les nourrir eux-mêmes; & jusqu'à mon
» arrivée, en 1735, continue le nou-
» veau gouverneur, cette isle n'avoit
» été qu'onéreuse à ses maîtres.

» Toutes les parties de l'adminis-
» tration civile & économique avoient

» également besoin de réforme. La
» justice étoit administrée par deux
» conseils, dont l'un dépendoit de
» l'autre : la cour supérieure étoit dans
» l'isle de Bourbon. J'obtins de sa ma-
» jesté des lettres-patentes, qui attri-
» buerent la même indépendance au
» conseil de l'isle de France. Ce chan-
» gement devint d'autant plus avanta-
» geux, qu'il arrêta tous les différends
» qui avoient souvent divisé ces deux
» tribunaux ; & par le soin que j'ai tou-
» jours pris, de terminer les affaires à
» l'amiable, on n'a vu dans l'isle qu'un
» seul procès, pendant les onze années
» de mon gouvernement. La police
» n'étoit pas un objet moins intéres-
» sant. Il y avoit des negres marrons,
» qui se faisoient continuellement re-
» douter par leurs ravages. Je réussis
» heureusement à les détruire, en ar-
» mant noirs contre noirs, & formant
» une maréchaussée de ceux de Ma-
» dagascar, qui purgerent enfin le
» pays de la plupart de ces brigands.
» J'apportai les mêmes soins au com-
» merce, dont personne ne s'occupoit
» à mon arrivée. J'ai le premier formé
» des plantations de sucre, établi des

» fabriques de coton, favorisé la cul-
» ture de l'indigo. La sucrerie de l'isle
» de France produit déja, sans aucun
» déboursé, plus de soixante mille livres
» de rente à la compagnie.

» L'agriculture étoit également né-
» gligée dans les deux isles; & la pa-
» resse endormoit les habitans, sur les
» propriétés du terrein. Aussi étoient-
» ils exposés à de fréquentes disettes;
» & il y avoit peu d'années, où ils ne
» fussent réduits à se disperser dans les
» bois, pour y chercher à vivre de
» chasse & de racines. J'ai été assez
» heureux de les tirer de cette indo-
» lence, & de leur inspirer l'amour du
» travail. Ils sont aujourd'hui dans
» l'abondance, sur-tout depuis que je
» les ai formés à la culture du manioc,
» que je leur avois apporté du Brésil.
» Ce ne fut pas sans peine que je leur
» fis recevoir cet usage. J'eus besoin
» d'employer l'autorité, pour les assu-
» jettir à planter cinq cens pieds de
» cette racine par tête d'esclave. La
» plupart, ridiculement attachés à leur
» ancienne méthode, s'efforçoient de
» décréditer cette plante; quelques-
» uns même eurent l'audace de dé-

» truire les nouvelles plantations, en
» les arrosant avec de l'eau bouillante.
» Mais l'expérience ayant vaincu le
» préjugé, ils reconnoissent aujour-
» d'hui l'utilité d'une production qui
» met pour toujours les deux isles à
» couvert de la famine. Quand les
» ouragans, dont on y ressent de fré-
» quens effets, ont anéanti leurs mois-
» sons, ou lorsqu'elles ont été rava-
» gées par les sauterelles, ce qui n'est
» pas moins commun, on trouve dans
» le manioc un remede à toutes ces
» pertes. Outre cette racine, les deux
» isles qui étoient presque sans bled,
» en fournissent actuellement chaque
» année cinq ou six cens muids de la
» meilleure espece.

» Ce n'étoit point assez de pourvoir
» à la subsistance des habitans par la
» culture des terres, il falloit veiller à la
» sûreté du pays, qui n'avoit ni maga-
» sins, ni fortifications, ni hôpitaux,
» ni ouvriers, ni troupes, ni marine.
» On m'avoit assuré, continue M. de
» la Bourdonnais, que j'y trouverois
» des ingénieurs. On y en avoit en-
» voyé effectivement ; mais il s'étoit
» élevé entr'eux & le conseil, des
» disputes

» disputes qui les avoient divisés. Les
» uns étoient retournés en France pour
» y porter leurs plaintes ; les autres
» s'étoient retirés dans des habitations
» particulieres. Sans ingénieurs, sans
» architectes, je fus obligé d'exercer
» moi-même cette double fonction.
» Comme je savois heureusement un
» peu de dessein, de fortifications & de
» mathématiques, je dressai des plans
» qui furent approuvés de la compa-
» gnie. Pour les exécuter, il fallut for-
» mer des ouvriers. Je rassemblai tout
» ce que je pus trouver de negres ; &
» je les mis en apprentissage sous des
» maîtres, que j'avois en fort petit
» nombre. Jugez combien il m'en coûta
» de peines, pour obliger les uns à don-
» ner leurs instructions, les autres à les
» recevoir.

» L'assemblage des matériaux ne fut
» pas une opération moins difficile. Il
» falloit couper du bois, tirer des pier-
» res, les transporter, les tailler ; &
» il n'y avoit ni chemins, ni chevaux,
» ni charriots. Je me trouvai donc dans
» la nécessité de faire ouvrir de grandes
» routes, dompter des taureaux, cons-
» truire des voitures par des gens

» d'autant plus rebutés de ces entre-
» prises, qu'ils joignoient à leur pa-
» resse naturelle, une extrême insensi-
» bilité pour le bien public. C'est pour-
» tant avec de si foibles secours, que je
» suis parvenu à faire des bâtimens
» considérables. Quand je suis arrivé
» à l'isle de France, les constructions se
» réduisoient tout au plus à trois cens
» toises courantes de maçonnerie. On
» en comptoit à peu près autant dans
» l'isle de Bourbon: au lieu qu'en peu
» d'années, j'en ai fait faire douze mille
» toises. Ces ouvrages consistent en
» magasins, arsenaux, hôpitaux, bat-
» teries, fortifications, logemens pour
» les officiers, bureaux, moulins,
» aqueducs, &c. Le seul canal qui con-
» duit les eaux douces au port & aux
» hôpitaux, contient trois mille six
» cens toises de longueur.

» On ignoroit autrefois, dans l'isle
» de France, ce que c'étoit que radou-
» ber, ou carener un vaisseau. Les
» habitans, qui avoient des bateaux
» pour la pêche, étoient obligés d'é-
» tendre les navires qui relâchoient
» dans leur port, pour y faire des répa-
» rations. J'entrepris de les piquer

» d'émulation, en les engageant à me
» seconder ; je fis chercher, couper,
» transporter tous les bois convenables
» à la marine ; & quand les matériaux
» furent préparés, je commençai par
» fabriquer des pontons pour le caren-
» nage, d'autres pour la décharge des
» bâtimens ; & en moins de dix-huit
» mois, je fis construire un brigantin,
» qui se trouva très-bien fait. L'année
» suivante, je mis sur les chantiers un
» navire de cinq cens tonneaux ; &
» aujourd'hui on radoube, & l'on fait
» aussi bien des vaisseaux à l'isle de
» France, qu'à l'Orient. Les Hollan-
» dois, qui l'ont autrefois possédée, lui
» avoient donné le nom d'isle Maurice,
» en l'honneur de Maurice de Nassau,
» prince d'Orange, leur amiral ».

Outre les deux isles dont il vient d'être fait mention, il s'en présente une multitude d'autres, dont Madagascar est entourée, comme Jupiter de ses satellites. Les unes, au nombre de sept, se nomment les Irmas, ou les sept Sœurs. Elles appartiennent aux Portugais, sont peu considérables, & la plupart inhabitées. Les autres, au nombre de cinq, appellées Comores, du nom de la plus grande, sont gouvernées par de petits souverains, qui se font une guerre continuelle, & peuplées par quelques negres, qui y trouvent à peine de quoi se nourrir. Outre leur nom général, elles en ont de particuliers, & ne sont pas toutes également stériles. Celle de Johanna, ou d'Anjuan, est diversifiée par des vallées & des montagnes. Les unes offrent de beaux pâturages pour les bestiaux ; les autres, des fruits excellens, & en abondance. On y trouveroit toutes les choses nécessaires à la vie, si elle étoit bien cultivée ; mais les habitans sont d'une paresse extrême ; ils aiment mieux endurer la faim, que les fatigues du travail. On les croit issus d'une race d'Arabes basanés, mêlée de quelques femmes Ethiopiennes. Leur religion, s'ils en ont une, est le mahométisme ; leur langage est l'arabe ; & leur principale richesse consiste en de petits coquillages, qui servent de monnoie dans différentes parties de l'Asie. Quelques vieux restes d'un grand mur, bâti à la maniere des Portugais, dans la ville de Démos, rendent témoignage que l'isle étoit autrefois possédée par cette nation.

Mais ce qui fait l'objet principal de la curiosité des étrangers, est un arbre singulier, fort révéré des insulaires, & dont le tronc paroît une complication de plusieurs petits arbres, qui se sont incorporés, pour ne composer qu'une seule tige. On expose, sous ses branches, les cadavres des malfaiteurs, pour inspirer l'horreur du crime par l'exemple du supplice. Il n'est point de nation voisine plus guerriere que les Anjuannois. Les hommes sont passionnés pour les armes & pour le fer ; & leurs femmes sont leurs esclaves.

L'isle de Mozambique, possédée & habitée par les Portugais, n'a guere que deux ou trois lieues de tour. On y manque d'eau ; il faut en aller chercher dans la terre ferme. L'air y est si mal-sain, que les criminels Portugais de l'Inde, au lieu d'être punis de mort, y sont bannis pour un certain nombre d'années. Il en revient peu de cet exil ; cinq ou six ans de séjour à Mozambique passent pour une longue vie. Cependant cette place est un port de rafraîchissement pour les vaisseaux qui font voile de Lisbonne à Goa. Ils y restent ordinairement trente jours, pour donner le tems aux soldats & aux matelots, malades ou fatigués, de se rétablir. Les fruits acides & les racines du pays sont excellens contre le scorbut. Ce port est défendu par une citadelle; & les Portugais le regardent comme la clef de leurs possessions dans les Indes; c'est la meilleure place qu'ils aient dans ces mers; ils y entretiennent une forte garnison. Le gouverneur fait seul tout le commerce de la côte, qui consiste principalement en or & en dents d'éléphans. Il entretient un certain nombre de missionnaires, qui, à la faveur de leur emploi, s'insinuent dans l'esprit des negres, & les portent à lui livrer leur or & leur ivoire à vil prix. Il y a eu un tems où ce peuple, à qui l'on offroit, pour le commerce, quelques petits grains de verre, faisoit dans la terre un trou capable de les contenir, & le remplissoit de la même mesure de poudre d'or, qu'il donnoit en échange.

On compte à Mozambique deux mille habitans, parmi lesquels il y a beaucoup de moines. Les principaux sont les Dominicains, les Cordeliers & les Carmes. On y éleve aussi beaucoup de bétail, & spécialement des bœufs, des chevres & des porcs. Les palmiers, les orangers, les citronniers, les figuiers sont les arbres les plus communs du pays. Les naturels de l'isle, soumis aux Portugais, sont, comme ceux du continent, des negres bien faits & de haute taille, dont plusieurs ont embrassé le christianisme. Dès que leurs enfans commencent à parler la langue portugaise, on les baptise; & on leur pend au cou un petit crucifix, qu'ils portent avec beaucoup de respect. Il y en a plusieurs qui font leurs études, & sont, par la suite, élevés au sacerdoce.

En 1608 les Hollandois firent le siege du fort de Mozambique, & le leverent au bout de quinze jours d'attaques inutiles. Un de leurs soldats avoit déserté, & s'étoit jetté dans la place. Ils envoyerent un trompette avec une lettre pour le demander. Le gouverneur fit réponse, que cet homme étoit venu volontairement; qu'on lui avoit donné parole de le garder, & qu'on la lui tiendroit. Alors les Hollandois chargerent de chaînes tous les prisonniers Portugais, les conduisirent à la tranchée, & crierent aux ennemis, que si le déserteur n'étoit pas rendu à l'instant, ils alloient massacrer ces malheureux à leur vue. On leur répondit qu'ils en useroient à leur gré; mais qu'eussent-ils cent Portugais, au lieu de trente-quatre qu'ils tenoient dans leurs fers, on les laisseroit périr, plutôt que de manquer de parole. Sur cette réponse, les Hollandois eurent l'inhumanité inouie de faire tuer tous ces prisonniers à coups d'arquebuse.

Au moment où j'allois achever & clorre cette lettre, on vint me dire qu'un vaisseau arrivoit de Lisbonne, avec une commission importante pour notre gouverneur. Il s'agit d'une ambassade de la cour de Portugal à quelques princes d'Ethiopie, pour des affaires relatives au commerce. Don Juan de l'Hermès est chargé de cette négociation; je saisirai cette occasion de connoître le pays des Abissins, en priant son excellence de m'admettre parmi ses officiers. C'est de quoi je vais m'occuper; & je finirai ma lettre sur la premiere côte où nous irons débarquer....

Un sécrétaire, un aumônier, un interprete, un chirurgien, un maître d'hôtel, douze hommes de garde, deux officiers & vingt-quatre esclaves, voilà, Madame, ce qui formoit l'escorte, le cortege & la suite de M. l'ambassadeur. Je partis, avec tout ce monde là, pour la côte septentrionale du Zanguebar, laissant à gauche les isles de Querimba, de Quiloa, de Monfia, de Zanzibar, de Pemba, de Monbaza, de Melinde, de Lamo & de Pata, toutes situées sur la côte orientale de l'Afrique. Les unes appartiennent aux Portugais; les autres n'en sont que les tributaires. Ne devant nous arrêter dans aucune, je m'informai si personne de l'équipage ne pouvoit nous les faire connoître; & je trouvai heureusement dans l'interprete, un homme instruit, dont les récits occuperent une partie de la route, & dissiperent les ennuis de la navigation.

« Il n'y a guere, nous dit-il,
» que vingt-cinq à trente maisons
» dispersées dans l'isle de Querimba,
» avec un fort, & une église desservie
» par un Dominicain, sous l'autorité
» de l'archevêque de Goa. Cette isle
» passe pour être fertile en légumes,
» en pâturages & en gibier. Elle étoit

» autrefois foumife aux Arabes; elle
» est aujourd'hui de la jurifdiction du
» gouverneur de Mozambique.

» Celle de Quiloa a titre de royaume,
» & fon souverain est vaffal du roi de
» Portugal. La capitale du même nom
» étoit jadis très-opulente par son com-
» merce avec Sofala, l'Arabie & les
» Indes, & habitée en partie par des
» chrétiens Abiffins, en partie par
» des mahométans. La flotte de l'amiral
» Cabral, faifant voile pour Calicut,
» au commencement du feizieme siecle,
» vint mouiller à Quiloa, où régnoit
» alors Ibrahim, prince respecté de ses
» sujets. Cabral lui fit annoncer qu'il
» arrivoit avec une lettre du roi de
» Portugal, & des marchandises, pour
» former avec lui un traité d'alliance &
» de commerce. Il lui demanda une
» entrevue, mais sur l'eau, parce qu'il
» avoit des ordres exprès de ne pas
» descendre à terre. Ibrahim y con-
» sentit; & dès le jour suivant, il se
» mit dans une pinace, au son des trom-
» pettes, accompagné d'un nombreux
» cortege qui l'environnoit dans des
» barques. La lettre de sa majesté Portu-
» gaise fut lûe à haute voix; & le prince

» de Quiloa accepta l'alliance. Il voulut
» voir l'état des marchandises qu'on
» devoit lui envoyer, & pour les-
» quelles il promit de l'or en échange.
» Mais, le jour suivant, lorsque les
» facteurs arriverent au palais, il ré-
» tracta sa promesse, persuadé que
» l'amiral n'étoit venu que pour con-
» quérir son pays. Cabral s'arrêta
» quelques jours, dans l'espérance que
» cette prévention pourroit se détruire;
» mais s'étant apperçu qu'on travail-
» loit au contraire à se fortifier contre
» lui, & qu'il étoit menacé d'une pro-
» chaine attaque, il prit le parti de se
» retirer.

» Vasco de Gama y vint deux ans
» après, dans le dessein de punir Ibra-
» him. Ce prince, pressé par la crainte,
» se hâta de lui rendre visite à bord. Dès
» que Vasco le vit en sa puissance, il ne
» garda plus de mesures, & le menaça
» de la perte de sa liberté, s'il ne s'en-
» gageoit sur le champ à payer un
» tribut au Portugal. Le monarque
» captif promit ce qu'on voulut, &
» donna, pour caution un riche more
» qu'il haïssoit mortellement, & dont
» il cherchoit l'occasion de se défaire.

L vj

» En effet, si-tôt qu'il fut rentré dans sa
» capitale, il refusa d'exécuter le traité,
» moins pour conserver son tribut,
» que pour exciter Don Vasco à faire
» périr sa caution. Mais le more appre-
» nant l'infidélité de son maître, prit le
» parti de payer la somme, pour con-
» server sa vie, & obtenir sa liberté.

» Des affaires plus importantes
» appellant à Calicut Don Vasco de
» Gama, Ibrahim régna tranquille-
» ment jusqu'à l'arrivée de François Al-
» meïda, qui fut le premier vice-roi des
» Indes orientales. Passant près de Qui-
» loa, pour aller prendre possession de
» son gouvernement, le seigneur Por-
» tugais résolut de tirer vengeance du
» monarque mahométan. Il descendit
» avec cinq cens hommes, qu'il par-
» tagea en deux corps, pour attaquer
» la ville des deux côtés: mais, à son
» approche, Ibrahim gagna le conti-
» nent avec ses femmes & ses trésors.
» Ce prince étoit le quarante-quatrieme
» roi de l'isle ; mais sa couronne étoit
» une usurpation. Almeïda choisit, pour
» lui succéder, Mahamet-Ankoni, qui
» avoit rendu des services aux Portu-
» gais, & le fit couronner avec beaucoup

»de pompe. Ce nouveau souverain
»étoit parent d'Ibrahim. En montant sur
»le trône, il déclara qu'il n'auroit point
»accepté cet honneur, si le roi Alfu-
»daïl, qui avoit été assassiné par l'usur-
»pateur, eût été vivant; & par un
»rare exemple de modération, il fit
»nommer, pour son successeur, le
»fils d'Alfudaïl, quoiqu'il eût lui-
»même plusieurs enfans.

»Les Portugais construisirent un fort à
»Quiloa, & y mirent une garnison, pour
»la tenir toujours dans leur dépendan-
»ce. Cette isle est fertile & abondante
»en fruits & en vivres. Elle compte
»parmi ses habitans, presque tous blancs
»de couleur, des mahométans & des
»idolâtres. Ils s'habillent de diverses
»sortes d'étoffes de laine & de soie.
»Leurs maisons sont bâties de pierre
»& de bois, & assez bien construites.
»Elles sont plates par le haut, & ont
»par-derriere des jardins & des ver-
»gers. Le roi de Quiloa étoit autrefois
»le plus puissant de cette côte; mais
»divers peuples voisins ont ruiné ses
»états.

»L'isle de Monfia ne renferme que
»quelques villages; & son histoire

» n'offre rien de remarquable. Pemba
» & Zanzibar ont chacune le titre de
» royaume, & sont tributaires des
» Portugais. Ces trois isles produisent
» beaucoup de riz, de miel & de cannes
» de sucre. On y voit des forêts de
» citronniers;& la plupart des habitans
» suivent la religion mahométane.

» Monbaza n'est séparée du conti-
» nent, que par les bras d'une riviere
» qui se jette dans la mer par une dou-
» ble embouchure. Le terroir en est
» agréable, & produit toutes sortes de
» fruits & de végétaux. Il offre une
» infinité de vergers plantés d'oran-
» gers, de grenadiers & de citronniers.
» Le pays abonde en troupeaux; l'eau
» y est excellente, le climat tempéré,
» l'air sain; & les habitans vivent avec
» goût, dans des maisons construites à
» l'Européenne, & ornées d'une grande
» variété de belles peintures. La ville
» est assez étendue, quoique bâtie sur
» un roc que la mer vient battre de
» ses flots. Le commerce y est établi
» pour toutes sortes de marchandises;
» & le port, qui passe pour excellent,
» est continuellement rempli de vais-
» seaux. C'est encore au vice-roi Al-

» meïda, que le Portugal est redevable
» de la conquête de cette isle. Il déta-
» cha quelques bâtimens pour sonder la
» barre. Ils furent reçus à coups de
» canon, d'une plate-forme qui com-
» mandoit l'entrée du port; mais l'ar-
» tillerie des Portugais fut plus heu-
» reuse. Un de leurs boulets tombant
» sur la poudre des ennemis, fit prendre
» à ces derniers le parti d'abandonner
» leur poste; & la flotte entra sans
» aucune résistance. Le vice-roi, débar-
» quant à la tête de ses troupes, marcha
» droit à la ville, tandis que le roi
» fuyoit de l'autre côté. Les habitans
» se présenterent pour disputer l'entrée
» de leurs maisons; mais ils ne sou-
» tinrent pas long-tems l'effort des
» Portugais, qui se rendirent maîtres
» de l'isle, & la posséderent jusqu'à la
» fin du dix-septiéme siecle. Les Arabes
» s'en saisirent ensuite sans beaucoup de
» peine; mais depuis vingt ans, elle est
» rentrée sous la domination du roi de
» Portugal. Les peuples de la côte voi-
» sine sont idolâtres, à l'exception de
» ceux que le voisinage des Européens
» a convertis au christianisme, ou qui,
» sous le règne des Arabes, se sont
» faits mahométans.

» On prétend que les Portugais ont
» dix-sept églises dans la ville de Mé-
» linde par la concession du roi de
» l'isle, dont ils sont alliés. Lorsqu'ils
» y arriverent sous Vasco de Gama, ils
» ne pouvoient assez admirer la beauté
» des rues & la régularité des maisons,
» bâties de pierre, à plusieurs étages,
» avec des plates-formes & des ter-
» rasses au sommet. Le port leur parut
» excellent ; mais l'entrée étoit dange-
» reuse, à cause des écueils qui l'envi-
» ronnoient. La ville étoit située dans
» l'endroit le plus uni d'une côte pier-
» reuse; & les dehors étoient plantés
» d'arbres fruitiers, parmi lesquels les
» oranges se faisoient remarquer par
» leur grosseur. Le millet, le riz, la
» volaille & les bestiaux y étoient en
» abondance, &. se donnoient à vil
» prix. La ville étoit peuplée de mores
» d'Arabie, qui y formoient de riches
» établissemens. Ils se piquoient de
» politesse & de bonne grace ; & leur
» habillement, de la ceinture en bas,
» étoit une étoffe de soie ou de coton.
» Ils avoient des especes de turbans
» brochés d'or, & des poignards tra-
» vaillés avec autant d'art que de goût.

» Jamais on ne les voyoit sans leurs
» arcs & leurs flêches, parce que leur
» amusement ordinaire étoit de s'exer-
» cer à tirer. Ils se vantoient aussi d'être
» d'excellens cavaliers, quoiqu'on
» dise en proverbe, *cavaliers de Mon-
» baza, & femmes de Melinde*. En effet,
» les femmes y sont belles, vêtues
» richement, mais de la même maniere
» que les hommes, avec un voile bro-
» ché d'or pour toute différence.

» On ne connoît pas les justes limites
» de ce royaume ; mais on sait qu'il est
» gouverné par un prince mahométan,
» avec lequel les Portugais sont alliés
» depuis plus de deux cens soixante
» ans. Sa cour est plus brillante, que
» celle de tous les autres souverains de
» cette côte. Lorsqu'il sort de son
» palais, il est porté sur les épaules des
» plus grands seigneurs du pays. On
» parfume les rues par où il passe ; &
» lorsqu'il entre dans quelque ville de
» son état, il est reçu par les plus belles
» filles, dont les unes lui jettent des
» fleurs, les autres brûlent des par-
» fums, ou chantent des vers à sa
» louange. La plupart des marchands
» qui commercent à Melinde, sont des

» Indiens de Cambaye & de Guzarate.
» Ils apportent des épices, du cuivre,
» du mercure & des toiles de coton,
» qu'ils échangent contre de l'or, de
» l'ivoire, de l'ambre & de la cire.

» Gama ressentit une joie extrême
» de voir une ville qui ressembloit à
» celles de Portugal. Il jetta l'ancre à
» la distance d'une lieue ; mais il y de-
» meura quelque tems, sans voir per-
» sonne sur le rivage. La crainte re-
» tenoit les Melindiens, qui, sa-
» chant que Gama étoit chrétien, se
» croyoient menacés de l'esclavage.
» L'amiral fit connoître ses intentions,
» qui n'avoient pour objet que de faire
» avec eux un traité d'alliance. Cette
» proposition fut si bien reçue, que le
» monarque Africain fit un présent aux
» Portugais, & en reçut d'eux le même
» jour. Le lendemain le roi de Melinde
» eut une entrevue avec Gama ; & ils
» se donnerent réciproquement des té-
» moignages d'une parfaite amitié. Telle
» est l'origine de l'union qui regne enco-
» re aujourd'hui entre ces deux peuples.

» Toujours ferme dans son alliance,
» le roi de Melinde ne cessoit pas de
» favoriser les Portugais. Cette fidé-

» lité lui donnoit droit à leur secours ;
» & il les chargea de sa vengeance
» contre la ville d'Oja, voisine de ses
» états, qui affectoit de le chagriner.
» Tristan de Cunna parut devant cette
» ville avec six vaisseaux, & fit dire
» au roi, qu'il avoit une affaire impor-
» tante à lui communiquer. Le monar-
» que répondit qu'il ne pouvoit traiter
» avec les ennemis de sa religion. Il se
» présenta ensuite sur le rivage, pour
» s'opposer au débarquement des Por-
» tugais ; mais ne pouvant en soutenir
» le choc, il prit la fuite avec beau-
» coup de désordre, & fut poursuivi
» jusques dans un bois de palmiers,
» où il périt au milieu des siens. On
» raconte que dans la confusion du
» carnage, George Sylveïra décou-
» vrant un more de fort bonne
» mine, qui se déroboit par un sentier,
» avec une jeune femme d'une beauté
» extraordinaire, courut vers eux
» pour les arrêter. Le more ne parut
» point allarmé pour lui-même ; mais
» après avoir tourné le visage pour se
» défendre, il fit signe à sa compagne
» de fuir, tandis qu'il alloit combattre.
» Elle s'obstina au contraire à rester au-

» près de lui ; en l'assurant qu'elle aimoit
» mieux mourir, ou demeurer prison-
» niere, que de s'échapper seule. Syl-
» veïra, touché de ce spectacle, leur
» laissa la liberté de se retirer, en disant
» à ceux qui le suivoient : à Dieu ne
» plaise que mon épée coupe des liens
» si tendres !

» Dans une autre occasion, un pau-
» vre aveugle, profitant de la confusion
» du carnage, alla se cacher dans un
» puits. Il y fut découvert quelque
» tems après ; & il répondit à ceux qui
» lui demandoient comment il avoit
» pu descendre : *les aveugles ne voient
» que le chemin de la liberté.* On la lui
» rendit, pour récompenser ce bon
» mot.

» Le même Sylveïra, dont on vient
» de parler, ayant arrêté un riche
» vaisseau, le capitaine more s'em-
» pressa de lui présenter une lettre en
» forme de passe-port, qu'il avoit reçue
» d'un Portugais prisonnier, à qui ce
» capitaine avoit rendu quelque ser-
» vice. Elle contenoit ces deux lignes
» en langue portugaise, que le more
» n'entendoit pas : je prie le premier
» capitaine de ma nation, qui rencon-

trera ce vaisseau, de s'en saisir ; car il appartient à un fort méchant homme. Sylveïra condamna la perfidie du Portugais ; il feignit même de regarder la lettre comme un passe-port véritable ; & sans faire connoître au capitaine qu'il avoit été trompé, il lui laissa la liberté de suivre sa route.

» Les villes de Lamo & de Pata ont passé au pouvoir des Arabes mahométans, & sont aujourd'hui gouvernées par de petits rois qui paient un tribut au Portugal. C'est tout ce qu'il importe de savoir de ces deux isles, situées sur la côte la plus septentrionniale de Zanguebar. Cette côte, depuis Mozambique jusqu'au cap de Guardafu, qui forme la pointe la plus orientale de l'Afrique, est habitée par des Arabes ; l'intérieur des terres contient des negres idolâtres, livrés à toutes sortes de superstitions. La plupart de ces terres sont basses & sujettes aux inondations ; & les bois impénétrables dont elles sont couvertes, n'empêchent pas que la chaleur ne soit excessive. Les troupeaux, les fruits & les grains répondent à la bar-

» barie du pays. Les peuples de la côte
» & des isles connoissent peu l'agricul-
» ture, & ne vivent guere que de leur
» chasse. Ceux qui sont plus avancés
» dans le continent, font usage du lait.
» La nature semble n'avoir placé de l'or
» dans ces régions stériles, que pour
» les faire habiter. Ce motif seul y
» conduisit les Arabes, qui y fonderent
» plusieurs villes. Dans la suite ils se
» rendirent maîtres de Quiloa, de
» Monbaza, de Melinde, de Pemba,
» de Zanzibar, de Monsia, de Comore,
» &c. Quiloa devint la plus considé-
» rable de leurs colonies, & comme
» une source, d'où il s'en forma de
» nouvelles ».

C'est, Madame, à l'extrêmité de cette même côte, dans le port & sous les murs de Brava, que nous avons débarqué. Cette ville, qui paroît fort commerçante, se gouverne en république, sous la protection du Portugal. J'ignore combien de tems nous devons y demeurer. Un voyage de plus de quatre cens lieues, dans l'intérieur des terres, à travers un pays où l'on ne trouve, pour ainsi dire, ni villes, ni logemens, ni provisions, exige de longs préparatifs; & nous allons y travailler. On nous fournira vingt-quatre mulets pour le bagage, & dix-huit chevaux arabes, pour autant de cavaliers. Notre vaisseau devant s'en retourner incessamment à Mozambique, je remettrai ma lettre à un homme de l'équipage, qui vous la fera tenir en Europe. Vous n'en recevrez plus qu'à mon retour d'Ethiopie ; j'aurai soin cependant de marquer, chaque jour, ce que les mœurs, le caractere, les coutumes des peuples offriront de particulier, & tout ce qui se présentera de curieux sur la route. Mes momens de repos seront employés à des lectures relatives à l'histoire de cette nation ; & je vous en enverrai l'extrait, lorsqu'elles s'accorderont avec la tradition du pays. C'est par-là, qu'au premier instant de loisir, je commencerai ma lettre sur l'Abissinie, m'appropriant les recherches des autres, leurs expressions même, lorsque je croirai ne pouvoir mieux dire.

Je suis, &c.

A Brava, ce 2 Juin 1752.

LETTRE CLVIII.

L'ABISSINIE.

On appelle ainsi cette vaste contrée de l'Afrique, que les anciens ont connue sous le nom d'Ethiopie. Elle tire sa derniere dénomination des Abissins, peuples Arabes, qui descendent, dit-on, d'une colonie de Sabéens. On ignore l'époque précise de cette transmigration; mais on la croit très-ancienne. On fait remonter jusqu'à Chus, fils de Cam, & petit-fils de Noé, l'origine des premiers Ethiopiens. Arvé, qui fut un de leurs rois, étoit adoré dans le pays sous la figure d'un serpent. On ne sait rien touchant ses successeurs jusqu'à Makeda, princesse qui régnoit en Ethiopie lorsque Salomon occupoit le trône de Jérusalem. C'étoit, selon les Abissins, cette fameuse reine de Saba, qui, pour contempler la sagesse de ce monarque, fit le voyage de Judée, & en revint mere d'un fils, qui fut nommé David, comme son grand-pere. Dans sa jeunesse, on l'envoya

envoya à Jérusalem, où son pere le
[fi]t instruire; & il s'en retourna dans sa
[p]atrie avec une suite nombreuse de
[J]uifs, que les plus nobles familles d'A-
bissinie regardent encore comme leurs
[a]ncêtres. Les souverains de cet empire
[p]rétendent aussi descendre directement
[d]e ce même David, fils de Salomon,
[à] qui sa mere céda le trône, dès qu'il
[e]ut atteint l'âge de régner. Ceux qui
[a]doptent cette tradition, se fondent
[s]ur l'origine de plusieurs usages de la
[n]ation Juive, qui se sont, jusqu'à ce
[j]our, perpétués en Ethiopie. Depuis
[u]n tems immémorial, les Abissins don-
[n]ent aux fils de leurs princes le nom
[d']Israélites : les empereurs ont pour
[a]rmoiries un lion, avec ces paroles :
[v]icit Leo de tribu Juda. Enfin, on croit
[r]emarquer une grande conformité dans
[l']administration politique de ces deux
[p]euples.

Les annales Ethiopiennes ne nous
[o]nt conservé, ni les noms des empe-
[r]eurs qui ont succédé au fils de Salo-
[m]on, ni aucun des événemens de leur
[r]egne, jusqu'au quatrieme siecle de
[n]otre ere, qu'on dit être l'époque
[d]e l'établissement de la religion chré-

tienne dans le pays. Elle y fut annoncée par saint Frumence, dont l'histoire est ainsi racontée dans les fastes de l'église. Un philosophe Tyrien, appelé Mérope, voyageant pour s'instruire des mœurs des peuples, vint en Ethiopie avec deux de ses disciples, Edèse & Frumence. Etant mort subitement, on présenta au roi les deux étrangers, qui furent pourvus d'emplois honorables. Ils s'en acquitterent si parfaitement, qu'à la mort du monarque, le gouvernement de l'état fut confié à Frumence pendant la minorité de son successeur. Frumence se servit avantageusement de son crédit, pour favoriser les marchands chrétiens, que leur commerce appelloit dans cette contrée. Il leur accordoit des privileges, & des lieux pour vaquer publiquement aux exercices de leur religion. De cette maniere, il accoutuma les Abissins à voir nos cérémonies, & leur fit naître l'envie de s'instruire de nos mysteres. Il ne manquoit que des missionnaires pour consommer la conversion de ce peuple. Le roi étant devenu majeur, Frumence obtint la permission de faire un voyage dans sa patrie; & ayant ndu compte à saint Athanase des ispositions des Abissins, il l'exhorta y envoyer un évêque. Le zele d'Athanase s'enflamma à ces premieres uvertures; & persuadé que pour une ission si importante, il ne pouvoit hoisir un plus digne ministre que rumence, il lui dit, comme Pharaon Joseph : « Et quel autre pourrons-nous trouver, qui ait l'esprit de Dieu comme vous, & qui puisse exécuter de si grandes choses »? uis l'ayant ordonné évêque, il lui ommanda de retourner, avec la grace e Dieu, au lieu d'où il venoit.

Cet événement, dit-on, arriva sous le gne de deux princes, qui, étant freres, ercerent ensemble la même autorité. n poëte Abissin en a fait l'éloge ivant. « Salut aux princes Abraham & Atzbeham, qui occuperent le même trône, & vécurent dans une parfaite amitié. Leur bouche annonça l'évangile de Jesus-Christ aux anciens hommes qui marchoient dans la voie des préceptes Mosaïques; & leurs mains lui bâtirent des temples ». Si l'on en croit les Ethiopiens, Frumence fit des miracles comme

M ij

les apôtres, & convertit une infi[nité] de barbares. Les églises latine, grec[que] & abissine honorent sa mémoi[re] célebrent sa fête, & l'invoquent com[me] un saint.

La dynastie, fondée en Ethiopie p[ar] le fils de Salomon, régna jusqu'à l'[an]née 960. La famille de Zagé lui su[c]céda, & donna plusieurs rois à l'Abi[ssi]nie dans le cours de trois cens quara[nte] ans. Cette révolution fut le fruit [du] crime d'une reine adultere, qui fit pé[rir] tous les princes de la maison roya[le] pour mettre sur le trône un fils qu'e[lle] avoit eu d'un seigneur du pays. [Il] n'échappa à sa fureur qu'un d'entr'e[ux] qui trouva un asyle dans un roya[ume] voisin, où sa postérité se maintint p[en]dant plus de trois siecles. Après l'e[x]tinction de la seconde dynastie, [la] premiere race fut rappellée au trô[ne] par les grands de l'état. Un de ses pri[n]ces favorisa la religion romaine, [&] s'efforça de l'établir dans tout l'e[m]pire ; mais cette innovation excita [de] si grands troubles, qu'il fut obli[gé] de consentir à l'expulsion des Jésuit[es] qui lui avoient suggéré cette idée, [&] au rétablissement de l'anciens cu[lte]

L'ABISSINIE. 269

[c]'est pendant ce regne, qu'arriva en [Fr]ance un aventurier, nommé Zaga-[C]hrist, qui se disoit issu du sang royal [d']Abissinie. Il avoit surpris, à des moines [de] son pays, des lettres de recomman-[da]tion, qui tromperent le cardinal de [Ri]chelieu & toute la cour. Louis XIII [lu]i fit une pension considérable; mais [il] se plongea si fort dans la débauche, [qu']il mourut avant qu'on eût décou-[ve]rt l'imposture. On lui fit cette épita-[p]he, que bien des gens, sans doute, ont [e]ntendu dire sans en savoir le sujet :

 Ci git du roi d'Ethiopie,
 L'original ou la copie.

[C]et homme passoit pour un Hercule [d]ans les combats de l'amour; & comme [il] étoit d'ailleurs d'une très-belle [fi]gure, on dit qu'il eut à Paris plusieurs [b]onnes fortunes. Ayant enlevé la [fe]mme d'un magistrat, il fut ajourné [&] interrogé par le lieutenant criminel, [au]quel il refusa de répondre, disant [qu']un homme de sa sorte ne devoit [re]ndre compte de ses actions qu'à Dieu [se]ul. On se moqua de ses prétentions; [&] il eût peut-être subi un jugement [ri]goureux, si la mort ne l'eût enlevé [p]resque subitement.   M iij

On prétend qu'il entroit autant de politique que de zèle, dans la protection que les empereurs d'Ethiopie avoient accordée à la religion catholique & aux Jésuites. L'Abissinie, ravagée depuis quatre-vingts ans par les courses continuelles des Sarrazins, se trouvoit réduite à des extrêmités fâcheuses. Un de ses princes écrivit au pape & au roi d'Espagne, pour les engager à le secourir contre ces barbares. Par la même lettre, il demanda en mariage, pour son fils, à Philippe III, la princesse Anne d'Autriche, qui destinée pour une alliance plus digne d'elle, épousa Louis XIII, roi de France & de Navarre.

Comme on délibéroit dans le conseil d'Ethiopie, si on recevroit la religion catholique, & que les avis étoient partagés, un des grands se leva, & dit au monarque : « N'attendez pas que » les sentimens s'accordent sur une » pareille matiere ; faites promptement » ce que vous avez à faire, puisque la » chose vous paroit juste. Si le roi » d'Espagne vous envoie les secours » que vous attendez, je vous réponds » que dans un an, toute l'Abissinie au-

» embrassé la religion romaine ». Au lieu de troupes, on n'envoya aux Abissins, que des missionnaires, dont l'arrivée augmenta les troubles, sans grossir le nombre des prosélytes. L'empereur voyant son royaume en feu, céda enfin aux prieres de ses sujets, & rendit à ses peuples leurs cérémonies & leur culte.

On cessa à peine de tourmenter les Ethiopiens, qu'ils devinrent à leur tour persécuteurs. On accusa les Jésuites, au tribunal des loix, comme des perturbateurs du repos public, qui avoient semé la division dans les familles, & prêché la révolte dans l'empire. La plupart furent chassés d'Ethiopie; & ceux qui ne purent se résoudre d'abandonner leur troupeau, souffrirent divers genres de mort. Les tentatives qu'on a faites depuis, pour introduire la religion romaine chez les Abissins, n'ont point été heureuses; au seul nom de Jésuites ou de missionnaires, le peuple, & sur-tout les moines, sont toujours prêts à se soulever; & il n'y a aucune apparence qu'on puisse jamais les ramener à l'église catholique, dont ils s'étoient séparés vers le milieu du

M iv

sixieme siecle, pour embrasser le ri[te]
grec. Ce fut une des suites du gra[nd]
schisme d'Eutichès; & quoiqu'ils refu[s]ent de reconnoître cet hérésiarqu[e]
pour le fondateur de leur secte, il[s]
n'admettent cependant, comme lui,
qu'une nature en Jesus-Christ. Il e[st]
vrai qu'ils mêlent à cette opinion, de[s]
adoucissemens & des correctifs, q[ui]
pourroient faire dégénérer la questio[n]
en une dispute de mots. Ils regarden[t]
l'écriture sainte comme la principa[le]
regle de leur foi & de leur conduite,
& ont un respect particulier pou[r]
l'évangile. Les dévots le font trans[c]rire sur des rouleaux de parchemin,
qu'ils portent autour de leurs bras. Il[s]
attribuent aux trois premiers concile[s]
généraux, la même autorité qu'à l'écri[t]ure; mais ils disent anathême à celui d[e]
Calcédoine, qui foudroya la doctrin[e]
d'Eutichés, & maudissent la mémoir[e]
du pape Leon, de Marcien & de Pul[c]herie, tous partisans des deux nature[s]
en J. C.

 Voilà, en partie, ce que mes lecture[s]
m'ont appris touchant l'histoire sacré[e]
& profane d'Ethiopie; je vais y ajoute[r]
quelques circonstances de notre route.
Nous laissâmes à droite la côte d'Ajan

L'ABISSINIE.

& le royaume d'Adel, autrement dit de Zeïla, du nom de sa capitale ; & à gauche, la ville de Jubo & les Maracates. Ces derniers occupent une grande région, d'où l'on ne tire que des esclaves. Un d'entr'eux, qui étoit à notre suite, nous assûra que dans son pays, dès qu'il naît une fille, on lui coud les parties naturelles, que son mari seul a droit de découdre. Mais ces barbares, si zélés pour la chasteté des femmes, sont fourbes, traîtres, méchans & cruels. Cette terre est remplie de lions, d'éléphans & de tigres. On y voit des singes aussi grands que des hommes, & des serpens aussi gros que des singes. Un autre esclave du Mono-Emugi, contrée voisine des Maracates, nous apprit que dans sa patrie, quand un garçon est parvenu à l'âge de sept ans, on lui applatit sur la tête un morceau de terre en forme de calotte. A mesure qu'elle se seche, & que l'enfant croît, on met d'autre terre sur la premiere ; & cette espece de bonnet pese quelquefois jusqu'à huit ou dix livres. On ne peut le quitter, ni la nuit ni le jour, qu'on n'ait tué, ou un homme dans une bataille, ou un animal féroce à la chasse. Des usages si extraordinaires, si incroyables, si absurdes, demanderoient d'autres garans que des esclaves. Les Portugais les croient pourtant, & les racontent comme des vérités.

Nous entrâmes chez les Abissins par les provinces méridionales, qui ont, comme toutes celles de l'empire, le nom de royaume, sans doute parce qu'elles étoient gouvernées autrefois par des rois particuliers. C'est ainsi que celles d'Espagne, quoique soumises depuis long-tems à un seul maître, ont conservé leur ancien titre. On en compte plus de trente en Ethiopie, dont quelques-unes sont tributaires, les autres souverainement dépendantes de l'empereur. Parmi ces dernieres, les principales sont Amhara, Bagemder, Cambat, Damot, Tigré, Dembea, Gojam, Enarea, Semen, une partie de Shewa, & quelques autres possessions moins importantes. Ces domaines, à la vérité, sont la meilleure portion de l'Abissinie ; mais ils forment à peine la moitié de son ancienne étendue. Les Turcs & les Arabes ont envahi plusieurs provinces. Les uns du côté de l'Egypte, les autres vers le golfe Arabique; & ces derniers ont enlevé tous les ports de mer. Les Galles, & d'autres barbares, ont usurpé les pays situés au midi & à l'ouest. Malgré toutes ces pertes, l'empire d'Ethiopie est encore, une fois plus grand que la France.

On croit que les Galles, dont je viens de parler, sont originaires des côtes orientales de l'Afrique, & des lieux voisins de la mer des Indes; d'autres disent qu'ils descendent d'anciens esclaves Ethiopiens, qui, ayant été maltraités par leurs maîtres, prirent la fuite, s'attrouperent dans le royaume de Bali avec d'autres aventuriers, & y formerent différentes peuplades de brigands. Ils ne commencerent à se rendre redoutables que vers le milieu du seizieme siecle. Leurs premiers succès les enhardirent ; ils s'emparerent successivement de dix ou douze provinces ; & ils eussent poussé plus loin ces conquêtes, si leurs divisions n'en eussent arrêté le cours. Ces expéditions ne se firent qu'en détruisant tous les lieux, & en massacrant, sans pitié & sans distinction d'âge & de sexe, toutes les personnes qui se trouvoient sur leur passage.

Ces peuples sont aujourd'hui partagés en plusieurs tribus, & forment deux nations principales, qui embrassent, comme un demi cercle, d'orient en occident, presque toute la partie méridionale de l'Abissinie. Ils élisent, tous les huit ans, un général qui prend le titre de roi, & auquel les chefs des différentes tribus obéissent. Tout ce qu'on lui demande, c'est d'assembler les guerriers de la nation, & de les conduire contre les Abissins, avec lesquels ces brigands sont toujours aux prises. L'empereur régnant les a vaincus dans plusieurs combats ; ce qui les a tellement intimidés, que dès que l'armée Ethiopienne paroît en campagne, ils se retirent dans des montagnes inaccessibles, où ils vendent cherement leur vie à ceux qui osent les y attaquer. Cette guerre étoit autrefois très-meurtriere ; & un grand nombre de braves gens y périssoit tous les jours, parce que les Galles empoisonnoient leurs armes. Mais les Ethiopiens, désolés de ces pertes, ont trouvé dans ces derniers tems, un moyen sûr d'arrêter l'effet du poison. Ils font, avec du sable délayé dans de l'urine, un cataplasme, qui, appliqué sur la plaie, en tire le venin & guérit le malade.

Dans les repas que les Galles se donnent, ils mettent au milieu de la table le meilleur morceau ; & l'on ne peut y toucher, qu'en s'engageant par serment, à affronter quelque péril. Il n'est permis qu'à leurs braves de se couper les cheveux ; & ce droit ne s'acquiert, que par des actions éclatantes de valeur & de courage. Ils n'ont d'autres armes que des dards & de gros bâtons brûlés par le bout ; leurs boucliers sont de cuir de buffle. La guerre est leur unique métier ; & tous les arts leur sont inconnus. Ils méprisent les travaux de la campagne ; & laissant incultes les beaux pays qu'ils occupent, ils ne s'attachent qu'à l'entretien des troupeaux, dont ils tirent leur nourriture & leurs vêtemens. Ils mangent la chair crue, & n'ont d'autre boisson que l'eau & le lait. Lorsqu'ils tuent une vache, ils ramassent le sang, & s'en frottent une partie du corps. Les boyaux de l'animal leur servent de colliers & de ceintures ; & après qu'ils les ont portés quelque tems, ils les donnent galamment à manger à leurs femmes. Tant qu'ils sont soldats, ils se montrent peu délicats en amour, se satisfont avec le premier objet qu'ils rencontrent, & le quittent dès qu'ils sont satisfaits. Les enfans qui en naissent, les occupent encore moins : ils les exposent dans les bois, & les abandonnent. Mais quand ils ont renoncé au service, ils s'attachent à leurs femmes, vivent avec elles, & prennent soin des enfans qu'elles leur donnent.

Les Galles pratiquent la circoncision, comme les autres peuples d'Éthiopie, mais sans la regarder comme un objet sacré ; car ils n'ont aucune religion, quoiqu'ils reconnoissent un être suprême. Quand ils veulent affirmer une chose, & jurer d'observer inviolablement ce qu'ils promettent, ils amenent, en présence de témoins, une brebis frottée de beurre, & font serment sur la tête de l'animal. On prétend qu'ils ne manquent jamais à leur parole, lorsqu'ils la donnent avec cet appareil.

La façon dont on dit que le roi de Galle reçoit les étrangers, ne doit pas en attirer un grand nombre à sa cour,

Il est de l'étiquette de leur faire appliquer la bastonnade, pour apprendre à ceux qui les visitent, qu'il n'y a point de nation plus brave que les Galles, & que toutes les autres doivent s'humilier devant eux. Voici donc comment se fait cette gracieuse réception. Le roi se tient dans une grande cabane, environné de ses femmes & de ses troupeaux. Ses officiers, rangés le long des murs, sont armés de bâtons, plus ou moins longs, selon le rang & la qualité de l'étranger; & dès qu'il paroît, il est assailli d'une grêle de coups, qui lui fait jetter les hauts cris. Les officiers s'approchent ensuite avec respect, & lui font leur compliment. Je tiens ceci d'un missionnaire, qui, par zele pour le salut de ces peuples qu'il espéroit de convertir, & qu'il ne convertit point, avoit bien voulu s'exposer à cette humiliante cérémonie.

Nous traversâmes plusieurs provinces de l'Abissinie, sans rencontrer une seule ville; mais nous trouvâmes beaucoup de monasteres; car je ne connois point de pays, où il y ait autant de moines. Ils y sont venus d'Egypte au quatrieme siecle, & y ont si prodigieusement pullulé, qu'on en compte aujourd'hui plus de cent mille, dont quelques-uns vivent dans l'oisiveté & l'abondance. C'est une charge d'autant plus onéreuse pour l'état, qu'ils ne paient aucun tribut, & ne vont jamais à la guerre, si ce n'est, comme en France du tems de la ligue, lorsque l'esprit de fanatisme & de révolte les arme contre leur souverain. Ils ont un grand pouvoir sur les peuples, & en abusent le plus souvent. Un des prédécesseurs de l'empereur régnant se vit contraint d'en faire précipiter sept mille du haut d'une montagne. Il n'y a point de violences auxquelles ils ne se soient portés, pour empêcher la réunion de leur église avec celle de Rome.

On me fit voir, il y a quelques jours, dans un couvent, un ménologe, où se sont conservés les noms & les miracles des premiers solitaires établis en Ethiopie. Arajawi, disciple de S. Pacôme, est à la tête. Il fit périr, par ses prieres, un dragon furieux, qui dévoroit les hommes & les animaux. Pantaléon fit parler un mort sans le ressusciter. Garima changea en épis mûrs, des grains que le laboureur venoit de semer. Les rochers reculoient par respect devant lui, pour lui laisser le passage libre. L'abbé Eustate passa la mer sur son manteau. Bassarion marcha sur les flots sans se mouiller. L'abbé Libanos tira de l'eau d'une roche. Samuel & Abanca chevauchoient des lions. L'hermite Luc se battoit avec le diable, & ne mangeoit qu'une fois la semaine. Un autre, moins sobre apparemment, faisoit voler sur sa table des tourtereaux tout rôtis. Toutes ces merveilles sont consacrées dans des hymnes qui se chantent dans les églises ; & les dévots Abissins ne les trouvent ni ridicules ni absurdes.

Parmi les religieux d'Ethiopie, les uns obéissent à un supérieur général, dont l'emploi est de visiter les monasteres, d'y maintenir le bon ordre, & de corriger les sujets débauchés, réfractaires & indociles. Les autres forment comme autant de petites républiques, dont chacune est gouvernée par un abbé particulier, & qui n'ont entr'elles aucune relation. Tous ces moines ressemblent peu à ceux d'Europe : la croix & le scapulaire sont presque les seules marques qui les distinguent des séculiers. Leurs monasteres ne sont point, comme les nôtres, des bâtimens environnés de hautes murailles, mais plutôt des paroisses & des villages, où chaque religieux a sa cellule, comme un particulier auroit sa maison, à une assez grande distance de celles des autres. Ils s'assemblent les jours de fêtes dans une église commune, & récitent journellement, dans leur hermitage, un certain nombre de pseaumes & de prieres. Il leur est libre, d'ailleurs, de sortir sans permission, & de rentrer quand il leur plaît, hors le tems consacré à ces pieux exercices. Ils ne se sont point encore avisés, comme les nôtres, de couvrir leur paresse du voile de l'humilité, ni de se faire mérite de mendier un pain qu'ils peuvent se procurer par le travail. Chacun d'eux cultive la portion de terre qui lui est assignée, & dispose du produit de son champ, sans en rendre compte au supérieur. Ils ne mangent point en communauté; & comme ils sont obligés de préparer eux-mêmes leurs alimens, vous devez croire qu'il regne dans leurs repas une extrême frugalité. Quelques fruits, quelques légumes, quelques poissons qu'ils prennent à la pêche, font leurs mets les plus délicats, & l'eau, leur unique boisson. Encore cette nourriture, si simple, si grossiere, ne se la permettent-ils qu'une fois le jour; & pendant leurs carêmes, qui sont très-longs, très-fréquens, ils passent quelquefois quarante-huit heures sans manger.

Le nombre des monasteres est si prodigieux dans l'Abissinie, ils sont si voisins les uns des autres, que lorsqu'on chante dans une église, on est entendu dans celle qui est à côté. Il est vrai que la musique du chœur fait un fracas épouvantable. Les voix, les instrumens, les tambours retentissent de fort loin; & les assistans, qui, pour battre la mesure, frappent la terre avec le pied ou avec leurs bourdons, augmentent encore cette bruyante cacophonie. Ajoutez que chaque couvent a deux églises, l'une pour les hommes, & l'autre où les femmes seules peuvent entrer. L'office divin s'y fait également, à l'exception des tambours, que ces dernieres n'admettent point dans leur musique. Il y a de ces monasteres où l'on souffre les hommes, mariés ; il leur est même permis d'élever leurs enfans dans la vie monastique, & de partager avec eux leur jardin & leur cellule. Ceux qui, après s'être voués au célibat, renoncent à leur institut pour se marier, sont regardés comme des infames ; & leurs enfans ne sauroient être admis à la cléricature. Les moines peuvent exercer des emplois civils, aller en ambassade, & même commander dans les villes & dans les provinces.

Autrefois les monasteres de l'Abissinie n'étoient pas moins florissans par la grandeur des édifices, que par le nombre des religieux. On admiroit surtout celui de l'abbé Eustate, situé dans le royaume de Tigré, sur une montagne très-élevée, environnée d'une épaisse forêt. L'église étoit longue de cent pieds, & en avoit soixante-dix de largeur. On voyoit autour les cellules des moines, au nombre de douze mille ; & au loin, dans la campagne, étoient dispersés d'autres religieux en plus grand nombre, qui formoient quatre-vingt-dix communautés dépendantes de la grande, soumises au même abbé, & ayant chacune leur église.

C'étoit là que résidoit le chef général de l'ordre, qui tenoit un rang distingué dans l'état. Lorsque des affaires l'appelloient à la cour, il s'y rendoit, accompagné de cent cinquante moines montés sur des mules, & vêtus de grandes robes flottantes, qui donnoient à ce cortege un air majestueux. Ce lieu célebre a éprouvé, plus sensiblement que les autres, la fureur de ces mêmes Galles, qui ont exercé de si cruels ravages en Éthiopie. De ce grand nombre d'églises & de cellules, il n'existe plus que de tristes masures, où l'on n'apperçoit aucun vestige de cette splendeur monacale.

Le goût de la vie solitaire & ascetique est assez généralement répandu dans l'Abissinie. On y voit des hommes, qui passent pour avoir du bon sens, se retirer sur d'affreuses montagnes, dans des tours isolées, ou sous le creux des rochers, pour mener, dans ces horribles demeures, ce qu'ils appellent la vie contemplative. L'estime que le vulgaire accorde à ces hommes singuliers, contribue beaucoup à en multiplier l'espece. On a vu les empereurs eux-mêmes honorer ces solitaires de leurs visites; & il n'y a pas long-tems, qu'à quelque distance de l'ancienne ville d'Axuma, jadis capitale d'Ethiopie, & aujourd'hui un simple village; on montroit encore une vieille tour, où l'abbé Pantaléon s'étoit enfermé, pour s'adonner plus librement aux exercices de la pénitence, & de la vie ascetique.

La créance & la discipline ecclésiastique de l'Abissinie sont à peu près les mêmes, que dans les églises grecques. On y communie sous les deux especes; & l'on croit à la présence réelle de Jesus-Christ dans l'eucharistie. On y admet la confession auriculaire, mais moins circonstanciée que parmi nous; & son usage n'est pas même établi dans tout l'empire. On ne s'accuse qu'en termes généraux; & si le prêtre exige un plus grand détail, on n'articule que trois péchés principaux, savoir, l'homicide, l'adultere ou le vol. On ne s'approche guere, avant l'âge de vingt-cinq ans, du sacrement de pénitence; jusqu'alors on est toujours censé avoir vécu dans l'innocence. La confession se fait quelquefois publiquement, même pour des fautes secrettes; & le pénitent est fustigé dans l'église. Les prêtres Ethiopiens ne se font point de scrupule de révéler les péchés qu'on leur confie; mais on ne leur confie que ce qu'on veut bien que tout le monde sache. Avant que d'absoudre un pécheur, le prêtre le frappe légérement avec une baguette; & la formule d'absolution est conçue en ces termes: « Que votre faute vous soit remise par la bouche de notre Seigneur Jesus-Christ, de S. Pierre, de S. Paul, & des trois cens dix-huit peres du concile de Nicée, qui n'ont point erré dans la foi ». Il s'est trouvé des patriarches qui ont voulu abolir la confession auriculaire, & lui substituer d'autres méthodes pour réconcilier le pécheur avec Dieu. Une des plus singulieres, est celle de l'encensoir. Un prêtre faisoit le tour de l'église en brûlant des aromates; & le peuple, en respirant la fumée, s'écrioit, *j'ai péché, j'ai péché.* Le prêtre donnoit alors une absolution générale; & les assistans étoient réputés absous.

Les hommages que les Abissins rendent à la sainte Vierge, tiennent de l'adoration. Quand les Jésuites Portugais ont voulu les ramener à la vraie dévotion, on les a regardés comme les ennemis de la Mere de Dieu. On célebre trente-deux fêtes annuelles en son honneur ; & le vingt-unieme jour de chaque mois lui est spécialement consacré. Ces mêmes peuples prient pour les morts, & ne croient cependant pas qu'il y ait de purgatoire. Ils ne connoissent que deux états après cette vie, le paradis pour les élus, & l'enfer pour les réprouvés ; encore sont-ils généralement persuadés que les justes ne seront reçus dans le ciel, qu'après la résurrection générale. Si les Éthiopiens observent la circoncision, ainsi que plusieurs peuples d'Afrique, c'est moins, dit-on, comme un précepte de la loi, que comme une ancienne coutume, qui contribue également à la propreté, à la santé, à la population, & ne porte, pour ainsi dire, aucun caractere de religion. Elle se pratique sans éclat, & seulement par le ministere d'une femme. L'observation du sabat, & l'abstinence des alimens interdits dans l'ancienne loi, sont deux usages que les Abissins semblent également avoir retenus du rit judaïque. Mais le sabat n'est regardé chez

chez eux, que comme une fête chrétienne, qu'ils passent dans des exercices de piété ; & c'est moins par superstition que par goût, qu'ils s'abstiennent de certaines viandes. Quand on leur demande pourquoi ils ne mangent point de chair de porc ? « Par la même » aversion, répondent-ils, que vous » avez vous-mêmes pour celle de chien, » de chat, d'âne, de mulet & de cheval. Le seul dégoût naturel nous en » éloigne, comme vous de celle de » rats & de souris, dont aucune loi de » l'église ne vous interdit l'usage ».

La bible Ethiopienne contient les mêmes livres que la nôtre : il n'y a que de légeres différences dans la distribution & dans les titres. Un ancien recueil de constitutions attribuées aux apôtres, est mis au rang des livres canoniques. Ce qu'on appelle la *foi des peres*, est une collection d'homélies de saint Athanase, de saint Basyle, de saint Jean-Chysostôme, &c. Il y a, outre cela, des martyrologes, des légendes, des traités mystiques, des catéchismes, des livres de dévotion, &c. On m'a fait voir un article du catéchisme Ethiopien, concernant le mystere de la trinité, conçu en ces termes, par demandes & par réponses.

DEMANDE. « Donnez-moi quelque » similitude, pour rendre sensible l'exis- » tence de trois personnes en un seul » Dieu » ?

REPONSE. « Quoique le soleil soit » identiquement un, il a néanmoins » trois propriétés, la rondeur, la » lumiere & la chaleur. Nous croyons » de même en un seul Dieu, & qu'en » lui existent trois personnes, le Pere, » le Fils & le Saint-Esprit, qui sont » égaux en tout sens ».

Les Abissins ont des canons qu'ils ajoutent à ceux du concile de Nicée. Le plus remarquable est celui qui ne leur permet d'avoir qu'un seul évêque; encore doit-il être étranger de naissance, nommé & sacré par le patriarche d'Alexandrie, dont il dépend d'une maniere servile. Ce dernier peut le déposer de son propre mouvement, sans le faire juger dans un consistoire; autorité que le pape même n'a pas sur nos évêques. Le pouvoir du grand pontife d'Ethiopie est si borné, qu'on ne lui permet pas même de conférer l'épiscopat. Plusieurs jésuites Portugais ont successivement occupé cette place. On donne à ce prélat le nom d'*Abuna*, c'est-à-dire, notre pere; & il prend lui-même le titre & la qualité de patriarche. Loin de connoître ses ouailles, ou d'en être connu, il ignore souvent jusqu'à la langue du pays dont il est le pasteur; & il est quelquefois aussi incapable d'instruire les peuples, que d'exercer les fonctions de sa dignité. Il arrive même que l'Abuna, envoyé par le patriarche d'Alexandrie aux Abissins, n'est pas toujours dans les ordres. Ce n'est souvent qu'un simple frere, qu'on tire de l'obscurité de son cloître, pour l'élever sur le trône patriarchal. L'histoire d'Ethiopie parle d'un de ces prélats, qui se rendit si méprisable par sa grossiéreté & son ignorance, qu'ayant été chassé de son siege, il se vit obligé de moudre du grain pour gagner sa vie, & devint réellement d'*évêque meûnier*. Celui qui le remplaça n'étant pas moins stupide, « en voilà un autre, dirent les courtisans, qu'il faudra encore envoyer au moulin ». L'Abuna jouit de plusieurs terres, dont il tire un revenu considérable. Ses biens sont exempts d'impositions ; & l'on fait pour lui, tous les ans, une quête de sel & de toile.

La premiere dignité ecclésiastique en Ethiopie, après le rang de patriarche, est celle de *Komos*. C'est le nom qu'on donne à un prêtre chargé du soin de régir le temporel de chaque église. La prêtrise, le diaconat & le sous-diaconat sont les seuls ordres que connoissent les Abissins. Ils n'accordent au clergé aucune immunité : non-seulement il est soumis aux juges séculiers, pour toutes les affaires civiles & criminelles ; mais son autorité a même reçu plusieurs atteintes dans les matieres ecclésiastiques. Les empereurs s'attribuent aujourd'hui le droit d'assembler des synodes, de dresser des formules de foi, & d'en exiger la signature. Les prêtres peuvent se marier ; mais s'ils perdent leur femme, il leur est défendu d'en prendre une autre. Leurs bénéfices passent à leurs enfans, comme un héritage. La plupart sont fort pauvres ; & les femmes du pays étant très-fécondes, ils se trouvent ordinairement chargés d'une foule d'enfans, que le produit seul de l'autel ne peut faire subsister. Ils sont donc obligés d'avoir recours au travail de leurs mains. Communément ils afferment des terres, & gagnent leur vie à foigner des troupeaux. Moitié prêtres, moitié payfans, on ne les diftingue qu'à une petite croix qu'ils font baifer au peuple. Du refte, ils n'ont ni tonfure, ni habit clérical, ni rien qui les diftingue des féculiers. C'eft par la feule impofition des mains, & par des paroles que le patriarche prononce quelquefois fans les entendre, que ce prélat confere le facerdoce. Auffi plufieurs perfonnes éclairées révoquent-elles en douté la validité de pareilles ordinations. Il récite le commencement de l'évangile de faint Jean fur la tête de ceux qu'il confacre pour la prêtrife ; & avec une croix de fer qui pefe fept à huit livres, il leur donne fa bénédiction. Pour les diacres, il fe contente de les bénir, fans dire l'évangile. Il y a telle ordination, où il fe fait dix mille prêtres & fix mille diacres. Le clergé régulier & féculier forme plus de la cinquieme partie de ce vafte empire.

Rien n'égale le refpect que ces peuples ont pour les églifes. D'auffi loin qu'ils les apperçoivent, ils defcendent de cheval, & ne remontent qu'après les avoir perdues de vue. On croiroit les profaner, fi l'on y paroiffoit avec des fouliers, ou fi l'on crachoit fur le pavé. L'entrée en eft interdite, non-feulement aux femmes qui font dans leurs tems critiques, mais aux perfonnes qui ont ufé la nuit du droit conjugal. Ces églifes font baffes, obfcures, bâties de terre & de cailloux, couvertes de chaume ou de rofeaux, en un mot, très-pauvres, & d'une ftructure infiniment fimple ; on s'y tient debout, en s'appuyant fur des bâtons qu'on prend à la porte, & qui ont la forme de béquilles. Ceux à qui cet appui ne fuffit pas, peuvent s'affeoir à terre ; mais de peur qu'ils n'abufent de cette permiffion, un diacre les avertit de tems en tems de fe lever, en criant à haute voix, « que tous ceux qui font affis, fe » tiennent debout ». On ne voit dans les temples aucune figure de pierre ou de métail, pas même la repréfentation du crucifix. Les grandes bafiliques, comme celles des Grecs, font divifées en trois parties, le veftibule, au-delà duquel les perfonnes qui ont quelque empêchement, ne peuvent passer; la nef, où se tiennent les laïcs; & le sanctuaire, où les prêtres seuls sont admis. L'empereur & les grands du pays, souffrant impatiemment d'être confondus avec le peuple, se faisoient ordonner diacres ou sous-diacres, pour se procurer l'entrée du chœur. Voilà, sans doute, une des raisons qui ont fait croire que le souverain d'Ethiopie étoit dans les ordres, & s'appelloit le prêtre Jean. D'autres pensent que ces princes n'ont été ainsi nommés, que parce qu'ils sont de la famille sainte de David, & que le premier de leur race étoit fils de Salomon, quoiqu'il ne fût ni prêtre ni chrétien.

On administre le baptême, en Ethiopie, par immersions; & l'on juge qu'il en faut trois pour le rendre valide. Mais si l'enfant est trop foible pour les supporter, on y supplée par un pareil nombre d'aspersions. Dans le premier cas, on plonge dans l'eau le tiers du corps de l'enfant, en disant: je te baptise au nom du Pere; les deux tiers, au nom du Fils, le corps entier, au nom du Saint-Esprit. On procede dans le même ordre, quand on use de l'aspersion. Si c'est un garçon, le sacrement ne s'administre que quarante jours après sa naissance, & quatre-vingt, si c'est une fille. On leur donne en même tems la communion, soit en leur mettant dans la bouche du pain trempé dans le calice, soit en leur appliquant sur la langue le doigt mouillé dans du vin consacré.

A l'égard des adultes, dont les baptêmes sont fréquens en Ethiopie, parce qu'il arrive souvent que des idolâtres se convertissent; après quelques oraisons préliminaires, le prêtre fait plusieurs onctions sur le corps du néophyte, & lui met la main sur la tête. Celui-ci étend le bras droit vers l'occident, & renonce à l'esclavage du démon. Puis se tournant vers l'orient, il fait sa profession de foi sur tous les articles du symbole des apôtres. On réitere les onctions; on récite de nouvelles prieres; & l'on plonge trois fois le nouveau converti dans une piscine, en prononçant les paroles qui sont de l'essence du sacrement. On le conduit ensuite dans l'église, où il reçoit la commnuion. A la fin de ces cérémonies, le prêtre lui donne du lait & du miel ; & lui mettant la main sur la tête, il lui dit : « allez en paix, enfant » du baptême ». Les Abiſſins joignent à l'adminiſtration de ce ſacrement, diverſes pratiques, qui firent croire aux jéſuites qu'il étoit défectueux. En conſéquence, ils ordonnerent qu'on le recevroit de nouveau, avec cette for- « mule : ſi tu n'es pas baptiſé, je te bap- » tiſe ». La nation s'offenſa de cette nouveauté ; & ce mécontement général ne contribua pas peu à les faire exiler.

Mais tandis que les Abiſſins s'élevoient contre ce baptême conditionnel, qui pouvoit, à la vérité, n'être pas néceſſaire, il s'établiſſoit parmi eux un baptême annuel, qu'il ſeroit difficile peut-être d'excuſer de ſuperſtition. C'eſt ce qu'ils appellent le baptême de l'épiphanie, qui ſe fait tous les ans le jour de cette fête, en mémoire de celui de Jeſus-Chriſt. Notre interprete l'a vu pratiquer à la cour de l'empereur, où je vous dirai, par parentheſe, que nous ſommes arrivés depuis quelques jours. « J'étois, nous » dit-il, à la ſuite de Don Carneyro,

» envoyé de Goa, chez ce prince qui
» campoit alors dans les environs de
» l'ancienne ville d'Axuma. Le 4 jan-
» vier, il nous fit dire de porter nos
» tentes dans un lieu où il avoit fait
» creuſer un étang pour cette céré-
» monie. Dès que nous y fûmes, on
» nous demanda ſi nous voulions être
» baptiſés? Nous répondîmes que nous
» l'avions été, mais que nous ferions
» à cet égard tout ce qu'il plairoit à ſa
» majeſté de nous preſcrire. On nous
» dit que ſi nous ne voulions point en-
» trer dans le lac, on feroit apporter
» de l'eau dans nos tentes; nous accep-
» tâmes ce dernier parti. Les prêtres
» Abiſſins s'aſſemblerent en grand nom-
» bre dès la veille, & chanterent pen-
» dant toute la nuit pour bénir l'étang.
» Le roi, la reine & le patriarche y
» arriverent à minuit, & furent bap-
» tiſés les premiers. La preſſe fut très-
» grande dès le matin. Un bon vieillard,
» qui avoit été précepteur de l'empe-
» reur, étoit dans l'eau juſqu'aux épau-
» les, & plongeoit la tête de ceux
» qui ſe préſentoient, en diſant : je
» vous baptiſe au nom du Pere, du
» Fils & du Saint Eſprit. Tous étoient

» nuds, n'ayant abſolument rien pour
» ſe couvrir. Le monarque nous de-
» manda ce que nous penſions de cet
» uſage ? Nous répondîmes que la
» bonne intention pouvoit l'excuſer ;
» mais que notre religion ne recon-
» noiſſoit qu'un ſeul baptême. Et
» comment faire, reprit l'empereur,
» pour réconcilier avec Dieu ceux
» qui ont eu le malheur de l'offenſer ?
» Nous lui expoſâmes tous les avan-
» tages du ſacrement de pénitence ; &
» il finit par convenir que le baptême
» qu'il venoit de recevoir, étoit moins
» un ſacrement, qu'une ſimple prati-
» que de dévotion ».

Je ſuis, &c.

En Ethiopie, ce 5 Septembre 1752.

LETTRE CLIX.

SUITE DE L'ABISSINIE.

Nous étions à quatre journées du camp où l'empereur faisoit sa résidence, lorsqu'il fut averti de notre arrivée. Dès que ce monarque apprend qu'il doit recévoir un ambassadeur, il envoie au-devant de lui trente ou quarante hommes pour lui servir d'escorte. On le délivre du soin de ses équipages; & il est défrayé par les gens du prince. On confie son bagage au premier seigneur du village voisin. Celui-ci le met entre les mains de ses vassaux qui le transportent dans l'habitation suivante, & ainsi successivement jusqu'au lieu où l'empereur tient sa cour. Ce fut le 9 de ce mois, que nous eûmes audience de sa majesté. On vint nous prendre dans nos tentes; & après avoir traversé plus de vingt appartemens, nous entrâmes dans une salle où le monarque étoit assis sur son trône. C'étoit une espece de sopha couvert d'un tapis de damas rouge à fleurs d'or, avec un dais de la même étoffe. Le prince étoit vêtu d'une veste de soie, brodée d'or, & ceint d'une écharpe également riche. Il avoit la tête nue, & les cheveux tressés avec assez de goût. Une grande émeraude brilloit au-dessus de son front, & lui donnoit une sorte de majesté. Les grands seigneurs se tenoient debout des deux côtés de son trône, les mains croisées l'une sur l'autre, & gardant un silence plein de respect.

L'ambassadeur fit au roi trois profondes révérences; & ce prince lui présenta sa main à baiser. C'est un honneur qu'il n'accorde qu'aux personnes qu'il veut distinguer; car pour les autres, elles doivent auparavant s'être prosternées trois fois par terre, & lui avoir baisé les pieds. Don l'Hermès lui remit la lettre de son maître; & le roi se la fit interpréter sur le champ. On apporta ensuite les présens d'usage, qui consistoient en cryftaux, & autres ouvrages de verre bien travaillés. Le monarque les reçut avec bonté, & nous fit servir une magnifique collation. Les jours suivans, l'ambassadeur eut plusieurs conférences avec les ministres, & des entretiens secrets avec l'empereur.

On devoit célébrer une fête de la Vierge; & le roi qui vouloit communier & paroître en public ce jour là, nous invita à la cérémonie. Nous nous y rendîmes à huit heures du matin; & nous trouvâmes environ douze mille hommes rangés en bataille dans la grande cour du camp. Deux princes du sang, superbement vêtus, attendoient sa majesté à la porte avec un magnifique dais, sous lequel l'empereur marcha, précédé de ses trompettes, & d'autres instrumens qui formoient une symphonie assez agréable. Il étoit suivi des cinq premiers ministres, qui se tenoient par dessous les bras, & avoient chacun une lance à la main. Celui du milieu, la tête nue, portoit la couronne impériale, qu'il appuyoit contre sa poitrine. Cette couronne est fermée, & surmontée d'une croix de pierreries. L'ambassadeur marchoit sur la même ligne que les ministres; & les officiers de l'empire venoient immédiatement après, chantant les louanges de leur maître. Les gardes-du-corps, vêtus de vestes de différentes couleurs, succédoient à ce premier cortege, suivis d'archers armés d'arcs & de flêches. Cette marche étoit fermée par des chevaux de main, couverts d'étoffes d'or qui traînoient jusqu'à terre, & sur lesquelles étoient de superbes peaux de tigres. Le patriarche, décoré de ses habits pontificaux, parsemés de croix d'or, attendoit le prince à la porte de la chapelle, accompagné de cent religieux, habillés de blanc, qui tenoient chacun une croix de fer. Le prélat prit le monarque par la main, & le conduisit près de l'autel, à travers une haie de moines munis de flambeaux. On apporta le dais sur la tête de sa majesté jusqu'à son prié-dieu; & elle demeura debout jusqu'à la communion, que le patriarche lui donna sous les deux espèces. L'office étant fini, on tira deux coups de canon, comme on avoit fait en arrivant; & le prince retourna au palais dans le même ordre.

Les officiers qui l'accompagnoient, sont connus ici sous les noms de Général des armées, de Maître des esclaves, de Recteur, de Préposé, &c. Autrefois les rois d'Abissinie confioient toute leur puissance à deux favoris, sur lesquels ils se reposoient de tous les soins du gouvernement ; comme si ces deux ministres eussent été les deux bras du prince ; l'un se nommoit le Favori de la droite, & l'autre le Favori de la gauche. Ces deux hommes ayant abusé de leur pouvoir, on supprima leur charge ; & toute l'autorité passa dans les mains du Général des armées, qui a sous ses ordres les deux Maîtres des esclaves. Ce sont deux grands officiers de la couronne, dont l'un a inspection sur les vice-rois, les gouverneurs, les magistrats, & les juges ordinaires ; l'autre, sur les officiers du palais, les domestiques & les esclaves.

Les gouverneurs des provinces, que l'empereur établit ou destitue à sa volonté, ont différens titres. On dit roi d'Enaréa, vice-roi de Tigré, gouverneur de Bajemder, général d'Angot, recteur de Gojam, préposé de Damot, administrateur de Valaka, &c. Les monarques Abissins ne sont point jaloux que leurs officiers se donnent la qualité de rois. Ce titre augmente l'éclat & la réputation de leur empire, & les autorise eux-mêmes à prendre celui de Negus, c'est-à-dire, roi des rois. Outre le gouverneur, il y a dans chaque province, deux principaux ministres, dont l'un exerce l'office de lieutenant général; & l'autre est chargé de la levée des tributs. Chaque village a aussi un commandant subordonné à ce dernier.

Au reste, ces villages ne sont qu'un assemblage confus de tentes & de barraques. L'Abissinie n'a point de villes; les vice-rois, les ministres, les gouverneurs, toutes les personnes de distinction, le roi lui-même, campent sous des tentes qu'ils font transporter où il leur plaît. C'est dans la province de Dembée, que les empereurs les établissent depuis plus d'un siecle. Ces camps, dont l'étendue est très-vaste, sont divisés en quatre parties, & ont chacun leur commandant. Le pavillon royal est placé au centre, & environné d'un grand espace vuide, qui le sépare des autres logemens. Le reste du camp est occupé par les officiers du prince, ses domestiques, les soldats de sa garde, des marchands, des artisans, des ouvriers, qui ont avec eux leurs femmes & leurs enfans. Les uns y élevent des tentes, les autres de petites cabanes de roſeaux, couvertes de paille. Cet aſſemblage d'habitations, ſéparées par des rues, terminées par des places ſpacieuſes, & partagées en pluſieurs quartiers, offre de loin l'aſpect d'une grande ville. On y bâtit des chapelles, dont l'autel a la forme de la fameuſe arche d'alliance, qui ſe conſervoit autrefois dans le temple de Jéruſalem. Je ne ſais ſi je vous ai dit que les Abiſſins croient en être les poſſeſſeurs, depuis qu'ils l'ont enlevée ſous le regne de Salomon. Voici de quelle maniere ce fait eſt raconté dans les annales d'Ethiopie.

Les jeunes Iſraélites qui devoient accompagner en Afrique le fils de la reine de Saba, entrerent la nuit dans le temple, mirent l'arche ſainte ſur un charriot, & prirent la fuite avec tant de promptitude, que Salomon, qui les pourſuivit, ne put les atteindre. Ils traverſerent la mer Rouge avec la même vîteſſe, non pas à pied ſec, comme autrefois les Iſraélites, mais en volant ſur la ſurface des eaux. La reine, apprenant que ſon fils revenoit avec ce divin monument, alla le recevoir en grande pompe, & le plaça

SUITE DE L'ABISSINIE. 307

dans le plus beau temple du pays.

Sans donner dans le fabuleux, voici, je crois, comment on peut expliquer cette histoire. Le fils de Salomon, devenu roi d'Ethiopie, aura trouvé trop dur d'être obligé de faire tous les ans le voyage de Jérufalem, pour adorer le vrai Dieu, & fe fera propofé d'établir dans fes états le fervice divin, avec les mêmes cérémonies que chez les Juifs. Pour lui plaire, quelques Lévites auront fabriqué fecrettement une arche, fur le modele de celle du temple; & afin de la rendre plus refpectable aux yeux de la nation, le prince aura fait répandre le bruit, que c'étoit l'arche même du peuple Hébreu, qui avoit été enlevée d'une maniere miraculeufe. Pour entretenir cette vénération, on avoit foin de la tenir exactement cachée; à peine l'offroit-on aux regards même des rois. Mais depuis que ceux-ci vivent fous des tentes, on la porte à la fuite de la cour. Quatre prélats, revêtus d'habits pontificaux, l'accompagnent fans cefle, précédés & fuivis d'autres prélats qui chantent des hymnes. L'un d'eux, allant à reculons, ne difcontinue point de l'encenfer, qu'on ne l'ait dépofée dans le grand pavillon, où eft la chapelle de l'empereur.

Ce prince féjourne quelquefois trois ou quatre ans dans le même canton; mais les camps les plus fréquentés font, comme je l'ai dit, ceux de la province de Dembée. Quelques heures fuffifent pour la conftruction de ces cités ambulantes, dont la forme eft toujours la même, dans quelque endroit qu'on les place. On choifit ordinairement les bords d'un lac ou d'une riviere, & un pays abondant en bois & en pâturages. L'officier qui commande l'avant-garde, plante d'abord une grande perche, à laquelle eft attaché l'étendard royal. C'eft de ce lieu, que les autres officiers prennent leurs alignemens, pour tracer les rues à une jufte diftance. Chacun fait l'emplacement qu'il doit occuper, & s'y établit fans confufion & fans difpute. Lorfque l'empereur veut changer de camp, on leve les tentes dans le même ordre; & tout le monde fe met en marche au premier fignal. N'eft-ce pas, Madame, une chofe bien fingulière, qu'une nation, d'ailleurs fociable &

policée, n'ait point d'autres habitations, & loge ainsi en plein air, à la maniere des sauvages.

L'empereur, au sortir de l'église, étant entré dans la grande salle, s'assit sur un trône fort élevé, ayant ses enfans à ses côtés, & après eux, ses ministres, Tout le monde étoit debout dans un profond silence; & après que sa majesté eut pris de l'hydromel & quelques écorces d'orange, ceux qui avoient des graces à demander, s'avancerent jusqu'au pied du trône. Un des ministres prenoit leurs placets, & les lisoit à haute voix. Le monarque se donnoit quelquefois la peine de les lire lui-même, & y répondoit sur le champ.

Ce jour là, le prince mangea en public. Il étoit assis sur une espece de lit, & avoit devant lui une grande table, à côté de laquelle on en voyoit d'autres plus basses pour les seigneurs de sa cour. Le bœuf, le mouton, la volaille sont les seules viandes qu'on y présente; on ne mange point de gibier en Ethiopie. Ces viandes sont presque toutes apprêtées en ragoûts; & l'on y mêle tant de poivre & d'autres épices, qu'un Européen auroit peine à s'[y] habituer. On ne sert qu'en vaisselle [de] faïance, & un seul plat à la fo[is.] L'usage des nappes & des serviettes [est] généralement inconnu chez ces Afri[-] cains; on couvre les tables avec d[es] gâteaux de froment, ou des especes [de] galettes fort minces & fort larges, qui servent de pain, & auxquelles o[n] essuie ses doigts. On n'a ni couteau[x,] ni cuillieres, ni fourchettes. Le roi [&] les grands ne se donnent pas la pein[e] de porter eux-mêmes les alimens da[ns] leur bouche; les pages & les esclave[s] qui les servent, coupent les viande[s] en morceaux fort menus, les mêle[nt] avec le pain, le potage, les légumes, &c, & en forment de grosses boules, qu'ils font manger à leur maître, comm[e] s'ils empâtoient des volailles. C[es] gens s'imaginent qu'il est de la digni[té] de leur état, d'avaler de gros mor[-] ceaux, & de faire beaucoup de bru[it] en mâchant. Il n'y a que les gueu[x,] disent-ils, qui, par nécessité, font d[e] petites bouchées, & les voleurs, qui, par crainte, mangent sans faire de bruit.

Je fus fort surpris de voir ap[-] porter du bœuf crud sur la table d[e] empereur. On l'assaisonne d'une manière qui m'étonna encore plus : après qu'on l'a coupé par morceaux, on l'arrose avec le fiel de l'animal, qui passe pour un excellent dissolvant, & on le couvre d'épiceries. Ce ragoût, qu'on regarde comme un manger exquis, me parut fort dégoûtant. On a, dans ce pays-ci, une autre façon d'assaisonner les alimens. On prend, dans les intestins du bœuf, les herbes qui ne sont point encore digérées ; on les mêle avec de la viande & de la moutarde ; ce qui devient un mets encore plus dégoûtant que le premier. On fait l'essai des viandes ; & l'officier goûte à tous les plats que l'on sert devant le prince. L'empereur but d'abord un peu d'eau-de-vie, qu'on lui présenta dans un vase de cryftal, & usa d'hydromel pendant tout le repas. S'il lui arrive de faire quelque excès, on l'avertit ; & dans le moment il quitte la table.

La bierre & l'hydromel sont le breuvage ordinaire des peuples d'Ethiopie. On en boit copieusement dans les visites ; & les Abissins croiroient se manquer les uns aux autres, s'ils ne s'enivroient point dans ces occasions,

Assis sur leurs talons, ils se rangent en cercle autour de la cabane. Un valet apporte un pot d'hydromel ou de bierre, en boit le premier, & le présente ensuite à la ronde. La visite ne finit, que lorsqu'on cesse d'offrir à boire.

Je fus d'abord assez étonné de ne pas voir de vin, dans un pays où il y a des raisins excellens; mais j'appris qu'il ne se garderoit point, à cause de la grande chaleur. On lui préfere une liqueur, qui se fait avec de l'orge germé, rôti, pulvérisé, & préparé ensuite comme le caffé. Sur quatre parties d'eau, on en met une de miel; & dans dix livres de ce mêlcange, on jette deux ou trois onces d'orge. On laisse fermenter le tout pendant quelques heures dans un endroit chaud; on le remue de tems en tems; & en moins de quatre jours, on a un hydromel clair, pur, de la couleur du vin d'Espagne, & dont on tire une eau-de-vie, qui est aussi bonne que la nôtre.

Deux princesses, dont l'une étoit sœur de l'empereur, vinrent, après le repas, rendre visite à sa majesté. Elles étoient vêtues magnifiquement, & toutes couvertes de pierreries, que
je

Suite de l'Abissinie.

je pris pour des pierres fausses, parce que le pays ne produit point de diamans. Comme il n'est pas permis aux princesses du sang d'épouser des étrangers, celles-ci sont mariées à deux des plus grands seigneurs du royaume. Quand elles paroissent en public, elles sont montées sur une mule superbement enharnachée, & ont à leur côté, deux femmes qui portent un dais. Quatre ou cinq cens autres femmes qui les environnent, chantent des vers à leur louange, & joüent autour d'elles de toutes sortes d'instrumens.

Les princesses d'Ethiopie sont élevées dans une liberté étonnante, & passent leur vie dans des désordres scandaleux. Elles changent de maris quand il leur plaît, à moins qu'elles n'aiment mieux s'en défaire par le poignard ou le poison ; car l'un & l'autre leur sont également familiers. On les accuse de s'intriguer dans le ministere ; mais c'est le malheur de toutes les cours. Au reste, ce n'est pas seulement dans les rangs élevés, que regnent la licence & le divorce : dans tous les états, une querelle un peu vive, ou un dégoût réciproque, suffisent pour autoriser une séparation ; & les deux époux peuvent, chacun de leur côté, former un nouvel engagement : on en est quitte pour être exclus, pendant quelque tems, de la participation des saints mysteres. La polygamie, quoique défendue par les constitutions ecclésiastiques, est tolérée par les loix civiles. Les empereurs eux-mêmes épousent plusieurs femmes, sans parler des nombreuses concubines, comme s'ils vouloient qu'on reconnût à cette marque, qu'ils sont les descendans de Salomon. Les grands seigneurs, qui se prétendent aussi de race Juive, usent avec impunité de ce même privilege. Un prince Ethiopien m'ayant demandé ce que je pensois de cet usage, je lui dis que la pluralité des femmes n'étoit ni nécessaire à l'homme, ni agréable à la divinité, puisque Dieu n'avoit créé qu'une femme pour Adam; que c'étoit là sans doute ce que Jesus-Christ avoit voulu dire aux Juifs par ces paroles : « Moïse ne vous a permis » d'avoir plusieurs femmes, qu'à cause » de la dureté de votre cœur ; mais » cela n'a pas été ainsi dès le commen- » cement ». Après un moment de silence & de réflexion, mon homme

me répondit : « une seule est néces-
» saire, sans doute ; mais les autres
» sont pour le plaisir ».

Une femme, convaincue d'adultere en Ethiopie, est condamnée à perdre son douaire, & à sortir de la maison sans rien emporter ; on ne lui laisse qu'une aiguille pour gagner sa vie. L'amant paie une amende qu'il mange avec le mari offensé, & quelquefois avec sa femme & sa maîtresse. Comme on se quitte aisément, on peut se reprendre de même ; & rien de ce qui déplaît, de ce qui incommode, de ce qui dégoûte ailleurs dans les mariages, n'est établi chez les Abissins, sans quelque restriction, sans quelque adoucissement, sans quelque réserve.

Les nouveaux mariés portent, pendant huit jours, la couronne que le prêtre leur a mise sur la tête en les unissant. Les garçons se marient à douze ans, les filles à dix. Après les fiançailles, qui se font comme parmi nous, mais hors de l'église, ils se confessent, reçoivent la communion, la bénédiction nuptiale & la couronne. Le prêtre fait, autour d'eux, une procession avec la croix & l'encensoir ; & les huit jours écoulés, il leur ôte la couronne. Cet ufage n'a lieu que pour les mariages légitimes; on nomme les autres des *mariages fans couronnement.*

Les princeffes dont je viens de parler, ont des palais féparés de celui de l'empereur, fi toutefois l'on peut donner ce nom à de grandes cabanes, ou à de fimples tentes; car les Ethiopiens n'ont ni villes, ni maifons comme les nôtres. Les antres des rochers, ou les cavernes des montagnes leur paroiffent des demeures plus commodes. Ils regardoient, avec un étonnement ftupide, les édifices fpacieux que les Jéfuites firent conftruire; & ils accouroient de toutes parts pour voir ces merveilles.

L'art de bâtir, connu autrefois en Ethiopie, comme on le voit par d'anciennes ruines, s'eft totalement perdu chez les Abiffins. J'ai déja dit que leur fameufe ville d'Axuma, jadis capitale de l'empire & la réfidence de leurs rois, n'eft maintenant qu'un fimple village. Elle étoit autrefois ornée de beaux édifices, d'une bafilique, d'obélifques, de maifons royales, &c; & l'on prétend que

la reine de Saba y faisoit son séjour, &
y avoit un palais. On y trouve encore
des inscriptions toutes renversées,
toutes rongées, en caractères que l'on
ne connoît plus, ce qui en prouve
l'extrême antiquité. La décadence de
cette ville est venue de ce que les
rois d'Ethiopie, préférant les campe-
mens au séjour des cités, porterent
leur résidence loin de la capitale.
Elle a de plus été ravagée par les
guerres; mais ce qui en reste, fait voir
qu'elle étoit d'une très-grande étendue.
Les campagnes qui l'environnent, sont
fertiles, agréables, & dignes d'une
ville impériale.

Les Abissins bâtissent des cabanes
dans les lieux où le prince se propose
de résider; & quoiqu'on n'y voie ni
magasins ni boutiques, il ne laisse pas
de s'y faire un commerce assez considérable. Les marchands s'assemblent
dans une grande place, pour y traiter
de leurs affaires; chacun y a un espace
qui lui est propre, & où il expose sur
des nattes ce qu'il veut vendre. Ce marché se tient tous les jours, & dure
du matin au soir. L'or & le sel sont la
monnoie dont on se sert. L'or n'est pas

marqué au coin du prince, comme en Europe; il est en lingots; & on le coupe, à mesure qu'on en a besoin, depuis une once jusqu'à une demi-dragme. Afin qu'on ne l'altere pas, il y a par-tout des orfevres qui en jugent à l'épreuve. Le sel est d'une blancheur éclatante, & dur comme de la pierre. On le tire des montagnes, où il est accumulé en monceaux, & distribué par couches, de l'épaisseur d'une brique commune. On le détache facilement, parce qu'il est fort tendre dans la mine; mais il durcit à l'air, & prend une consistance qui en permet aisément le transport. On le voiture dans les magasins de l'empire, où l'on en forme des tablettes longues d'un pied & larges de trois pouces. Dix de ces tablettes valent un écu de notre monnoie. On les rompt selon le paiement que l'on veut faire; & elles servent à la fois, & d'argent pour le commerce, & d'assaisonnement pour la table.

Les plus riches mines d'or d'Ethiopie se trouvent dans les royaumes d'Enarea, d'Amot & de Gojam. Elles furent long-tems le principe de tous ces voyages des Portugais, dont les missions, les conversions, les patriarches n'étoient que le prétexte. Mais à force d'avoir fait des efforts en Amérique & en Asie, ils n'étoient presque plus en état de rien entreprendre dans le milieu de l'Afrique. Ce qu'on tire aujourd'hui de ces mines, est purifié, mis en lingots, & porté dans le tréfor impérial, d'où il ne fort que pour le paiement des troupes & les dépenses de la cour. On ne voit point d'argent dans le pays, soit que la nature en produise peu, soit que les Abissins ne sachent pas le séparer de la terre & le préparer. Ils ont de l'aversion pour ce travail, & disent qu'il y auroit de la folie à amasser des richesses, qui porteroient les avares Européens à leur faire la guerre. L'art de creuser des fourneaux dans les montagnes, & d'y pratiquer des mines, leur est inconnu, & ne s'accorde point avec leur paresse. Tout le fer dont ils se servent, s'offre à eux sur la superficie de la terre, sans qu'ils soient obligés de l'en tirer avec effort.

L'extrême chaleur du climat est une des causes qui rendent les Ethiopiens si fainéans. Elle est insupportable dans les plaines & dans les vallées, & principalement sur les côtes de la mer Rouge, où elle desseche & pele la peau, fond la cire qui cachete les lettres, & laisse une telle impression sur le sable, qu'on croit marcher sur de la braise. L'air est plus frais dans les montagnes; & l'on y craint quelquefois plus le froid que le chaud; mais il n'y tombe jamais de neige. On ne distingue que trois saisons; le printems, qui commence au mois de septembre; l'été, au mois de janvier; l'hyver, au mois de juin. Mais ce dernier est moins le tems des frimats que des pluies. Dès que le soleil se couche, elles tombent jusqu'à son lever, avec des tonnerres fréquens & terribles, & des éclairs épouvantables. Aussi-tôt que l'orage cesse, le ciel devient serein; & la terre seche si rapidement sur les hauteurs, qu'à peine s'apperçoit-on quelle ait été mouillée. Mais il se forme, dans les bas, des torrens affreux, qui entraînent les arbres, les rochers, & tout ce qui se trouve sur leur passage. Les rivieres se débordent, & rendent les chemins impraticables. Les campagnes sont couvertes d'eau; & l'on est obligé de chercher un asyle dans les lieux élevés, d'y dresser des tentes, ou d'y bâtir des cabanes. Les laboureurs abandonnent les travaux des champs, & s'enferment dans leurs huttes, toujours situées sur la pente des montagnes, pour éviter les inondations. L'Abissinie est sujette à un vent terrible, qu'on appelle *Serpent*, parce que le tourbillon qu'il excite, a la forme d'un reptile. C'est un ouragan qui renverse les maisons, les chênes, les rochers, brise la mâture des vaisseaux, & les enleve dans les airs avec une prodigieuse impétuosité.

Ce pays est hérissé de montagnes plus élevées que les Pyrénées & les Alpes, & entre lesquelles on trouve des précipices effroyables, & quelquefois d'assez belles plaines. Il y a de ces montagnes qu'on prendroit de loin pour des villes : on croit y voir des murailles, des tours, des clochers, des bastions, des pyramides, &c. Il y en a d'autres, dont la cime offre des prés, des champs, des bois, des sources abondantes & des lacs. Lamalmon, Geshen & Thabat-Mariam, passent pour les monts les plus célebres de l'Abissinie.

O v

Ils font, en quelques endroits, si escarpés, qu'il faut les monter avec des échelles, & tirer en haut les bêtes de charge avec des cordes. Les défilés y sont si étroits, que lorsque deux troupes de voyageurs se rencontrent, il faut nécessairement que l'une ou l'autre recule avec péril. Les monarques Ethiopiens reléguoient autrefois à Geshen les princes de leur sang, comme les empereurs Turcs renferment aujourd'hui leurs freres dans le serrail. De pauvres cabanes, bâties entre des arbustes sauvages, étoient la triste demeure de ces illustres prisonniers.

Je dirai, en passant, comment cet usage s'est établi & s'est aboli. Un empereur avoit ordonné en mourant, que ses fils partageroient également sa succession, & régneroient tour à tour pendant une année. Le plus jeune, impatient de monter sur le trône, conspira contre ses freres, & résolut de les reléguer sur une de ces roches, qui servent ici de prisons d'état. Son complot fut découvert; & il éprouva lui-même le sort qu'il préparoit aux autres princes. Le roi, instruit par cet exemple, & craignant que l'ambition ne divisât aussi un jour ſes enfans, ou ne les armât contre leur pere, les exila dans le même lieu. Ses ſucceſſeurs imiterent ſa politique ; & cet uſage devint une loi de l'état. L'héritier de la couronne y étoit ſoumis comme les autres, & ne ſortoit de ſa ſolitude, que pour régner. Cette coutume a duré juſqu'à la fin du quinzieme ſiecle ; & voici ce qui l'a fait abolir. L'empereur Naod avoit un fils, âgé de neuf ans, qu'il aimoit avec tendreſſe. Un jour qu'il le careſſoit en préſence de ſes courtiſans, un d'eux dit au monarque : « Sire, cet enfant devient bien grand ». Le jeune prince, qui avoit de la pénétration, comprit le ſens de ces paroles, & s'écria en pleurant : « Hélas ! n'ai-je » donc grandi que pour aller à Geſ- » hen » ? Ce peu de mots fit une telle impreſſion ſur le cœur de ſon pere, qu'il abolit cette loi barbare, & défendit que déſormais on renfermât les enfans des rois.

Voici, Madame, un autre trait qui vous fera voir avec quelle ſévérité on traitoit dans leur priſon ces triſtes victimes de l'ambition & de la politique. Un de ces princes s'étoit fait faire un habit qui le diſtinguoit avantageuſement de ſes freres. Un garde le lui ôta, & le mit en pieces, avec menace d'en avertir l'empereur. Quelque tems après, le même prince étant monté ſur le trône, envoya chercher ce garde farouche, qui crut toucher à ſa derniere heure. Mais le roi le regarda avec bonté, & lui fit préſent d'un habit magnifique, en lui diſant: « c'eſt une récompenſe que je » vous dois, pour les ſoins que vous » avez pris de mon éducation. Conti- » nuez à faire votre devoir; & ſervez- » moi avec la même fidélité, que vous » avez ſervi le roi mon pere ».

Pluſieurs grandes & belles rivieres arroſent l'Ethiopie. La principale eſt le Nil, dont les ſources, long-tems ignorées, ont donné lieu à tant de fables. Il n'eſt pas même ſûr qu'on les connoiſſe actuellement; & la diverſité des opinions prouve que l'on ne ſait encore rien de certain ſur cet article. On m'a fait voir, dans le royaume de Gojam, une montagne fort élevée, ſur le penchant de laquelle ſont deux fontaines, qu'on m'a dit être les ſources du Nil. L'une coule à l'orient, l'autre à l'occident; & elles forment deux ruisseaux, qui se précipitent avec impétuosité dans une terre spongieuse, couverte de cannes & de joncs. Ces eaux ne reparoissent qu'à dix ou douze lieues de là; & se réunissant, elles forment, dit-on, le fleuve du Nil, qui se grossit en peu de tems par le tribut de plusieurs rivieres. On prétend qu'il passe au mlieu du lac de Dembée, sans y mêler ses eaux. Ce lac, qui donne son nom à la province, a cent lieues de long, sur trente ou quarante de largeur. L'eau en est douce, agréable, & beaucoup plus légere que celle du Nil. On vante l'agrément de ses bords & la beauté du pays qui l'environne. On vante encore plus la fertilité de ses isles, & les magnifiques palais qu'y ont autrefois possédés les monarques Abissins. On y voit encore plusieurs églises desservies par des religieux qui vivent en communauté.

En général, toute l'Ethiopie jouit d'une merveilleuse abondance. Les campagnes, les montagnes même sont cultivées; & la terre y est si féconde, qu'on fait, assez souvent, jusqu'à deux moissons dans la même année. On y recueille du froment, de l'orge, du millet, & une certaine semence qui a l'odeur & le goût du seigle; elle est aussi petite & moins ronde que la graine de pavôt; & l'on en fait du très-bon pain. On regarde l'avoine comme une plante inutile. On ne nourrit les chevaux qu'avec de l'orge; & l'herbe des prés, toujours abondante, dispense de faire des amas de foin. Cependant on manque quelquefois de pâturages, parce que les sauterelles les consument. L'extrême paresse des habitans leur fait aussi éprouver de fréquentes disettes. Les fruits les plus communs sont les pêches, les oranges, les citrons, les grenades &' les amandes; nos pommes & nos poires ne sont pas connues.

Parmi les autres plantes d'Ethiopie, il y en a une admirable, que l'on appelle *enseté* ou *ensade*. Les feuilles sont si grandes, qu'on en tapisse les chambres, & qu'elles servent de draps, de nappes & de serviettes. Lorsqu'elles sont seches, on les taille comme le chanvre; on les teint en toutes sortes de couleurs; & l'on en fait d'assez belles étoffes. Les branches

& les grosses côtes se broyent : on en tire une farine, qui, trempée & cuite avec du lait, passe pour un manger délicieux. Le tronc & les racines, coupés en petits morceaux, & cuits de la même maniere, forment une substance encore plus nourrissante. Les pauvres gens qui voyagent, ne font guere d'autres provisions. Aussi l'appelle-t-on l'arbre contre la faim, l'arbre des pauvres, quoique les riches en mangent aussi par régal. Si on le coupe à sept ou huit pouces de terre, il renaît un grand nombre de rejettons. Les Abissins croient qu'il est doué d'une espece de sentiment, & qu'il pousse des soupirs quand on le maltraite. Il porte à son sommet une gousse longue, qui contient cinq ou six cens figues d'une qualité médiocre.

La bonté des pâturages procure à ce pays une quantité prodigieuse de bestiaux. On y voit des bœufs d'une grosseur monstrueuse, que l'on n'engraisse qu'avec du lait. On leur donne tous les jours celui de trois ou quatre vaches, qui en rend la chair délicieuse. Un bœuf de cette taille ne coûte communément que deux écus. Ses cornes font fi grandes, qu'elles peuvent contenir jufqu'à dix pintes de liqueur. Les Abiffins s'en fervent au lieu de cruches. Ils s'appliquent furtout à élever beaucoup de vaches, dont le lait fait leur principale nourriture; & comme ils n'en tuent jamais, ces animaux multiplient exceffivement. Un particulier qui en poffede mille, eft obligé, chaque année, de donner un bain de lait & un grand repas à tous fes parens. S'il en a deux mille, il donne deux bains & deux repas, &c. Quand on veut apprécier les richeffes d'un homme, on dit qu'il a mille, deux mille, trois mille vaches, & qu'il baigne deux fois, trois fois, quatre fois toute fa famille. On livre tous les trois ans, à l'empereur, le dixieme de ces animaux, fur lefquels on imprime la marque du prince; & ce tribut n'eft pas un des moindres revenus du monarque.

On eftime les chevaux Abiffins; ils font forts, de bonne taille, bien moulés, & pleins d'ardeur. On ne les fait ni labourer la terre, ni porter les fardeaux; on ne les emploie que pour la guerre & dans les courfes. Les mulets font les montures ordinaires des voyageurs, sur-tout dans les montagnes ; les chameaux servent plus communément dans les plaines. On voit d'autres animaux qui ressemblent aux mulets, qui naissent sauvages, & qu'on apprivoise. On trouve aussi plusieurs especes de lions, qui font une guerre cruelle aux bestiaux. Il n'est point d'animal qui ne tremble à leur aspect : cependant les bergers Abissins attaquent tous les jours ces destructeurs cruels de leurs troupeaux ; & il n'est pas rare de les voir sortir victorieux de ces combats, qui ne demandent pas moins d'adresse que de courage. Les éléphans sont encore plus communs. On en rencontre par troupes dans les campagnes & dans les forêts ; mais ils ne font aucun mal, à moins qu'on ne les attaque. Personne ne s'avise de les apprivoiser, comme en Asie, ni de les dresser pour la guerre ou pour d'autres usages. Ils causent d'horribles dégâts dans les moissons, désolent les vergers, détruisent les jardins, renversent les jeunes arbres, & gâtent tout ce qu'ils rencontrent dans leur marche. Les tigres, les pantheres, les léopards, les hiennes, les loups, les sangliers, les renards font par-tout d'étranges ravages.

Dans la classe des poissons, l'hippopotame est ce qu'il y a de plus remarquable. C'est un animal amphybie, qui habite plus dans l'eau que sur la terre, & qui tient à la fois du cheval & du bœuf. Souvent il sort des rivieres pour venir brouter l'herbe sur le rivage; & il se nourrit quelquefois des chevres & des moutons qui y paissent. Ses dents sont d'une dureté extrême; son cri est une sorte de hennissement; sa vue est perçante & terrible. Il est plus hardi dans l'eau que sur la terre, où les Abissins ne craignent point de l'attaquer. Sa rencontre est dangereuse dans les fleuves, où il renverse les petites barques. On le tue pour avoir ses dents, qui sont plus blanches & moins sujettes à jaunir que l'ivoire. Sa peau est aussi fort estimée : on en fait des boucliers à l'épreuve du mousquet & de la lance. Les Ethiopiens en mangent la chair, qu'on dit être une assez mauvaise nourriture. La chasse de l'hippopotame est un divertissement que prend quelquefois l'empereur sur le lac de Dembée. Lorsqu'on apperçoit l'animal, on le suit le sabre à la main; & on lui lie les jambes. Ne pouvant alors presque plus nager, il vient au bord du lac, où il acheve de perdre son sang.

Ce fut au retour d'une de ces chasses, que sa majesté, après avoir renouvellé avec les Portugais d'anciens traités de commerce, & terminé de petites discussions à ce sujet, donna à M. l'ambassadeur son audience de congé. Le grand trésorier apporta un bracelet d'or, que le prince, au son des trompettes, mit lui-même au bras de son excellence. Cet honneur répond, en Ethiopie, à celui que font les souverains d'Europe, quand ils donnent le cordon de leurs ordres. Il y ajouta le manteau de cérémonie, & ordonna que tant que nous serions sur les terres de son empire, on pourvût abondamment à tous nos besoins. Il nomma un officier, avec une escorte de cent hommes, pour nous conduire jusqu'aux frontieres.

Ce secours nous parut d'autant plus nécessaire, que le pays est infesté de voleurs. On prétend qu'ils ont un chef connu, qui tient sa charge du roi même, auquel il paie un tribut, pour pouvoir l'exercer avec impunité. Ce qu'il y a de certain, c'est qu'ils se sont rendus redoutables par leur multitude, & que les montagnes leur offrent des asyles où il n'est pas possible de les suivre.

Une autre espece d'hommes très-incommodes dans les voyages, c'est cette foule de mendians, dont l'empire est inondé, & qui ne sont pas moins à charge par leur importunité que par leur nombre. Ils abusent, comme dans nos villes, de l'extrême indulgence qu'excite leur misere dans les ames charitables; & leur insolence est telle, qu'ils taxent eux-mêmes les passans : quand on ne leur donne pas tout ce qu'ils demandent, ils ont l'effronterie de refuser ce qu'on leur offre, & se portent quelquefois à d'autres excès.

Il n'y a ni maréchaussée, ni prison pour contenir cette canaille, ni même pour arrêter les voleurs & enfermer les criminels. Pour s'assurer d'eux, on les lie avec une chaîne, dont on passe un anneau dans leur main droite, & l'autre dans la main gauche d'un soldat qui est chargé de les garder & d'en répondre. Les supplices les plus usités sont d'étrangler, de lapider & de décoler. La bastonade ou le fouet sont le châtiment ordinaire des malfaiteurs qui ne méritent pas la mort. On en condamne quelques-uns à perdre leurs biens, avec défense, sous des peines très-rigoureuses, de leur donner à boire & à manger, ni de les assister d'aucune maniere; ce qui fait crier ces misérables comme des bêtes féroces; mais l'empereur ne se rend pas difficile à leur faire grace. On punit les nobles en les transportant dans une isle du lac de Dembée, ou sur une de ces roches inaccessibles, où je vous ai dit qu'on envoyoit les criminels d'état. La peine de l'homicide est à l'arbitrage des parens du défunt, auxquels on livre le meurtrier. Ils peuvent lui accorder sa grace pour une somme d'argent; mais s'ils le condamnent à mourir, l'usage est de le tuer à coups de lance. Le plus proche parent du mort donne le premier coup; les autres frappent ensuite suivant leur rang; & ceux qui arrivent les derniers, trempent leur arme dans le sang du coupable, pour montrer qu'ils prennent part à la vengeance. Lorsqu'il se commet un meurtre, dont l'auteur eſt inconnu, tous les habitans ſont condamnés à une groſſe amende; & par-là, très-peu d'aſſaſſins échappent à la vigilance des juges.

Les procès ſe terminent ici très-promptement. Les parties choiſiſſent un arbitre; ou, ſi cette voie n'a pas lieu, le gouverneur leur donne un juge qui prononce ſur le champ. Chacun plaide ſa cauſe & produit ſes témoins; mais comme il eſt aiſé d'en trouver pour de l'argent, l'innocence court de grands riſques dans les affaires criminelles, où l'on n'entend que ceux de l'accuſateur. On peut appeller de ce jugement au tribunal du roi; mais on le fait rarement, ſoit par la difficulté des voyages, ſoit dans la crainte de déplaire aux gouverneurs, qui, croyant ces ſortes d'appels contraires à leur autorité, trouveroient, tôt ou tard, moyen de s'en venger. La facilité de corrompre de pareils magiſtrats, rend leurs injuſtices ſi fréquentes, qu'ils ont coutume, en ſortant de charge, d'en demander à la cour le pardon général. Cette grace injuſte, qu'on ne leur refuſe guere, autoriſe toutes les malverſations: il eſt vrai qu'on la leur fait payer cherement,

SUITE DE L'ABISSINIE. 335

Nos cent hommes d'escorte avoient ordre de nous accompagner jusqu'au royaume de Sennar, où Don Juan de l'Hermès devoit se rendre pour les mêmes affaires qu'en Ethiopie. Mais ce ministre étant tombé malade, notre départ fut différé de quelques semaines, que j'employai à connoître d'autres usages du pays.

Je suis, &c.

En Ethiopie, ce 13 Septembre 1752.

LETTRE CLX.

SUITE DE L'ABISSINIE.

LA religion chrétienne, si opposée au pouvoir arbitraire des souverains, ne met aucun frein, en Ethiopie, à l'autorité despotique du gouvernement. Les rois y jouissent d'une puissance sans bornes, & sont tellement les maîtres des biens & de la liberté de leurs sujets, qu'ils peuvent les en dépouiller au gré de leur volonté & de leur caprice. Accoutumés à cette suprême dépendance, les peuples ne murmurent point, lorsqu'on les prive d'un domaine, dont ils ne se regardent que comme les fermiers, ou même comme des valets qu'on déplace ou que l'on congédie quand on est mécontent de leurs services. Aussi les campagnes sont-elles ordinairement mal cultivées, parce que les laboureurs ne travaillant pas pour leur propre intérêt, négligent d'améliorer des fonds qui peuvent leur être enlevés à chaque instant,

SUITE DE L'ABISSINIE.

tant. Il est pourtant d'usage, quand le chef d'une famille meurt, qu'on laisse à ses héritiers les deux tiers de ses possessions. Le prince dispose de l'autre tiers en faveur de qui il lui plaît ; & dès-lors ce dernier, devenu son feudataire, est obligé de le suivre à la guerre, de servir à ses dépens, & de fournir des troupes à proportion de ce qu'il a reçu. Aussi l'empereur, qui a de ces feudataires à l'infini, peut-il mettre sur pied de puissantes armées à peu de frais & en peu de tems. L'état ne pourvoit à la subsistance des soldats, que lorsqu'ils sont en campagne : on envoie des ordres aux gouverneurs, afin que dans chaque canton on fournisse à l'armée toutes les choses nécessaires. Les communautés doivent être exactes à livrer ce qu'on leur demande ; car si elles y manquent, elles sont condamnées à donner le double.

Dans toutes les provinces il y a des contrôles où l'on tient un état des biens qui retournent au domaine par la mort des possesseurs. Ils passent ensuite en d'autres mains ; & voici de quelle maniere on en acquiert la jouissance. Le prince envoie à celui qu'il veut favoriser, un bandeau de taffetas, sur lequel sont écrit ces mots en lettres d'or : « je suis l'empereur d'E-» thiopie, de la tribu de Judas, lequel » a toujours vaincu ses ennemis ». L'officier, chargé de cet ordre, l'attache lui-même au front du nouveau feudataire, & va ensuite, accompagné d'une musique militaire & de quelques soldats, le mettre en possession des biens dont il vient d'être gratifié. Vous jugez combien on s'empresse à témoigner son attachement & son zele pour un souverain qui dispose ainsi de toutes les richesses de l'empire. Chacun lui fait des présens, soit pour s'assurer la conservation des terres dont il jouit, soit dans l'espérance d'en obtenir de nouvelles. Une honteuse vénalité regne presque toujours dans la distribution de ces graces. Le roi fait acheter à ses sujets cette possession momentanée, & met de même à l'encan les principales charges du royaume. Les ministres & les vice-rois, aussi absolus dans leurs départemens, que le prince même, vendent, de leur côté, tous les emplois subalternes. Ainsi, tout est au pillage dans ce malheureux pays; & le peuple gémit sous la plus dure oppression.

Cependant il y a, dans quelques provinces, des familles nobles, qui possedent depuis plusieurs siecles des biens patrimoniaux, & même des gouvernemens héréditaires. L'empereur n'a d'autre pouvoir, que de leur en conférer l'investiture, & de choisir parmi elles, ceux qu'il juge les plus propres à les exercer. Ses autres sujets, réputés ses esclaves, en prennent le nom dans les suppliques qu'ils lui adressent, & ne rougissent point de le recevoir dans les patentes qu'il leur expédie. Les vice-rois, les ministres, les princes du sang, la reine même, ne s'annoncent point sous un autre titre. Lorsque le Négus accorde à une de ses femmes l'honneur & la qualité d'impératrice, on la conduit au palais; & le prince l'ayant fait asseoir à ses côtés, un des officiers de la cour dit à haute voix, que l'empereur a élevé sa servante au rang de reine; mais elle n'est jamais admise à la table de son époux. Les soumissions qu'on rend à ce monarque, tiennent en quelque sorte de l'adoration. Non-seulement il n'est pas permis de passer à cheval devant la tente impériale, mais il faut mettre pied à terre à une certaine distance, comme si l'on approchoit d'un lieu sacré.

Les anciens rois de l'Abissinie se montroient rarement à leurs sujets, & avoient des jours réglés pour paroître en public. Le premier ministre obtenoit même très-difficilement audience du monarque. Il attendoit à la porte, la tête inclinée, & la main droite baissée jusqu'à terre, en criant trois fois : Seigneur, Seigneur, Seigneur. On lui demandoit : « Qui êtes vous? » Il répondoit : je suis le dernier esclave » de la cour; mon emploi est de seller » les chevaux du roi, & d'être toujours » prêt à exécuter ses ordres ». Alors il étoit admis ou renvoyé, suivant la volonté du souverain. Les princes Abissins se sont délivrés de l'ancienne servitude qui les tenoit enfermés dans leurs palais. Ils sortent quand ils le jugent à propos, tantôt en cérémonie, tantôt avec moins d'éclat. Dans le premier cas, le Négus est au milieu d'un gros de cavalerie, sur un cheval richement paré, précédé & suivi d'une garde de deux mille hommes. Pour se garantir de l'ardeur du soleil, & éviter l'embarras d'un parasol, je lui ai vu, sur la tête, un carton plié en voûte, & couvert d'une étoffe d'or, attaché sous le menton. Ce prince est d'une si grande affabilité, qu'il donne audience au moindre de ses sujets. Ceux qui sollicitent une grace, se rendent, à la pointe du jour, au camp impérial, s'approchent de la tente du roi, & crient de toutes leurs forces, soit pour le réveiller, soit pour le rendre plus attentif à leurs demandes. Leurs exclamations ordinaires sont: « mon roi, la » prunelle de mes yeux, mon seigneur, » pere des orphelins, &c. » L'empereur ordonne à ses ministres de rendre justice aux suppliants, ou leur répond lui-même, si l'affaire en vaut la peine.

Ce prince, qui regne aujourd'hui avec tant de douceur, est parvenu au trône par droit de primogéniture. Ce droit n'est pourtant pas tellement établi en Éthiopie, qu'il ne s'éleve souvent de grands troubles à ce sujet dans la famille royale. Les souverains croient pouvoir laisser la couronne à celui de leurs enfans qu'ils en jugent le plus digne, ou pour lequel ils ont le plus d'affection. Les grands s'attribuent le droit d'en difpofer auffi à leur gré, pourvu que ce foit en faveur d'un prince de la maifon royale. Les Abiffins penfent, à cet égard, comme les Turcs ; & malgré les violences où ils fe portent quelquefois contre leurs fouverains, ils ne laiffent pas de conferver toujours un fond d'attachement pour la famille régnante. Quoiqu'exclus du trône par les conftitutions fondamentales de l'état, on a vu des bâtards y monter par cet efprit de cabale, qui caufe ici de fi fréquentes révolutions.

Le facre & le couronnement des empereurs Abiffins, fe faifoient autrefois dans la ville d'Axuma. On commence la cérémonie de cette inauguration, par préfenter au nouveau roi une efpece d'inftruction, dont on lui fait la lecture, & qui contient toutes les formalités qu'on doit obferver dans cette occafion. L'armée, qui eft rangée en bataille, fe met en mouvement : l'empereur paroît enfuite, monté fur un cheval fuperbe, & précédé de tous les grands de la cour. On arrive dans un lieu convenu, où le roi

& les courtisans mettent pied à terre. Ils sont arrêtés par de jeunes filles, qui tendent une corde au milieu du chemin, & leur ferment le passage. Le prince voulant franchir cette barriere, elles lui demandent « qui êtes vous ? » Il répond : je suis le roi des Israélites ; » à quoi elles répliquent : non, vous » n'êtes pas notre roi ». On fait de part & d'autre, une seconde fois les mêmes demandes & les mêmes réponses ; & le roi se retire en riant. Mais étant interrogé une troisieme fois, il répond : « je suis le roi » de Sion » ; & mettant le sabre à la main, il coupe la corde. Alors toutes les filles s'écrient : « oui, vous êtes » véritablement notre roi ». En même tems le peuple pousse des cris de joie ; auxquels se mêle le bruit de la mousqueterie & des instrumens de musique militaire.

Le patriarche conduit l'empereur à l'église, accompagné d'un cortege de prêtres & de moines, lui administre l'onction sainte dans la nef, & lui met la couronne sur la tête au pied de l'autel. C'est une espece de bonnet doublé de satin bleu, & parsemé de fleurs d'or, avec quelques pierres fausses. Le peuple se persuade que c'est un ouvrage miraculeux, que les anges ont apporté du ciel, comme chez nous la sainte ampoule. Les princes, à leur avénement au trône, reçoivent un nom particulier, qu'ils joignent à celui du baptême, tel que « monarque vénéra- » ble, aimé de Dieu, colonne de la » foi, pierre précieuse, &c. » Ces noms, que leur donne la flatterie, sont des éloges qu'ils n'ont point encore mérités, & dont ils ne cherchent pas toujours à se rendre dignes.

J'ai dit que le titre de Négus, ou de roi des rois, appartenoit à tous les empereurs Abissins. Vous savez aussi sur quel fondement on leur a donné celui de prêtre Jean: dénomination d'autant plus ridicule, qu'il est très-douteux qu'aucun d'eux ait été prêtre, & très-certain qu'ils ne se sont jamais appellés Jean. Ceux qui ont cherché une autre origine, l'ont attribuée à une bévue des Portugais. Ils avoient ouï dire qu'il régnoit en Asie un prince chrétien, fort puissant, que les Perses appelloient *Prestir-Cham*, c'est-à-dire, prince des adorateurs. Trouvant, dans leurs premières navigations d'Afrique, un monarque qui faisoit profession du christianisme, & gouvernoit de vastes états, ils crurent, par une ignorance grossière de la géographie, que c'étoit le prince dont ils avoient entendu parler, & lui en donnerent le nom; mais ils le corrompirent, en changeant *Prester* en prêtre, & *Cham* en Jean.

L'empereur d'Ethiopie a toujours deux armées sur pied, l'une sur les frontieres du royaume d'Enarea, l'autre sur celles de la province de Gojam. Mais elles sont en général peu nombreuses; ceux qui les font monter le plus haut, réduisent toute cette milice à cinquante mille hommes de pied, & dix mille chevaux. Leurs armes ordinaires sont la lance, la pique, le sabre, le bouclier, & une sorte de massue d'un bois très-lourd & très-dur. L'usage des flèches leur est inconnu; & ils se servent si mal-adroitement du mousquet, que cette arme ne leur est d'aucun avantage. Ils ignorent l'art de se ranger en bataille, & d'attaquer méthodiquement. Leur maniere de combattre, est de fondre tous ensemble sur l'ennemi: si ceux qui

P v

font à la tête, enfoncent les troupes opposées, le reste fuit; & la victoire est gagnée. S'ils sont repoussés, la défaite est rapide, chacun fuit; & il n'est plus possible de les rallier. Faute de citadelles & de places fortes, leur pays est ouvert de tous côtés aux excursions des barbares. Des gens qui savent à peine bâtir une maison, sont bien éloignés de construire des forteresses.

Ils ne connoissent presque aucun de nos arts utiles; ils connoissent encore moins nos arts agréables. Leurs tableaux sont des ouvrages pitoyables; leur musique, une détestable cacophonie; leur poésie, de la prose mal rimée; leur médecine, une connoissance imparfaite de quelques simples; leur philosophie, une doctrine ténébreuse, un assemblage d'erreurs & d'absurdités. Ils s'envoient quelquefois des lettres; mais jamais ils ne les composent eux-mêmes; ils s'adressent à des écrivains publics, comme fait le peuple parmi nous. Ils n'ont nulle idée de la situation, ni de la marche des corps célestes. Ils croient que le soleil entre par un trou dans la terre, & en ort par un autre. Ils aiment les énigmes, & les font mal. Ils ont des proverbes qui reviennent aux nôtres : *Bon berger, bon troupeau: celui qui a marché fur un ferpent, craint la rencontre d'une feuille*, &c. L'antithefe & les jeux de mots ne leur font point inconnus : « le fer eft fort, mais il eft vaincu par le feu: le feu eft fort, mais il eft vaincu par l'eau : l'eau eft forte, mais elle eft vaincue par le foleil: le foleil eft fort, mais il eft vaincu par le nuage : le nuage eft fort, mais il eft vaincu par le vent : le vent eft fort, mais il eft vaincu par la terre : la terre eft forte, mais elle eft vaincue par l'homme : l'homme eft fort, mais il eft vaincu par la femme ».

Ces peuples exercent de pere en fils les mêmes métiers; mais il y a des métiers que ni les peres ni les fils ne veulent exercer. Les Juifs feuls s'occupent à fabriquer des inftrumens de fer ; les chrétiens ont en horreur l'emploi de forgeron; ils le regardent comme une profeffion infernale. Tels cantons font affectés à tels états, comme dans nos grandes villes, telles ruës à telle espece de commerce. Les joueurs de flûte & de trompette habitent depuis des siecles le même pays; & depuis des siecles ils sont partagés en diverses tribus.

Où il y a peu d'industrie, il y a peu de négoce. Celui du dehors se fait par les Arabes & par les Turcs; celui du dedans par les Arméniens, que l'appas du gain fait voler aux extrêmités de l'univers. Le commerce étranger est fort onéreux aux Abissins, obligés de payer en or les étoffes, les aromates, les épices, & presque toutes les marchandises qu'on leur apporte. On prend cependant aussi de la cire, des cuirs & de l'ivoire. Le trafic intérieur se fait par échange, en grains, en bestiaux, en toiles, en fruits & en denrées les plus indispensables.

Les Hollandois ont tenté plusieurs fois de négocier avec les Ethiopiens; mais ces derniers s'y sont toujours opposés, soit parce qu'ils different de religion sur des points trop essentiels, soit que la trop grande puissance de ces Européens dans les Indes, leur ait donné de la jalousie. Je leur ai souvent entendu dire, qu'ils ne se fieroient jamais à des chrétiens qui ne jeûnent point, qui n'invoquent pas les saints, qui ne croient point à la présence réelle de Jesus-Christ dans le saint sacrement, &c.

Les Abissins ont un égal éloignement pour les mahométans, & pour les Portugais : voici l'origine de cette double haine. Les premiers s'étant rendus trop maîtres dans cet empire, au commencement du seizieme siecle, s'emparerent de toutes les branches du gouvernement. Les grands ne pouvant supporter un joug si dur & si odieux, appellerent à leur secours les Portugais, qui étoient alors très-puissans dans les Indes. Ces nouveaux conquérans entrerent en Ethiopie, & après plusieurs victoires, rétablirent sur le trône la famille royale, & chasserent tous les mahométans du païs. Un service si important rendit les Portugais considérables à la cour, où plusieurs d'entr'eux occuperent les premieres places. Leur nombre s'augmenta ; leurs mœurs se corrompirent ; & ils garderent si peu de mesure, que les Abissins crurent que leur dessein étoit de s'emparer du royaume, & de le soumettre à la couronne de Portugal. Ce soupçon mit le peuple en fureur; on courut aux armes de toutes parts; & l'on fit un massacre terrible de ces Européens, dans le tems même qu'ils se croyoient le mieux affermis. Ceux qui échappèrent au premier mouvement, eurent la permission de se retirer. Il sortit d'Abissinie sept mille familles Portugaises, qui se répandirent dans les Indes & sur les côtes d'Afrique. Il en resta quelques-unes, d'où sont venus les Abissins blancs qu'on voit encore dans le pays. On y tolere aujourd'hui les mahométans; mais ils habitent des quartiers séparés. Les Ethiopiens ne peuvent souffrir qu'ils mangent avec eux, & ne goûteroient pas même de la chair d'un animal qu'ils auroient tué; ils ne boiroient pas dans une tasse, dont ils se seroient servis, à moins qu'un religieux ne l'eût purifiée, en soufflant trois fois dessus, pour en chasser l'esprit malin. S'ils rencontrent un mahométan dans les rues, ils le saluent de la main gauche; ce qui passe parmi eux pour une familiarité insultante.

Au commencement de ce siecle, des Jésuites François ayant formé le dessein d'établir une mission en Ethiopie, engagerent le patriarche d'Alexandrie à écrire en leur faveur au pape, au roi & au ministre de la marine. Un chrétien maronite, porteur de ces lettres, fut présenté à Louis XIV, qui promit d'entrer dans les vues du patriarche. Un marchand du Caire, nommé Duroule, fut chargé de cette négociation ; mais il n'étoit pas encore arrivé, qu'il fut assassiné avec toute sa suite ; & tous ces projets de mission s'évanouirent avec lui.

» Si vous voulez savoir là-dessus ce que
» je pense, me disoit derniérement notre
» ambassadeur, l'Ethiopie est également
» infructueuse pour la religion & pour
» le commerce. Les Portugais, malgré
» la protection des Négus, n'y ont
» fait que de médiocres profits, dans
» le tems de leur plus grande prospé-
» rité. Leur misere étoit si grande sous
» les derniers regnes, qu'ils étoient à
» l'aumône des Jésuites ; & ceux-ci
» furent eux-mêmes obligés de vendre
» les calices & les ornemens de l'église,
» pour subsister. Les prétendues con-
» quêtes de leurs missionnaires se ré-
» duisirent à des conversions forcées

» & peu durables. En effet, continua » Don l'Hermès, comment seroit-il » possible de faire du fruit parmi les » Ethiopiens, dont l'église est une » branche de celle des Coptes, chez » lesquels on n'a jamais pu opérer une » conversion sincere & solide ? Les » Abissins sont encore plus éloignés de » nous, & sur-tout plus animés contre » les Européens, dont ils ont secoué la » domination impérieuse. Il est vrai » qu'il y a eu autrefois des catholiques » parmi eux ; mais c'est par cet endroit » là même, qu'il sera toujours plus » difficile d'y rétablir une religion, » contre laquelle ils sont déja si fort » prévenus ».

Je reviens à leurs mœurs : ce peuple vit dans une simplicité, une grossiereté même, qui approche de la barbarie. Ceux qui ne campent pas sous des tentes, habitent des cabanes qui ont la forme d'entonnoirs, où l'on ne voit pour tous meubles que des nattes, & quelques pots de terre pour toute vaisselle. L'habillement consiste dans une espece d'écharpe & des hautes-chausses de grosse toile. Les gens de qualité ont des robes de soie, qui descendent jusqu'au milieu de la jambe, & des caleçons qui la couvrent entiérement. Pour rendre leur chevelure luisante, ils la graissent avec du beurre, & la tressent avec assez d'art & de goût. Aussi, pour ne pas déranger leur coëffure, ils ne se couvrent jamais pendant le jour: la nuit ils appuient leur cou sur une fourche qui leur tient lieu d'oreiller, & laissent flotter librement leurs cheveux. Les femmes sont encore plus recherchées dans leurs ornemens de tête, & varient leur coëffure de mille manieres; mais ce sont toujours les colliers & les boucles d'oreilles, qui font leur parure principale.

On a cru long-tems en Europe, que les peuples d'Éthiopie avoient le teint noir, parce qu'on les confondoit avec leurs voisins, les habitans de la Nubie. Leur couleur naturelle est brune & olivâtre, leur taille avantageuse, leur corps bien proportionné, leur phisionomie agréable. Ils ont les levres petites, les dents blanches, les yeux grands, bien fendus, tous les traits du visage réguliers & bien marqués. Ce sont, sans contredit, les hommes les plus beaux, les mieux faits de toute l'Afrique. Ils font vifs, agiles, pleins de vigueur, & capables de supporter les plus rudes travaux. Aussi remarque-t-on que les esclaves d'Abissinie sont plus recherchés, & se vendent plus cher, que ceux des autres contrées Africaines.

On ne peut refuser aux Ethiopiens des qualités estimables du cœur & de l'esprit. Ils ont de la pénétration, du jugement, & un caractere de bonté, qui les distingue des autres nations du même continent. Il regne entr'eux une politesse assez singuliere, sur-tout dans la maniere de se saluer. On se présente réciproquement la main; & on se la porte mutuellement à la bouche. On prend ensuite l'écharpe de celui qu'on salue; on se l'attache autour du corps; de sorte que s'il n'a point de veste, il est obligé de rester nud. Il n'est point de particulier qui n'ait toujours un petit morceau de sel dans un sac pendu à sa ceinture. Lorsque deux amis se rencontrent, ils le tirent du sac, & se le donnent l'un à l'autre à sucer. Ce seroit une extrême incivilité de ne pas l'offrir, & une plus grande encore, de refuser de le lécher. « Vous trouvez cet usage extraordinaire, me disoit l'ambassadeur; songez donc qu'en France, quand on se rencontre, on commence aussi par ôter, non son écharpe, on n'en porte plus présentement, mais son gand & son chapeau; on se prend la main; on s'embrasse; & l'on se présente également dans une boîte, non pas du sel, mais du tabac; ce qui revient au même ».

Il est rare que les Abissins paroissent dans les églises, sans y apporter du pain, de l'huile, de l'hydromel, de l'encens, des fruits, de la cire, du miel, & d'autres offrandes de ce genre, qui se déposent à la porte du sanctuaire. Les prêtres en retiennent une partie, & distribuent le reste aux pauvres, qui, après l'office, font dans la nef, de petits repas semblables aux anciennes Agapes. Aux fêtes solemnelles, les grands jouent, par dévotion, de divers instrumens, & dansent avec le peuple dans les temples, comme autrefois David en présence de l'arche.

Le pain & le vin, qui doivent servir pour l'eucharistie, se préparent avec un soin extrême. Le pain est levé; & l'on y imprime cette marque X. Le vin se fait dans la sacristie, avec des grappes de raisin, qu'on laisse tremper dans l'eau pendant quelques jours, & qu'on fait sécher au soleil avant d'en exprimer le jus. Il est défendu d'employer, pour la consécration, du vin de cabaret.

L'observation du jeûne se pratique avec toute la sévérité de l'ancienne discipline. On ne fait qu'un repas ; & on ne le prend qu'après le coucher du soleil. On observe réguliérement quatre carêmes ; le grand, qui est de cinquante jours ; celui de S. Pierre, de trente ; un autre de trois semaines ; le plus petit, de quinze jours, outre le jeûne des mercredis & des vendredis de l'année. On ne mange alors ni viande, ni œufs, ni fromage, ni beurre ; & comme il n'y a point d'olives en Ethiopie, on se sert d'une huile tirée des graines du pays. Personne n'est dispensé de ces abstinences rigoureuses ; les malades, les enfans, les vieillards, les voyageurs y sont également obligés ; & dans le choix, comme dans la préparation des alimens, les religieux de la Trape ne pratiquent rien de plus austere.

Au surplus, c'est presque là l'unique

inconvénient des voyages; car ils se font à moins de frais que dans tout autre pays. Lorsqu'un étranger entre dans un camp ou dans un village, il est logé & nourri gratuitement: les habitans se cotisent, & fournissent à tous ses besoins. S'ils en usoient autrement, & que le voyageur s'en plaignît, on les condamneroit à une grosse amende. Cet usage est si bien établi, qu'un étranger peut entrer librement dans la maison d'un homme qu'il n'a jamais vu, & s'y faire servir comme dans la sienne. Il y boit, il y mange, il y couche; en un mot, il y vit aussi familiérement que chez lui. Il est vrai que les Abissins voyagent peu, & qu'ils n'ont ni cabarets, ni hôtelleries, ni autres logemens de cette espece.

La liturgie de ces peuples differe peu de la nôtre, dans la maniere d'enterrer les morts. On s'assemble pour les pleurer; &, comme parmi nous, plus le personnage est considérable, plus le clergé est nombreux. On a vu, dans ces sortes de convois, jusqu'à six cens moines & six mille pauvres. Aux uns on donne un grand repas, aux autres, des aumônes considérables. Avant que dé mettre le corps en terre, on lui jete de l'eau benite; on l'encenfe; on récite fur lui des prieres, comme nous faifons; mais ce que les Abiffins font plus que nous, c'eft dé laver le mort, & de chanter *alleluia*. Ce font les moines qui le portent; & leur marche eft fi rapide, que c'eft tout ce qu'on peut faire, que de les fuivre. Les parens & les amis ont des tambours de bafques, dont le bruit, mêlé aux cris de la douleur, & aux hurlemens des pleureurs à gages, fait un vacarme épouvantable. Quand on paffe devant une églife, le convoi s'y arrête; on y récite quelques prieres; & l'on continue fon chemin jufqu'au lieu de la fépulture. De longs & de fréquens repas terminent toujours & égayent ces fêtes funebres.

Dans quelques provinces, lorfqu'on apprend la mort d'une perfonne chere, on fe précipite à terre avec une telle violence, qu'on a vu des gens mourir de cette chûte. D'autres fe meurtriffent les bras, le corps, la tête, d'une maniere cruelle. Le décès de l'empereur, ou de l'héritier du trône, s'annonce, dans les provinces, à fon de rompe; & le deuil, qui est universel, consiste à se raser la tête. On fait un service solemnel dans toutes les églises : on s'assemble ensuite chez le gouverneur, où les officiers & les personnes de considération, hommes & femmes, se rangent autour d'une grande salle. D'autres, avec des tambours, ou sans tambours, se tiennent au milieu, & commencent, à l'honneur du prince défunt, des récits en forme de chansons, sur un ton si triste & si lugubre, qu'on en est, dit-on, attendri jusqu'aux larmes. Il y a des gens qui, pour marquer leur chagrin, se déchirent le visage, & se brûlent les temples avec un flambeau. Il n'entre dans cette salle, que les personnes de distinction : le peuple est dans les cours, où il pousse des cris lamentables ; & ces cérémonies durent trois jours.

La santé de l'ambassadeur étant rétablie, & son départ arrêté, on nous envoya notre escorte, avec un interprete qui savoit les différentes langues du pays. On en distingue deux principales, l'ancienne & la nouvelle. La premiere n'est plus employée que, comme le latin l'étoit en France, dans les livres, dans l'exercice de la religion, dans les diplomes, dans les écoles & les actes publics. Elle a quelque affinité avec le chaldéen; & on la croit une dialecte particulière de l'hébreu. On s'en est servi en Ethiopie jusqu'au commencement du quatorzieme siecle, c'est-à-dire, jusqu'à l'extinction de la race Zagéenne. Le fondateur de la nouvelle dinastie ayant été élevé dans la langue Amharique, ainsi nommée du royaume d'Amhara, mit en vogue cet idiome, qui, devenu le langage de la cour, prit insensiblement la supériorité sur l'ancien éthiopien. On l'appelle aussi la langue du roi; & elle est aujourd'hui si universellement répandue, qu'elle suffit pour se faire entendre dans presque toutes les provinces. On passe ici pour savant, lorsqu'on joint à l'étude de cette nouvelle langue, la connoissance de l'ancienne. Elles sont très-rudes l'une & l'autre, & très-difficiles à prononcer pour des étrangers, parce qu'elles ont des lettres, dont on ne trouve point l'équivalent dans les nôtres. L'ancien éthiopien s'est maintenu, en grande partie, dans le royaume de Tigré; &

l'on

l'on compte, dans l'Abiſſinie, preſque autant de langages que de provinces; mais quelques perſonnes les réduiſent à ſept ou huit langues principales.

Nous prîmes notre route par le royaume de Gojam, pour nous rendre à Sennar; mais on nous prévint de ne point approcher du pays des Agaves, ni du Zendero, dont les peuples, qui n'en ſont pas éloignés, paſſent pour des hommes très-méchans. Parmi les premiers, les uns ſont idolâtres; les autres n'ont que l'apparence du chriſtianiſme. Comme ils habitent le voiſinage du Nil, ils font des ſacrifices à ce fleuve, & lui immolent un grand nombre d'animaux. Le prêtre qui préſide à la cérémonie, ſe frotte le corps de graiſſe de vache, monte ſur un bûcher allumé, d'où, ſi l'on en croit les crédules Ethiopiens, il ſort des flammes qui ne lui font aucun mal. Ces peuples, redoutables par leur nombre, & ennemis de la domination des Abiſſins, ne cherchent qu'à s'en affranchir, & prennent part à toutes les révoltes qui déſolent cet empire. Ils ſe retirent dans le creux des cavernes, d'où il n'eſt preſque pas poſſible de les chaſſer.

Les habitans du Zendero, autre pays tributaire de l'Abissinie, sont aussi féroces que les Galles; & toute leur religion consiste dans le culte qu'ils rendent au diable. Lorsqu'il est question d'élire un roi parmi eux, les princes de la maison régnante vont se cacher dans une forêt voisine, feignant de fuir un honneur qu'ils ambitionnent tous. Les électeurs cherchent avec empressement celui dont ils ont fait choix. Il résiste d'abord, & se défend avec courage, blessant tous ceux qu'il peut frapper, pour montrer que c'est malgré lui, qu'on l'entraîne sur le trône. Enfin, les électeurs le saisissent & l'emmenent. Une des cérémonies de son couronnement, est de couper, avec ses dents, la tête d'un ver, qu'on prétend être sorti des narines du feu roi. Cet usage n'est que dégoûtant; ce qui suit est plus barbare; car le prince ayant mandé les principaux officiers de son prédécesseur, les fait massacrer en sa présence, en leur ordonnant d'aller servir leur ancien maître dans l'autre monde. Le Gingiro, c'est le nom qu'on donne au monarque, a pour trône une espece de case, construite au haut de fa cabane, où il donne fes audiences. Lorfqu'il a été bleffé dans un combat, fes fujets achevent de le tuer, ne convenant pas, difent-ils, qu'un roi porte les marques honteufes de la fupériorité de fes ennemis.

Nous évitâmes heureufement la rencontre de tous ces barbares. L'officier qui nous conduifoit, arrivoit une heure avant nous, dans les lieux où nous devions nous arrêter. Il alloit defcendre chez le gouverneur, ou chez le chef du village, & lui montroit les ordres de la cour, écrits fur un rouleau de parchemin. Ce rouleau étoit renfermé dans une boîte attachée à fon cou avec des cordons de foie. Auffitôt qu'il étoit arrivé, les principaux de l'endroit s'affembloient devant la tente du gouverneur ; & en leur préfence, il détachoit la boîte, en tiroit le parchemin, & le remettoit, avec beaucoup de refpect, au chef de l'affemblée, en lui difant que, s'il ne l'exécutoit pas, il y alloit de fa tête. Lorfqu'un ordre porte la peine de mort, il eft écrit en lettres rouges. Le gouverneur, pour marquer fon refpect & fon obéïffance, le prenoit & le mettoit sur sa tête ; il donnoit ensuite ses ordres, pour que nous fussions défrayés dans tous les lieux de son gouvernement.

Le huitieme jour de notre marche, on nous régala de spectacles & de concerts. Les acteurs chantoient des vers à l'honneur de celui à qui se donnoit la fête, & exécutoient mille jeux divers. Les uns dansoient au son des tymbales, & formoient une pantomime des plus grotesques. Les autres, tenant un sabre nud d'une main, de l'autre un bouclier, représentoient des combats, & faisoient, en sautant, mille tours de souplesse.

On commença, dans ce lieu, à confier nos paquets aux chefs des villages, qui, selon l'usage dont j'ai parlé, les firent porter jusqu'à la frontiere. On nous montra une maison pratiquée dans le roc, où l'on dit que plusieurs jeunes gens s'étant cachés pour faire la débauche, y furent pétrifiés. On prétend que ces jeunes libertins sont encore aujourd'hui dans la posture qu'ils avoient, quand ils furent convertis en pierres. Pour moi, qui ai vu la chose de près, j'ai cru n'y remarquer que des congellations, telles que la nature se plaît à en former dans les lieux souterreins.

Les montagnes & les plaines nous offroient des spectacles également agréables. Dans les unes, on voyoit un si grand nombre de maisons, qu'il sembloit que ce fût une ville continuelle. Elles étoient séparées les unes des autres par des haies vives, toujours vertes, chargées de fruits & de fleurs, & entremêlées d'arbres plantés sans ordre & sans symmétrie; c'est, en général, l'idée qu'on doit avoir des villes de ce pays. C'étoient, de tous côtés, des marchés, où l'on vendoit toutes sortes de denrées & de bétail; & partout on rencontroit une infinité de monde. Les plaines étoient arrosées par des ruisseaux & des fontaines sans nombre, & remplies de forêts de citroniers, de jasmins, de grenadiers, & d'autres arbres, qui viennent ici en pleine terre, sans soin & sans culture. Les prairies sont couvertes de tulipes, de renoncules, d'œillets, de lys, de rosiers, & d'autres fleurs que nous ne connoissons pas en Europe, mais qui parfument l'air d'une odeur plus délicieuse, que dans les plus beaux endroits de notre Provence.

Nous nous arrêtâmes dans un vallon d'ébéniers & de cannes de bambou, où un lion nous enleva un de nos chameaux. Ces féroces animaux sont si communs en Ethiopie, qu'on les entend rugir toute la nuit; & on ne les écarte qu'en allumant de grands feux, qu'on a soin d'entretenir. A quelque distance du vallon, est un monastere que nous allâmes visiter l'aumônier & moi. L'abbé nous reçut avec beaucoup de charité, & voulut nous laver les pieds; mais vous jugez bien que nous n'eûmes garde de le souffrir. On nous conduisit processionnellement à l'église; & nous montâmes ensuite dans une chambre, où l'on nous apporta à manger. Tout le régal consistoit dans de la bierre & du pain trempé dans du beurre; car on ne boit ni vin ni hydromel en ce couvent; on n'y voit même jamais de vin, que pour dire la messe. L'abbé nous tint toujours compagnie; mais il ne mangea point avec nous.

Au sortir de ce monastere, nous trouvâmes un petit ruisseau qui sépare l'Ethiopie du royaume de Sennar, que les anciens appelloient la Nubie. Le Nil qui l'arrofe, du midi au nord, dans toute fa longueur, vint s'offrir à notre vue, lorfque nous eûmes quitté notre efcorte. Il reçoit dans fon cours plufieurs rivieres, dont la plus confidérable fe nomme la riviere Blanche. Il répand la fertilité dans les campagnes, qu'il arrofe de la largeur d'une lieue de chaque côté de fes bords. Les habitans le coupent en divers endroits, & conduifent fes eaux dans des réfervoirs pour l'arrofement de leurs terres, naturellement fi feches & fi fablonneufes, qu'une affreufe ftérilité regne dans les lieux un peu éloignés de fes rives. Ainfi, la plus grande partie de cette vafte région n'offre par-tout que de triftes déferts.

Nous nous embarquâmes dans de gros troncs d'arbres, creufés en forme de nacelles, qui font les feuls bateaux du pays. La route ne nous offrit rien, jufqu'à Sennar, qui mérite une attention particuliere. On compte dans cette ville environ cent mille ames ; & on lui donne une lieue & demie de circuit. Elle eft mal-propre & mal policée ; les maifons n'ont qu'un étage, & font bâties sans symmétrie & sans goût. Les fauxbourgs ne contiennent que de méchantes cabanes. Le palais du roi est construit de briques, & consiste dans un amas confus de bâtimens d'une architecture simple & grossiere, mais richement meublés de tapis du levant.

On nous présenta à ce monarque dès le lendemain de notre arrivée; & l'on nous fit quitter nos souliers pour paroître devant lui. C'est un cérémonial auquel tous les étrangers doivent se soumettre; à l'égard de ses sujets, ils ne peuvent se montrer à leur prince que pieds nuds. Nous entrâmes dans une grande cour, pavée de carreaux de faïance de différentes couleurs, & bordée de gardes armés de lances. Dès que nous l'eûmes traversée, on nous arrêta vis-à-vis d'un salon, où le roi donne audience aux ambassadeurs. Nous saluâmes sa majesté, en nous mettant à genoux, & baisant, suivant l'étiquette de cette Cour musulmane, trois fois la terre par respect. Le monarque, âgé d'environ quarante ans, est noir, comme le sont tous les habitans de la Nubie, mais bien fait, & d'une taille majestueuse. Il étoit assis sur un lit fait en forme de canapé, les jambes croisées, & environné de plusieurs vieillards dans la même attitude au-dessus de lui. Son vêtement consistoit en une robe de soie brodée d'or, une écharpe de toile très-fine, & un turban bleu. Les vieillards étoient habillés à peu près de même. Un d'entr'eux, qui nous parut être le premier ministre, se tenoit debout à l'entrée du salon, portoit la parole au nom du roi, & nous répondoit de sa part. Nous saluâmes le prince une seconde fois; & nous lui présentâmes quelques curiosités d'Europe, qu'il sembla recevoir avec assez de plaisir. Il nous parla du sujet de notre voyage; & nous crûmes remarquer en lui beaucoup d'attachement & de respect pour le roi de Portugal. Après trois quarts d'heure d'audience, nous nous retirâmes, en faisant les mêmes salutations. Il nous fit accompagner par ses gardes jusques dans la maison où nous devions loger; & il nous envoya de grands vases remplis de beurre, de miel, & d'autres rafraîchissemens, avec deux bœufs & huit moutons.

Le roi de Sennar va deux fois par semaine dîner dans une de ses maisons de campagne, qui est à une lieue de la ville; & voici l'ordre qu'il tient dans sa marche. Trois cens cavaliers, montés sur des chevaux superbes, paroissent d'abord. Le monarque, qui ne se montre jamais en public, que le visage couvert d'une gaze de soie, vient ensuite, environné d'un grand nombre de valets-de-pied, & de ses soldats armés, qui chantent à haute voix ses louanges, en s'accompagnant du tambour de basque. Sept à huit cens filles ou femmes marchent pele-mêle avec les hommes, & portent sur leur tête de grands paniers, qui repréfentent toutes fortes de fleurs. Ces paniers couvrent des plats remplis de viandes & de fruits tout préparés, qui doivent être servis sur la table du roi. Deux ou trois cens cavaliers, montés comme les premiers, suivent le même ordre, & ferment la marche.

Le prince se met à table dès qu'il arrive. Son amusement ordinaire, après le repas, est de proposer des prix à ses courtisans, & de tirer au blanc avec eux, en se servant du fusil, dont ils n'ont cependant pas encore un grand ufage. Après avoir paffé une grande partie du jour à cet exercice, il retourne à la ville, accompagné de fon même cortege. Ce font proprement là fes momens de récréation ; le refte du tems eft employé à tenir confeil, à régler les affaires de fon royaume, à rendre la juftice à fes peuples,&c. On ne cherche point à prolonger les procès : un criminel eft à peine arrêté, qu'on le préfente au juge, qui l'interroge & le condame à mort, s'il eft coupable & convaincu d'un crime capital. La fentence eft exécutée dans l'inftant : on renverfe par terre le malfaiteur, & on le frappe à coups de bâton fur la poitrine, jufqu'à ce qu'il expire. A la mort du roi de Sennar, le grand confeil s'affemble, &, par une coutume également déteftable & barbare, fait égorger les freres du prince qui doit monter fur le trône.

On tient tous les jours ici, dans une place qui eft au milieu de la ville, un grand marché, où les denrées fe vendent au plus bas prix. Un bœuf ne coûte que cinquante fols, un mouton quinze, une poule douze deniers, le reste à proportion. La monnoie la plus basse vaut, à peu près, le quart d'un liard de France : c'est un petit morceau de fer de la figure d'un T. Le fadda, qui vient de Turquie, est une piece d'argent fort mince, qui ne vaut que deux sols. On se sert encore de réaux & de piastres d'Espagne, qui doivent être rondes; car les quarrées ne passent point dans le commerce. Ces piastres valent environ quatre francs de notre argent.

Il est un autre marché, où l'on expose les esclaves. Ils sont assis à terre, les jambes croisées, les hommes & les garçons d'un côté, les femmes & les filles de l'autre. Les plus chers, c'est-à-dire, les plus vigoureux parmi les hommes, les plus jolies, les mieux faites d'entre les femmes, coûtent à peine dix écus de France. Aussi les marchands d'Egypte en enlevent-ils, tous les ans, un très-grand nombre. Les autres marchandises de ce pays sont la civette, le tamarin, les dents d'éléphans, le tabac & la poudre d'or.

La civette, comme vous savez, est un animal de la taille d'un chat, ou d'une grosse fouine, dont on tire un parfum, auquel on donne le nom de l'animal qui le porte. On en éleve beaucoup dans ce pays-ci; & il y a des particuliers qui en nourrissent jusqu'à trois ou quatre cens. On leur donne du bœuf crud, & une espece de potage au lait. Pour en tirer le parfum, on racle proprement une matiere onctueuse, qui sort de leur corps avec la sueur; & on la renferme avec soin dans des cornes de bœuf, qu'on tient bien bouchées. Elle a, lorsqu'elle est nouvelle, la consistance du miel & la couleur blanche; mais elle jaunit & brunit même en vieillissant. On en fait un grand usage dans tout le levant; & les parfumeurs d'Europe l'emploient aussi dans le mélange de leurs aromates. L'odeur de la civette, quoique violente, est plus suave que celle du musc; mais l'une & l'autre ont passé de mode, depuis qu'on a connu l'ambre gris, ou plutôt, depuis qu'on a su le préparer.

Les marchandises qu'on apporte au royaume de Sennar, sont des épiceries, du papier, du laiton, du fer, de la clinquaillerie, des anneaux & des grains de verre, du vermillon, & un certain noir dont les femmes se peignent les paupieres & les sourcils. Les négocians du pays font un gros commerce du côté de l'orient, & principalement à Surate, d'où ils rapportent des marchandises des Indes ; & ils emploient ordinairement deux ans à ce voyage.

Le pain de froment n'est point du goût des habitans de Sennar : ils n'en font que pour les étrangers. Celui dont ils se servent est de dora : c'est le nom qu'ils donnent à un petit grain rond, dont ils composent aussi une espece de bierre épaisse & de mauvais goût : ce pain est assez bon, quand il est frais ; mais au bout d'un jour, il devient insipide ; & il n'est plus possible d'en manger. C'est une sorte de gâteau fort large, de l'épaisseur d'un écu. A l'égard de la bierre, elle se prépare de la maniere suivante. On fait rôtir au feu la graine de dora ; on la jette ensuite dans l'eau froide ; & après vingt-quatre heures, on boit cette infusion. Comme elle ne se conserve pas, on est obligé d'en faire à toute heure. Un homme qui a du pain de dora, & une

Suite de l'Abissinie.

calebasse pleine de cette désagréable liqueur, dont il boit jusqu'à s'enivrer, se croit heureux, & fait bonne chere. Cette légere nourriture n'empêche pas que ces gens-ci ne soient plus robustes & plus forts que les Européens. L'eau-de-vie, le vin, l'hydromel même leur sont défendus; & ils n'en boivent qu'en cachette. Ils ont, ainsi que nous, l'usage du caffé.

Ils ne sont magnifiques, ni dans leurs logemens, ni dans leurs meubles, ni dans leurs habits. Les femmes de qualité ont une robe de soie ou de toile de coton, avec de larges manches qui pendent jusqu'à terre. Leurs cheveux sont tressés & chargés d'anneaux d'argent, de cuivre, d'ivoire, ou de verre. Leurs bras, leurs jambes, leurs oreilles, leurs narines même en sont couverts; & elles ont aux doigts plusieurs bagues de pierres communes. Leur chaussure consiste en une simple semelle, qu'elles attachent aux pieds avec des cordons. Les femmes & les filles du commun ne sont vêtues que depuis la ceinture jusqu'aux genoux.

Les chaleurs, insupportables dans ce pays pendant quatre mois de l'année, commencent en janvier, & finissent en avril. Elles sont suivies de pluies abondantes, qui durent trois autres mois, & causent, parmi les hommes & les animaux, de fréquentes maladies. Il est vrai que c'est presque toujours la faute des habitans : ils négligent de faire écouler les eaux, qui, en croupissant, se corrompent, & répandent des vapeurs malignes. Je n'ai rien d'avantageux à vous apprendre touchant le caractere de ces peuples : ils sont fourbes, superstitieux, & si attachés au mahométisme, que lorsqu'ils recontrent un chrétien dans les rues, ils ne manquent jamais de prononcer leur profession de foi, & de dire tout haut : « Il n'y a qu'un Dieu ; & Mahomet est » son prophete ».

Après avoir demeuré quelque tems à la cour du roi de Sennar, il nous donna une sauve-garde, pour nous conduire & nous défrayer jusqu'aux états de celui de Dongale, son tributaire. On trouve peu de villages sur cette route ; mais les habitans, qui campent sous des tentes, fournissent des vivres aux voyageurs. Nous passâmes d'abord par de grandes plaines très fertiles & parfaitement cultivées, d'où nous entrâmes dans des forêts d'acacias, dont les arbres étoient chargés de fleurs, qui répandoient une odeur délicieuse. Ces bois font pleins de petits perroquets, & d'un grand nombre d'oiseaux d'un plumage très-varié. Nous nous arrêtâmes près d'un petit fort, dont le gouverneur est chargé d'examiner si, dans les caravanes qui viennent d'Egypte, personne n'a la petite vérole; car cette maladie n'est pas moins dangereuse dans ce pays, que la peste l'est en Europe.

Quand nous fûmes à la vue de Dongale, notre conducteur alla demander au roi la permission d'y entrer. Nous étions dans un village qui sert de fauxbourg à la ville; & nous passâmes le Nil, dans un grand bateau que le prince entretient pour la commodité du public. Les marchands paient un droit; mais les passagers en sont exempts. La ville de Dongale est située sur le penchant d'une colline seche & sablonneuse, au bord oriental de cette riviere. Les maisons sont mal bâties, les rues à moitié désertes & remplies de sables, que les ravines y entraînent de la montagne. Le château, qui occupe le centre, est grand & spacieux, mais mal fortifié; il sert à contenir les Arabes qui habitent la campagne, & qu'on souffre dans le pays, moyennant un léger tribut qu'ils paient au roi.

Ce prince nous fit l'honneur de nous inviter à manger avec lui, mais à des tables séparées. Dans la premiere audience qu'il nous donna, il étoit vêtu d'une veste de velours verd, qui traînoit jusqu'à terre. Sa garde étoit nombreuse: ceux qui étoient près de sa personne, portoient une longue épée devant eux dans le fourreau; les gardes du dehors avoient des demi-piques. Il vint nous voir dans notre tente, & se montra favorable à toutes les demandes que lui fit l'ambassadeur, relativement à sa commission.

Ce qu'on trouve ici de plus extraordinaire, c'est un poison si violent, qu'un seul grain, dit-on, fait périr un homme dans l'instant; & si on le partage entre dix personnes, elles meurent toutes en moins de quatre heures. On n'en vend qu'aux étrangers; & l'on force ceux qui en acheent, de jurer qu'ils n'en feront jamais ufage dans le pays. Ils font, de plus, obligés de donner au roi la même fomme, qu'à celui qui le leur vend. On fait couper la tête à quiconque eft convaincu d'en avoir délivré à l'infçu du monarque.

Nous partîmes de Dongale, pour nous rendre dans le royaume de Soudain. Deux ans auparavant, tout l'efpace qui fépare ces deux états, avoit été ruiné par la pefte. Elle y avoit fait un fi grand ravage, que nous trouvâmes plufieurs villages fans habitans, & de grandes campagnes, autrefois très-fertiles, abfolument incultes & abandonnées. La guerre eft un autre fléau qui défole cette contrée. Les deux rois ne font jamais en paix; & tout fe reffent ici de ces éternelles divifions. Les maifons font de terre, & couvertes de paille. Les habits confiftent en une vefte mal-propre & fans manches, & la chauffure en une femelle de cuir ou de bois, attachée avec des courroies. Les gens du commun s'enveloppent d'une piece de toile, qu'ils mettent autour du corps de cent manieres différentes. Les hommes ne vont nulle part, sans être armés d'une lance; & ceux qui ont des épées, les portent pendues à leur bras gauche. Les juremens, les blasphêmes sont fort en usage parmi ces peuples grossiers, chez lesquels on ne remarque ni religion ni pudeur; & quoiqu'ils suivent la loi de Mahomet, ils n'en savent que la profession de foi, qu'ils ont sans cesse dans la bouche. Il n'y a pas long-tems que ce pays étoit chrétien; la foi ne s'y est éteinte, que parce qu'il ne s'est trouvé personne qui eût assez de zele pour l'entretenir. On voit encore, sur la route, des hermitages & des églises à demi ruinés. On ne se sert point d'argent dans ce royaume : tout s'y vend par échange, comme dans les premiers tems. Avec du poivre, du girofle, de l'étoffe, &c, les voyageurs achetent des vivres. Les marchands d'Egypte viennent y chercher de l'or & des esclaves.

Je suis, &c.

A Soudain, ce 18 Novembre 1752.

LETTRE CLXI.

LA NIGRITIE.

SOUDAIN étoit le terme du voyage de Don Juan de l'Hermès. Il devoit y attendre l'arrivée du marquis de Spiola, que la cour de Lisbonne avoit envoyé, pour pareille commission, chez plusieurs rois de la Nigritie. Ces deux ministres devoient s'embarquer ensemble sur la mer Rouge, & se rendre, l'un à Goa, en qualité de président du conseil, l'autre à Mosambique, pour y reprendre ses fonctions de gouverneur. La maladie de Don Juan ayant, comme je l'ai dit, retardé notre départ d'Ethiopie, le marquis arriva le premier ; & sans nous attendre, il descendit le Nil jusqu'aux confins du royaume de Nubie. De là il se rendit à Homol, sur le golphe arabique, pour y faire travailler aux préparatifs de notre embarquement. Il eut la précaution de laisser un homme à Soudain, pour nous instruire de sa marche, & nous inviter [à] le suivre, assurant que tout seroit pr[êt] pour notre départ, lorsque nous arri[-]verions à Homol. Il nous tint parole, & nous n'eûmes que le tems d'entre[r] dans le vaisseau qui nous attendoi[t.] C'étoit, Madame, pour la second[e] fois, que je me trouvois sur cette mer où rien ne troubla notre navigation. Nos deux troupes réunies se racon-toient mutuellement les diverses cir[-]constances de leur voyage; mais d[e] tous les récits que j'ai entendu fair[e] sur la Nigritie, je m'en tiens à celu[i] du marquis de Spiola, que je vou[s] rends d'après lui-même.

« La Nigritie est une des plus vaste[s]
» contrées de l'Afrique, & en même
» tems une des moins connues. Ell[e]
» confine à l'Abissinie & à la Nubie,
» autrement dit le royaume de Sennar,
» qui la bornent à l'orient; & elle tire
» son nom, ou de la couleur noire de
» ses habitans, ou du fleuve Niger, qui
» la traverse dans toute son étendue,
» & la rend assez fertile. Ce pays,
» séparé du reste du monde par des
» déserts arides, par des montagnes
» escarpées, étoit encore ignoré à la

»fin du dixieme siecle. Un mahomé-
»tan, que le hazard avoit alors con-
»duit en Barbarie, réfolu de con-
»noître toutes les parties de l'Afri-
»que, traverfa les déferts, franchit les
»montagnes; & fa curiofité, fecondée
»par fon courage, lui faifant furmonter
»tous les obftacles, il arriva enfin dans
»la Nigritie, où, avant lui, aucun
»voyageur n'avoit pénétré. Les habi-
»tans, dont le nombre étoit incroya-
»ble, n'avoient ni loix, ni mœurs, ni
»gouvernemens, ni religion. On ne
»voyoit parmi eux ni rois, ni princes,
»ni magiftrats; ils vivoient dans une
»parfaite égalité. Contens des produc-
»tions du climat, ils ne cherchoient
»point à faire des conquêtes. Les uns
»cultivoient la terre; les autres gar-
»doient les troupeaux. Ils s'affem-
»bloient dix ou douze, tant hommes
»que femmes, pour paffer la nuit dans
»une cabane; & chaque homme pre-
»noit la femme qui lui convenoit, parce
»qu'elles étoient toutes en commun.
»Les enfans l'étoient de même; &
»toute une peuplade ne formoit qu'une
»feule famille.

» Un des premiers rois de Maroc

» poussa ses conquêtes jusques dans cette
» contrée, & la soumit peu de tems après
» qu'elle eût été découverte. Les Ly-
» biens s'en rendirent maîtres ensuite, &
» y porterent leur religion, qui étoit le
» mahométisme. Ils y établirent leurs
» loix, leur commerce & leur langue.
» Les Negres, impatiens de la domi-
» nation de ces étrangers, résolurent
» de secouer le joug. Un des braves
» du pays de Tombut, se mit à la tête
» d'un parti, & massacra leur nouveau
» roi. Appellant ensuite autour de lui
» ses compatriotes, il leur montra son
» poignard, teint du sang de leur sou-
» verain; & son crime fut à leurs yeux
» l'action d'un héros digne de régner.
» Ils le proclamerent roi de Tombut;
» & s'étant réunis sous ses ordres, ils
» égorgerent ou chasserent les Lybiens.
» Leur exemple fut suivi dans tous les
» autres cantons; & les différens trônes
» de cette contrée ne furent plus
» occupés que par des Negres. Ils
» conserverent les loix, la religion, le
» gouvernement établis par leurs pre-
» miers maîtres; & c'est de là que prit
» naissance cette multitude de petits
» royaumes qui partagent la Nigritie,

» &

» & dont tous les habitans font profes-
» sion du mahométisme. On assure que
» plusieurs de ces états ont été conquis
» par l'empereur de Maroc, & sont au-
» jourd'hui gouvernés par des pachas.
» Quoi qu'il en soit, voici ce que j'ai
» pu apprendre de la plupart de ces
» différens pays, que l'usage a hono-
» rés du titre de royaume.

» On nomme Goaga une petite con-
» trée habitée par un peuple barbare,
» qui vit, dans la montagne, du produit
» de ses troupeaux. Après avoir joui
» long-tems de sa liberté, il fut asservi
» par un de ses compatriotes. Cet
» homme étoit au service d'un mar-
» chand Egyptien; & un jour qu'il
» n'étoit pas éloigné de sa patrie, il
» égorgea son maître, prit son ar-
» gent, & s'en revint dans son
» pays. Les richesses que son crime
» lui avoient procurées, éveille-
» rent son ambition; il acheta des
» chevaux & des esclaves, assembla
» plusieurs brigands, se mit à leur
» tête, & fit des excursions sur les
» peuples voisins. N'ayant à com-
» battre que des hommes foibles & sans
» armes, il revenoit toujours chargé

» de dépouilles, qu'il changeoit
» pour des chevaux & pour des escla-
» ves. Enfin, le nombre de ses sol-
» dats devint si considérable, que les
» Goagois se voyant hors d'état de
» lui résister, le reconnurent pour leur
» souverain. Son fils hérita de son cou-
» rage & de sa puissance, & transmit
» à ses descendans un royaume, qu'ils
» ont eux-mêmes considérablement
» augmenté.

» Celui de Bournon abonde en bled
» & en troupeaux; & les habitans sont
» presque tous pasteurs. Le roi entre-
» tient trois mille hommes de cava-
» lerie, & une infanterie encore plus
» nombreuse, toujours prêtes à le suivre
» à la guerre, au moindre signe de sa
» volonté. Ses revenus consistent dans
» la dixme qu'il perçoit sur la récolte,
» & dans le pillage qu'il fait sur ses
» ennemis. Il tire ses chevaux de
» Barbarie; & il est dans l'usage de ne
» les payer qu'en esclaves. Les mar-
» chands sont obligés d'attendre qu'il
» soit de retour de ses expéditions; mais
» dans cet intervalle, ils sont nour-
» ris aux dépens du monarque. On
» prétend qu'il possede des richesses

» immenses ; que ses étriers, ses épe-
» rons, ses armes, sa vaisselle, les
» mords de ses chevaux, & jusqu'aux
» chaînes avec lesquelles il attache ses
» chiens, sont de pur or.

» On trouve aussi beaucoup de ce
» métal dans un canton du royaume de
» Guengara ; mais comme on ne peut y
» arriver que par des chemins impra-
» ticables aux chameaux, on voiture
» les marchandises qu'on y échange,
» sur le dos des esclaves. Ces mal-
» heureux, quoique chargés presque
» au-delà de leurs forces, font tous
» les jours sept ou huit lieues ; il y en
» a même qui vont & reviennent le
» même jour. Outre ces marchandises,
» on les force de porter encore la
» nourriture de leurs maîtres, & celle
» des soldats qui les escortent.

» Les royaumes, ou, pour parler
» plus convenablement, les districts de
» Zanfara, de Zegzeg, de Casena,
» font aujourd'hui partie de la sou-
» veraineté de Tombut, dont celui
» de Cano est devenu tributaire, de
» même que ceux d'Agades, de Ginea,
» de Melli, de Guber, & de Gualata.
» Celui de Gago tire son nom d'une

» ville qui est, pour ainsi dire, le
» rendez-vous de toutes les marchan-
» dises de l'Afrique septentrionale. On
» y amène des draps de Barbarie, &
» des esclaves de tout âge & de tout
» sexe, des chevaux, des épées, des
» éperons, des brides, &c; & l'or y
» est si commun, que tout s'y vend
» quatre fois plus cher qu'en Europe.
» Ces petits rois, tout petits qu'ils
» sont, ont un despotisme absolu dans
» leurs états. Ils sont maîtres de la vie
» & de la liberté de leurs sujets: nul
» ne pourroit s'opposer à leur volonté,
» sans encourir sur le champ une mort
» certaine.

» De tous ces pays, Tombut est le
» seul à qui on puisse raisonnablement
» donner le titre de royaume, par son
» étendue & par sa puissance. Il y a
» dans sa capitale, qui porte le même
» nom, une infinité de marchands,
» d'artistes & de fabriquans de toile
» de coton. On y apporte même des
» draps d'Europe; & il s'y fait un si
» grand commerce, que tous les ha-
» bitans en général y sont fort riches.
» Mais on prétend que le roi de Tom-
» but, auquel presque tous ses voisins

» paient tribut, est tributaire lui-même
» de l'empereur de Maroc. Quoi qu'il
» en soit, sa cour est la plus magnifique
» de la Nigritie. Lorsqu'il fait un voyage,
» ou qu'il va à la guerre, son chameau
» est conduit par les plus grands sei-
» gneurs. Ses peuples ne l'abordent
» jamais sans se prosterner : les
» étrangers, les ambassadeurs même
» ne sont pas exempts de cette humi-
» liante cérémonie. On ne voit tous ces
» rois, que lorsqu'on a besoin d'eux ;
» parce que chaque fois qu'on veut
» leur parler, il faut les prévenir par
» des présens, sans quoi ils se croi-
» roient insultés ; & loin d'en rien ob-
» tenir, on ne feroit que les indisposer.
» Ces présens consistent ordinairement
» en eau-de-vie, en quelques armes,
» quelques pieces d'étoffes, & sur-tout
» dans quelques mouchoirs des Indes
» pour leurs femmes ou pour leurs
» maîtresses qui en sont fort curieuses.
» Alors ils reçoivent avec bonté nos en-
» voyés, leur témoignent leur satisfac-
» tion, & se font un plaisir & même un
» point d'honneur d'accorder ce qu'on
» leur demande. Si l'on manque de pa-
» role à l'un d'eux, ils en sont tous of-

» fensés, & ne se font plus de scru-
» pule de vous tromper.

» Le roi de Tombut ne souffre aucun
» juif dans ses états : sa haine, à leur
» égard, est poussée si loin, que si
» quelqu'un de ses sujets entretient
» commerce avec eux, tous ses biens
» sont confisqués. Les plus notables de
» ce royaume, jadis toujours guerrier,
» toujours victorieux, sont les juges, les
» docteurs & les prêtres, tous gens,
» comme vous voyez, avec lesquels le
» monarque ne remporteroit plus de
» victoires, comme autrefois, ni ne
» rendroit ses voisins tributaires. En
» revanche, ils paroissent fort animés
» de l'amour des lettres ; j'en ai du
» moins ainsi jugé, par la prodigieuse
» quantité de livres & de manuscrits
» que les Arabes leur apportent. C'est
» la marchandise qu'on estime aujour-
» d'hui le plus dans le pays, & qui se
» vend le plus cher. La monnoie cou-
» rante consiste en de petites coquilles
» qui se tirent de Perse : il en faut qua-
» rante pour faire un grain d'or.

» On assure que ce métal est si com-
» mun dans ce royaume, que pour
» peu qu'on y remue la terre, on en
» trouve par-tout sous ses pas. La

» plupart des rivieres qui descendent
» de l'Est, en entraînent avec elles en
» poudre & en grain, sur-tout après
» les grandes pluies & les déborde-
» mens. On l'appelle or de la vase, à
» cause de la maniere dont les Negres
» le séparent de la terre. Il n'est pas
» nécessaire de la creuser bien avant; il
» ne faut qu'en racler la superficie, la
» laver dans une sebile, & en verser
» l'eau par inclinaison, pour avoir
» au fond l'or en poudre, & sou-
» vent même des grains considérables.
» Cette façon d'exploiter les mi-
» nes, est cause qu'on ne découvre
» que l'extrêmité des rameaux, sans
» aller au sillon principal. Il est vrai
» que ces rameaux sont, pour l'ordi-
» naire, si riches, & d'un or si pur,
» qu'il ne faut ni le piler, ni le fondre
» pour le mettre en œuvre. La terre
» qui le produit, n'est ni dure, ni difficile
» à creuser; & dix hommes peuvent y
» faire plus d'ouvrage, que deux cens
» dans les plus riches contrées du
» Pérou & du Brésil.

» Les Negres ne connoissent point les
» terres où il y a plus ou moins d'or : ils
» savent, en général, qu'on en trouve

» presque par-tout; & quand ils rencon-
» trent quelque veine abondante, ils s'y
» arrêtent, & continuent d'y travail-
» ler, jusqu'à ce qu'elle cesse de pro-
» duire, ou qu'elle diminue sensible-
» ment. Ils la quittent alors, & en
» cherchent une autre. Ils croient que
» l'or a la malice de changer de
» place, & de se cacher, quand on
» va pour le recueillir ; & sur ce
» préjugé, s'ils n'en trouvent point
» dans un endroit, ils disent tranquil-
» lement, qu'il s'est enfui, & vont
» ailleurs. Lorsque, sans beaucoup de
» travail, ils retirent beaucoup d'or,
» ils fouillent à quelques pieds de pro-
» fondeur, & ne vont pas plus loin,
» non que la veine diminue ; ils avouent
» au contraire, que s'ils creusoient plus
» avant, elle deviendroit plus abon-
» dante ; mais ils sont trop paresseux,
» pour continuer un travail pénible.
» D'ailleurs, ils n'ont ni l'invention des
» échelles, ni les instrumens néces-
» saires pour étayer les terres, &
» prévenir les éboulemens.

» Il n'est pas permis à tous les particu-
» liers de chercher de l'or où bon leur
» semble, ni quand il leur plaît. Cela dé-

» pend abfolument de la volonté du fou-
» verain. Il fait avertir fes fujets, que
» tel jour on exploitera telle mine ; &
» chacun fe rend au lieu convenu. Les
» uns fouillent, les autres tranfportent
» la terre ; ceux-ci apportent l'eau,
» ceux-là délayent & lavent la ma-
» tiere ; d'autres gardent l'or que l'on
» tire , & obfervent fi les laveurs
» n'en dérobent pas quelque partie. Le
» travail achevé, on partage ce qu'on
» a recueilli, après que le fouverain a
» pris ce qu'il a voulu. Comme cette
» contrée ne produit prefque que de
» l'or, il fert aux habitans pour fe pro-
» curer tout ce qui eft néceffaire à la
» vie. On leur fournit les marchandifes
» dont ils ont befoin ; & dans le fein
» même de la ftérilité, on voit régner la
» fécondité & l'abondance.

» Au nord de la Nigritie, eft le vafte
» défert de Sara, qui, du levant au
» couchant, a plus de huit cens lieues,
» & près de quatre cens, du feptentrion
» au midi. Ce pays, que les Latins
» appelloient défert de Lybie, eft plat,
» fablonneux & ftérile. Les caravanes
» qui le traverfent, font obligées de diri-

» ger leur marche avec la boussole. La
» disette d'eau en a fait périr plusieurs;
» d'autres ont été ensevelies sous le sa-
» ble. On y voit néanmoins une Ville
» nommée Tagazis, qu'on dit être fer-
» mée de murailles, mais où il n'y a ni
» commerce, ni police. On prétend
» que les femmes y ont la principale au-
» torité; cependant le roi de Maroc y
» tient un gouverneur & une garnison.
» Tagazis est située dans la partie occi-
» dentale du désert : les habitans y sont
» fort pauvres : le territoire ne pro-
» duit que du millet, des dattes, &
» quelques olives.

» Les peuples répandus dans le dé-
» sert de Sara, sont un mêlange de
» Maures & d'Arabes. Les premiers
» sont originaires de Barbarie ; les au-
» tres descendent de ces anciens Ara-
» bes, qui conquirent l'Afrique du
» tems des califes. On leur donne à
» tous le nom de maures ; & on les
» divise en plusieurs tribus, qui ne
» reconnoissent point de souverains.
» Chacune forme une petite républi-
» que, gouvernée par un chef, qui est
» ordinairement le plus riche de la
» tribu. Leurs villages ne sont qu'un

» assemblage de tentes rangées en cer-
» cle, dont le centre est occupé la
» nuit par les bestiaux. Des sentinelles
» veillent autour du camp, pour ga-
» rantir l'habitation des surprises de
» l'ennemi, des voleurs, ou des bêtes
» féroces. Quand le bétail a consommé
» tous les pâturages d'un canton, on
» va s'établir dans un autre : on met
» les femmes & les enfans dans des
» paniers, sur le dos des chameaux; les
» meubles & les tentes sont portés par
» des bœufs; & les hommes, mon-
» tés sur des chevaux, conduisent la
» troupe. Cette vie errante n'est pas
» sans agrément. Elle leur procure sans
» cesse de nouveaux voisins, de nou-
» velles commodités, de nouvelles
» perspectives. C'est la vie des anciens
» patriarches : on ne se dérobe point
» à la douce illusion que présentent de
» tels objets. On oublie son siecle &
» ses contemporains; & l'on se rap-
» pelle ces tems fortunés, tems de
» l'amour & de l'innocence, où les
» hommes étoient simples, & vivoient
» heureux & contens.

» Ceux-ci professent le mahométis-
» me, mais ils n'ont ni mosquées, ni

» lieux fixes pour leur culte. Ils prient
» où ils se trouvent, en observant les
» heures prescrites par la loi. Leurs
» prêtres se nomment Marabouts; à
» leur contenance grave & modeste, à
» leurs discours, qu'ils commencent &
» finissent toujours par le nom de
» Dieu, vous les croiriez les plus reli-
» gieux de tous les hommes ; mais
» lorsqu'on les met à l'épreuve, sur-
» tout dans les affaires de commerce,
» on ne trouve que de l'hypocrisie, de
» l'avarice, de la cruauté, de l'ingra-
» titude, de la superstition, de l'igno-
» rance, sans aucun principe de vertu
» morale, ou même d'honnêteté natu-
» relle. Ce sont les pharisiens du maho-
» métisme.

» L'habillement de ces peuples ap-
» proche assez de celui des sauvages.
» La plupart n'ont qu'une peau de
» chevre autour des reins ; les plus
» riches se couvrent d'une chemise,
» avec des hautes-chausses qui leur
» descendent sur les talons. Par-dessus
» tout cela, est une grande casaque
» sans boutons, liée avec une ceinture
» qui leur fait deux ou trois fois le tour
» du corps. Les femmes ont une che-

» mife de coton, & par-deſſus une
» piece d'étoffe rayée, en maniere
» d'écharpe. Une partie de leurs che-
» veux eſt relevée ſur la tête; l'autre
» eſt liée par-derriere, & leur tombe
» ſur la ceinture. Leurs boucles d'o-
» reilles ſont plus grandes ou plus pré-
» cieuſes, à proportion de leurs richeſ-
» ſes. Elles ont des bagues à chaque
» doigt, des bracelets aux jointures
» du bras, des chaînes & d'autres
» anneaux à la cheville du pied. Si elles
» paroiſſent devant les étrangers, ce n'eſt
» que ſous un voile qui leur couvre les
» mains & le viſage. Jamais elles ne
» ſortent ſeules : les hommes même ont
» l'attention de détourner la vue lorſ-
» qu'ils les rencontrent ; & ils leur
» portent le plus grand reſpect. Ils
» s'abſtiennent ſur - tout de les expo-
» ſer en public, & veillent récipro-
» quement les uns les autres ſur leur
» conduite. Ils ne laiſſent entrer per-
» ſonne dans les lieux qu'elles occupent,
» & ont même très-grand ſoin de ne
» jamais faire mention d'elles, même
» avec leurs amis les plus intimes, per-
» ſuadés que la femme la plus honnête
» eſt toujours celle dont on parle le
» moins.

» Les filles ne portent qu'un morceau d'étoffe autour des épaules, & plus bas, une juppe de peau, coupée en plusieurs bandes, qui les couvre assez bien dans un tems calme, ou lorsqu'elles restent tranquilles ; mais la moindre agitation, le vent le plus léger, la met en désordre. Les Moresques ont le teint brun, mais les traits réguliers, de grands yeux noirs & brillans, la bouche petite, & les dents d'une extrême blancheur.

» L'occupation ordinaire de ces filles & de leurs meres, est de filer le poil de chevre & de chameau, qu'elles apprennent de bonne heure à mettre en œuvre, de fabriquer des étoffes, de préparer les alimens, de faire la provision d'eau & de bois. La propreté, qu'elles regardent comme leur premier devoir, est aussi le premier de leurs soins. La nature le leur impose ; leur santé le prescrit ; la loi le leur commande ; leur propre goût les y engage ; & la crainte de dégoûter leurs maris qu'elles aiment, & dont elles redoutent les froideurs, les y porte naturellement. Enfin, persuadées qu'il n'y a point d'objet

» plus dégoûtant qu'une femme mal-
» propre, elles croient ne bien faire
» que ce qu'elles font proprement.
» Aussi la premiere chose qu'elles de-
» mandent, dans les endroits où elles
» campent, c'est de l'eau pour se laver.
» Cet usage, que les femmes du peuple
» ne connoissent point encore dans
» nos villes, dont la paresse, ou une
» fausse pudeur éloigne nos bourgeoi-
» ses, qui n'est pratiqué que chez les
» femmes de condition & les courti-
» sanes, s'observe universellement,
» & sans exception, parmi les fem-
» mes & les filles du désert.

» Les maris, de leur côté, ont pour
» elles beaucoup de complaisance. Ils
» consacrent à leur parure presque
» tout ce qu'ils gagnent par leur com-
» merce & leur travail. Ils em-
» ploient tout l'or qu'ils appor-
» tent de la Nigritie, à leur faire
» des bracelets & des boucles d'oreil-
» les. Comme ils sont passionnés pour
» ce métail, & que la nature n'en
» produit point dans leur pays, ils
» font volontiers le voyage de Tom-
» but ; & la moindre espérance de
» gain les engage dans de longues

» courses, sans craindre ni la fatigue, ni
» les dangers. Il semble, dans ces voya-
» ges, que tout ce qu'ils trouvent en
» chemin leur appartienne. Amis, en-
» nemis, ils traitent tout le monde en
» vrais brigands. Semblables à ces navi-
» gateurs qui exercent tout à la fois le
» commerce & la guerre, ils se saisissent
» des Negres même qui trafiquent
» avec eux ; & s'ils ne les gardent
» pas pour leur usage, ils les vendent
» pour leur profit aux Européens, ou
» aux Maures de Fez & de Maroc ».

Le marquis de Spiola entra dans mille autres détails sur les mœurs & les coutumes de ces peuples : ce sont presque les mêmes que celles des Arabes, dont je vous ai parlé si longuement autrefois sous le nom de Bédouins. C'est la même maniere de camper, de voyager, de nourrir les bestiaux, de cultiver la terre, de conserver le grain, de prendre leurs repas, de vivre dans leur famille, d'enterrer leurs morts, &c. C'est le même respect pour leurs prêtres, le même amour pour leurs enfans, le même soin de leurs chevaux, le même attachement pour leurs femmes ; ce sont les mêmes fêtes, les mêmes amusemens, la même superstition, la même ignorance.

Je suis, &c.

A Mozambique, ce 23 décembre 1752.

LETTRE CLXII.

LE MONOMOTAPA.

Aucun des écueils, ou autres accidens de la mer Rouge, dont je crois, Madame, vous avoir déja parlé dans une occasion, né troubla notre navigation, ni l'attention que nous apportâmes au récit du marquis. Nous traversâmes, avec la même tranquillité, toute cette partie de l'océan, qui s'étend le long de la côte d'Ajan & du Zanguebar; & je me retrouvai, pour la seconde fois, à Mozambique.

Il part tous les jours, de ce fort, de petits bâtimens, pour différentes parties de l'Afrique, où les Portugais ont des établissemens. Un des moins éloignés est celui de Sena, sur le fleuve de Couama, ou de Zambesé, qui ouvre aux Européens l'entrée du Monomotapa. Cette proximité me procura l'avantage de connoître un pays, dont j'avois lu & entendu dire des choses extraordinaires. Quelques voyageurs, sans doute pour rendre leurs relations plus merveilleuses, ont représenté le palais du souverain comme un édifice d'une magnificence qui surpasse tout ce que l'Europe a de plus admirable dans ce genre. Les poutres & les lambris sont, à les croire, d'une sculpture finie, & couverts de plaques d'or merveilleusement ciselées. Il est vrai, ajoutent-ils, que les tapisseries ne sont que de coton; mais la vivacité des couleurs y dispute le prix à l'éclat de l'or qui enrichit l'intérieur de ce superbe bâtiment. Des meubles dorés, peints & émaillés, des chandeliers & de la vaisselle d'or massif, & une infinité de vases de porcelaine, entourés de rameaux d'or, semblables à des branches de corail, font une partie des beautés qui ornent les appartemens. Les dehors du palais sont fortifiés de tours & de donjons, dont la structure & la symmétrie produisent un effet admirable. Les jardins, les bosquets, les avenues, répondent, selon eux, à la grandeur de l'édifice, & à la majesté du maître auguste qui l'habite.

Voilà, en général, ce qui regarde le logement; à l'égard de la magnificence intérieure, on assure que l'empereur emploie chaque jour pour mille écus de parfums, & qu'il est toujours accompagné de cinq cens bouffons. Son habit est une robe de drap d'or à ramages, tissu dans le pays. Ce prince a neuf femmes, qui sont honorées du titre de reines, & dont chacune tient à part un état aussi brillant que celui du souverain, dont elles partagent l'autorité. Elles doivent être, ou ses sœurs, ou ses plus proches parentes ; & elles jouissent du revenu de plusieurs provinces assignées pour leur dépense. Aussi-tôt qu'il meurt une de ces épouses, on choisit celle qui doit lui succéder. La première a toujours le titre d'impératrice, & commande à toutes les autres. Les Portugais l'appellent leur mere, & lui font quantité de présens, parce qu'elle sollicite leurs intérêts à la cour. Le roi ne leur envoie jamais d'ambassadeurs, qui ne soient accompagnés de quelques officiers de cette princesse. A sa mort, le premier maître-d'hôtel a le droit étrange de nommer celle qui doit la remplacer, pourvu qu'il la prenne toujours parmi les parentes du monarque. Mille autres femmes, choifies dans les premieres familles du royaume, n'ont que le rang de concubines, ou d'époufes du fecond ordre ; ce font comme les dames d'honneur des neuf reines; & les dépenfes qu'elles font, font proportionnées à cette dignité.

Par ces defcriptions & cette magnificence imaginaire, on avoit excité ma curiofité qui fe trouva peu fatisfaite. Jugez de mon étonnement, quand, au lieu de ces édifices fuperbes, je ne vis que des maifons de bois, couvertes de paille. La capitale, qui porte le nom de cour (*Zimbaoe*) ; parce que le roi y fait fa réfidence, peut avoir une lieue de circuit; mais les bâtimens font fi éloignés les uns des autres, que s'ils étoient réunis, comme dans nos villes, ils n'occuperoient qu'un très-petit efpace. Le palais a neuf enceintes, formées par des clayes de bois, au lieu de murs. J'ai vu fa majefté impériale y faire ellemême travailler fes propres enfans; j'ai vu ces enfans auguftes, occupés à porter de la paille pour couvrir une maifon de bois que le prince venoit de faire bâtir. Il étoit vêtu alors de deux pieces d'étoffe, dont l'une lui formoit une écharpe ; & l'autre, attachée par derriere comme un manteau, defcendoit jufqu'aux jambes. Il porte communément à fa ceinture une petite hache, qu'on peut auffi appeller une beche; car tantôt il en fait une arme militaire, tantôt un inftrument de labourage ; occupation qu'il méprife fi peu, que je l'ai vu congédier un ambaffadeur Portugais, pour aller vaquer à la culture de fon champ. Son trône eft le feuil de fa porte, où il eft affis fur un degré, fans autre tapis qu'un filet de pêcheur. Ses appartemens n'ont point d'autres tapifferies ; & c'eft pourtant avec cet appareil modefte, que cette noire majefté fe fait fervir à genoux. Quand elle touffe, qu'elle crache, qu'elle fe mouche, qu'elle éternue, ou qu'elle bâille, on le fait auffi-tôt dans tous les quartiers de la ville. Ceux qui font préfens battent des mains en imitant l'action du monarque. D'autres qui l'entendent en font de même ; & cette farce, qui fe communique de l'un à l'autre, fe joue, prefqu'en même tems, dans toute la cité. Quand ce prince fort, il tient dans fa main fes flêches, fon arc, ou une lance, &

a toujours devant lui un homme qui bat du tambour, pour avertir le peuple que l'empereur passe. Sa cour a peu de grandeur & beaucoup de cérémonies.

Ce prince a réellement un grand nombre de femmes, dont plusieurs sont en effet ses sœurs ou ses parentes ; mais elles ne sont ni difficiles à nourrir, ni cheres à entretenir : quelques voiles de coton qu'elles filent & fabriquent elles-mêmes ; quelques grains de maïs qu'elles plantent, qu'elles cultivent & qu'elles apprêtent ; un grand hangard & quelques nattes, font leur logement, leurs meubles, leur habillement & leur nourriture. Les faveurs du maître ne mettent entr'elles aucune distinction ; au moment du besoin, il prend la premiere qui se présente ; le besoin passé, il n'a pas même l'air de la connoître, à moins qu'elle ne devienne mère ; alors on lui donne un appartement particulier, pour mettre au monde son enfant, le nourrir & l'élever. L'empire de la beauté n'a aucun droit, dans un lieu où regne la suprême laideur ; & dans cette cour noire & peu galante, on n'accorde aux femmes d'autre destination, que celle de satisfaire à un besoin de l'homme, & de lui donner des successeurs. Cette indifférence, pour un sexe par-tout adoré, prévient les intrigues, éloigne les cabales qui troublent, qui désolent les autres serrails. Ici on n'entend pas dire qu'une femme ait fait soulever les janissaires, ni qu'une favorite ait déplacé un grand-visir; mais que la jeune Addi a eu vingt coups de fouet, pour avoir négligé de filer son coton. O vous, dont les maîtresses des rois signent l'arrêt de proscription ou de mort dans les bras de leur amant, vous n'éprouveriez pas ce revers à la cour du roi de Monomotapa! Et vous, ambitieuses favorites, dont le cœur tend moins à l'amour, qu'à l'autorité du monarque, à peine, dans cette même cour, auriez-vous assez de crédit, pour faire châtier un simple esclave.

Les principaux officiers de l'empereur sont le gouverneur des royaumes, ou premier ministre; le colonel général, ou chef de la guerre; & le capitaine des gardes: j'ai déja nommé le premier maître-d'hôtel. Les charges de grand-maître de la musique, de chef des

des devins ou des forciers, de premier apothicaire, de grand portier & de chef de cuisine, sont remplis par les seigneurs du plus haut rang. Les cuisiniers inférieurs sont aussi des personnes de qualité. Aucun de ces officiers ne doit avoir plus de vingt ans, parce qu'on présume que jusqu'à cet âge, ils n'ont point encore eu de commerce avec les femmes. Celles-ci ne manquent pas d'entretenir le prince dans cette idée ; & le monarque lui-même feint d'en être persuadé, pour leur laisser du moins ce petit dédommagement, dans la continence forcée où il les tient. Après leurs services, ces jeunes gens sont élevés aux premieres dignités de l'état, comme les Ichoglans dans le serrail du grand-seigneurs.

L'origine, la succession & le nombre des empereurs du Monomotapa ne sont pas connus. Les Portugais prétendent que ces princes existoient dès le tems de la reine de Saba, & que c'étoit d'eux qu'elle tiroit ses trésors. D'autres les croient issus de la race des Mokarangis, qu'on regarde comme les plus braves de la nation. Leurs peuples n'ont jamais connu l'ufage de l'écriture; mais ils ont des traditions qui leur tiennent lieu de monumens hiftoriques. Ils font perfuadés que leurs empereurs paffent de la terre au ciel ; & dans cet état de gloire, ils les invoquent fous le nom de Muzimos, à peu près comme les catholiques honorent les faints. Ils adorent un Dieu ; mais ils croient auffi l'exiftence du diable, auquel ils attribuent, comme nous, beaucoup de malice. Ils ne connoiffent ni images, ni ftatues. La magie, le vol, l'adultere, font des crimes qu'ils puniffent rigoureufement. Ils ont autant de femmes qu'ils en peuvent entretenir ; & le refpect qu'on a pour elles eft fi grand, que fi le fils même du roi en rencontre une, il eft obligé de lui céder le pas, & de s'arrêter jufqu'à ce qu'elle foit paffée. Ces peuples commencent le mois à la nouvelle lune ; & ils le divifent en trois parties, chacune de dix jours: le quatrieme & le cinquieme de chaque divifion, font des jours de fête, & ceux où le prince donne fes audiences. Il a dans fa main un grand pieu, fur lequel il s'appuie ; & fe tient ainfi, pendant tout le jour, à la porte du palais. S'il est malade, c'est le premier ministre, ou chef du royaume, qui occupe sa place & exerce ses fonctions. Tous ceux qui ont à faire à ce tribunal, doivent se prosterner en y arrivant, & attendre, dans cette posture, la réponse du monarque, ou de son lieutenant.

Le jour de la nouvelle lune, l'empereur, environné de ses courtisans, & armé de deux lances, court dans le palais, comme s'il avoit dessein de combattre. Quand sa course est finie, on lui apporte un vaisseau plein de bled d'inde bouilli, qu'il répand à terre; & il ordonne à tous les grands seigneurs d'en manger. Ceux-ci se jettent dessus avec précipitation; & chacun en goûte pour faire sa cour, comme si c'étoit le mets le plus délicat. Mais la principale de toutes les fêtes, est celle de la nouvelle lune de mai. Tous les seigneurs, dont le nombre est fort grand, se rassemblent au palais, & donnent la représentation d'un combat devant le prince. Cet amusement dure tout le jour. Ensuite l'empereur disparoît, & est une semaine sans se faire voir. Durant cet intervalle, les tambours ne cessent de battre, & la fête se termine d'une maniere barbare; car le dernier jour, le monarque fait donner la mort aux seigneurs pour lesquels il a le moins d'affection, & les immole aux mânes de ses ancêtres. Alors les tambours cessent; & chacun rentre dans sa maison. Quelquefois, au lieu de la catastrophe terrible qui ensanglante cette fête cruelle, l'empereur se contente de se laver dans une cuve de vin qu'il fait boire à ses courtisans, pour les unir à lui, & montrer qu'il ne veut faire avec eux qu'un cœur & qu'une ame. Cette cérémonie se pratique au son des instrumens; & ensuite tout le monde se retire, la tête baissée, les jambes tremblantes.

On comprend, sous le nom de Monomotapa, toute cette partie de l'Afrique orientale, qui s'étend entre le fleuve de Zambesé & la riviere de Manica, autrement dite du Saint-Esprit, dans l'espace d'environ cent soixante lieues du midi au nord. Mais il s'élargit dans l'intérieur des terres, depuis les embouchures jusqu'aux sources de ces deux fleuves, qui en font une presqu'ifle. Ce pays, qui n'eſt guere moins grand que la France, eſt habité par les *Caffres*. Ce mot ſignifie *hommes ſans loi*, épithete injurieuſe que donnerent les premiers Arabes qui vinrent dans cette contrée, à tous les peuples qui n'étoient pas, comme eux, de la religion mahométane.

Le Zambeſé ſe jette dans la mer par pluſieurs embouchures ; mais ſa ſource en eſt ſi éloignée, ſi cachée, qu'on n'eſt pas encore parvenu à la découvrir. Comme toute l'attention des Portugais ſe borne à leur commerce, ils ſe contentent de porter d'une main une balance pour peſer l'or, de l'autre une aulne pour meſurer le drap, mais jamais d'inſtrumens pour connoître le cours des rivieres. Celle-ci a, comme le Nil, des cataractes qui coupent la navigation, & des débordemens réglés, qui engraiſſent & fertiliſent les terres. On l'appelle Zambeſé, du nom d'un village où elle paſſe, & Couama, du nom d'un fort ſitué ſur ſes bords. Ce fleuve, celui du Saint-Eſprit, & toutes les rivieres qui s'y déchargent, ſont célebres par le ſable d'or qui roule avec leurs eaux. Une grande partie de cette contrée jouit d'un air aſſez tempéré, & ne manque, ni de fécondité, ni d'agrément. On y trouve de grands troupeaux de moutons, dont les habitans emploient la peau pour ſe couvrir. Le long du Couama, le pays eſt montagneux, couvert de bois, & coupé par quantité de ruiſſeaux ; ce qui en rend la perſpective fort agréable : auſſi eſt-il le mieux peuplé ; & l'empereur y fait ordinairement ſa réſidence. Il eſt rempli d'éléphants, dont la chaſſe eſt un des amuſemens les plus ordinaires de ce monarque. Voici comment elle s'exécute.

Trois cavaliers, bien montés, ſe diſpoſent à attaquer la bête. Deux d'entre eux reſtent dans la plaine ; & un troiſieme épie le moment où l'éléphant vient ſe déſaltérer à quelque fleuve voiſin. Dès qu'il apperçoit l'animal, il va droit à lui, & pendant qu'il boit, le perce d'un coup de lance. L'éléphant bleſſé entre en courroux, & pourſuit l'aggreſſeur, qui l'attire dans la plaine. L'un des deux autres chaſſeurs s'empreſſe de délivrer ſon compagnon, en courant ſur l'animal, qu'il perce à ſon tour d'un nouveau coup de lance. La bête, oubliant le premier aggresseur, poursuit le second ; mais le troisieme cavalier, qui est encore frais, court sur elle, & lui décharge un troisieme coup, qui fait oublier le second. L'éléphant furieux, poursuit ce nouveau chasseur ; mais il perd une grande quantité de son sang, que sa colere fait ruisseler avec abondance. S'il conserve encore assez de force pour survivre aux trois attaques, le premier cavalier recommence son manege, & les deux autres le continuent, jusqu'à ce que l'animal tombe d'épuisement.

Cette chasse est dangereuse sur les terreins qui ne sont pas bien unis ; & j'ai été témoin d'un exemple terrible pendant mon séjour à Sena. Trois Portugais, ayant entrepris de tuer un éléphant, négligerent de faire applanir les taupinieres de la plaine. La chasse commença avec beaucoup de succès; mais le cheval du second agresseur ayant posé les deux pieds de devant dans un trou de taupe, s'abattit, & donna à l'éléphant le tems de joindre le Portugais. L'animal en fureur, se saisit du cavalier avec sa trompe, le jetta le plus haut qu'il put, & lui tendit une de ses dents pour le recevoir. Le cavalier, tombant de si haut sur cette pointe, en fut percé & comme empalé. L'éléphant eut la constance de le tenir dans cet état pendant un très-long espace de tems, tourné vers les deux autres chasseurs, & paroissant prendre plaisir aux cris inouis que poussoit ce malheureux.

On divise le Monomotapa en vingt-cinq provinces ou royaumes, qui appartenoient autrefois à un seul maître, mais dont plusieurs en ont été démembrés, & d'autres sont restés tributaires. De là vient qu'on donne au roi le titre d'empereur, parce qu'il compte plusieurs monarques parmi ses vassaux. Il fait élever leurs enfans dans sa cour, pour s'assurer de leur fidélité; & il entretient des armées, pour les tenir dans la soumission.

Les Portugais ont eu pendant long-tems plusieurs comptoirs dans ce royaume. Ils en ont même encore aujourd'hui, mais beaucoup moins; & ce sont les seuls Européens qui y commercent. Ils en tirent de l'or & des dents d'éléphants, & ont, sous le nom de foires, des lieux marqués, où les Caffres vont faire l'échange de leurs marchandises. Dans toutes ces foires, ils avoient des habitations, dont plusieurs n'existent plus. On voyoit, dans celle de Luane, une église & une maison de Dominicains, avec une ferme abondante en vaches, en riz & en volailles. Plusieurs fontaines arrosent cette même contrée, & y répandent la fertilité & la fraîcheur. On portoit beaucoup d'or à la foire de Bocuto; & l'on y trouvoit aussi quantité de rafraîchissemens, & toujours un couvent & une église de Jacobins.

Le bourg de Massapa, où se tenoit le principal marché de l'empire, est encore aujourd'hui la résidence d'un officier Portugais; & c'est le gouverneur de Mozambique qui le nomme, du consentement de l'empereur. On l'appelle le capitaine des portes, parce que ce lieu est comme la porte, ou le passage qui conduit aux mines d'or. Le prince donne à cet officier, le titre de sa grande femme; & tous les sujets du roi de Portugal qui habitent le Monomotapa, ont droit de prendre celui de femme de l'empereur. Personne n'a su m'apprendre l'origine de ces ridicules qualifications, ni quels en sont les privileges.

Non loin de Massapa, est une montagne très-riche en or, que les Caffres nomment Afura ou Ofur, & sur laquelle on voit les ruines de plusieurs édifices considérables. Suivant une tradition du pays, ce sont les restes des magasins de Salomon, ou de la reine de Saba, qui tirerent de cette montagne, dit-on, tout l'or dont ils enrichirent le temple de Jérusalem. Ces bâtimens étoient de pierres enchâssées les unes dans les autres avec beaucoup d'art. On prétend qu'ils sont l'ouvrage des Juifs qui formoient la flotte d'Ophir, & que ces édifices leur servoient de logemèns. Sans trop adhérer à cette opinion, il n'est pas absolument contre la vraisemblance, de croire que Salomon étendit son commerce jusqu'à la côte de Sofala. En supposant que ses vaisseaux partissent de la mer Rouge, où pouvoient-ils trouver des mines d'or plus voisines de la Judée ?

La ville de Sofala, ainsi appellée d'une riviere & d'une isle de ce nom, est la capitale d'un pays qui a dépendu long-tems du Monomotapa. Le prince qui le gouverne aujourd'hui, est tributaire du roi de Portugal, & fait profession de la religion mahométane. Au commencement du seizieme siecle, les Portugais bâtirent, sur cette côte, une forteresse qu'ils occupent encore, & qui les rend maîtres de tout le commerce de cette contrée. Les habitans de Sofala sont un mélange d'Arabes mahométans, de Caffres idolâtres, & de chrétiens Portugais. Ces derniers possedent encore les forts de Tété, d'Inhaquea, & celui de Sena, que j'ai déja nommé: c'étoient comme autant de riches comptoirs, où se faisoit autrefois le plus gros négoce de toute l'Afrique.

Une partie de ces foires, ainsi que celles de Dambarari & de Longoé, ont été ruinées par les Caffres, qui s'étant révoltés à la fin de l'autre siecle, massacrerent un grand nombre de Portugais, tant pour venger, disoient-ils, les injustices de ces étrangers envers l'empereur, qui les aimoit comme ses enfans, & leurs cruautés envers les Caffres, qui les traitoient comme leurs freres, que pour les punir de s'être

S vj

trop fait aimer des femmes du pays. Car, quoique peu délicats en amour, ces peuples ne laissent pas d'être susceptibles de jalousie. Ils sont, sur-tout, infiniment choqués de voir ces mêmes femmes leur préférer les Européens, dont la couleur leur paroît insipide. On nous a conservé le discours que fit un de ces Caffres à ses camarades, pour les exciter à la révolte. Cet homme, qui avoit été esclave des Portugais, s'étoit fait chrétien sous le nom de Moïse, & avoit, par des services essentiels rendus à son maître, obtenu sa liberté. Touché de voir ses compatriotes dans l'oppression, il leur adressa cette harangue, qui peut bien, en passant par les mains de l'historien, avoir acquis quelques ornemens qu'elle n'avoit point dans la bouche du negre. Pour rendre la vérité plus agréable, on aime à y mêler de la fiction. Quoi qu'il en soit, voici ce discours.

« Compagnons d'armes & freres
» d'infortunes, si vous aviez eu moins
» à souffrir de vos persécuteurs, j'au-
» rois pu jouir tranquillement du repos
» qui m'étoit accordé ; mais en vain
» me suis-je vu délivré de l'esclavage ;

» je n'ai point trouvé de douceur dans
» la liberté, parce qu'en l'obtenant,
» j'ai cessé de participer à votre mi-
» sere. Tandis que j'étois au même
» rang que vous, vil & misérable avec
» mes freres, je n'avois pas assez de sen-
» timent pour réfléchir sur notre mal-
» heureux sort; mais dix années de
» liberté m'ont mis en état d'en mieux
» juger. Je ne les ai point employées
» à mener, comme nos oppresseurs,
» une vie honteuse & méprisable, dans
» le luxe & dans la mollesse, mais à
» m'instruire de leur art, pour vous
» les faire connoître, & m'assurer
» moi-même, que ce n'est point la
» différence du génie, mais l'éducation
» & le seul hazard, qui donnent aux
» blancs cette supériorité dont ils abu-
» sent pour mépriser les noirs, &
» pour les fouler aux pieds. Mais quelle
» est donc cette supériorité, dont leur
» orgueil se vante ? Quel avantage pré-
» tendent-ils tirer de leur fade & dé-
» goûtante blancheur, sur la couleur
» noble & majestueuse que nous avons
» reçue de la nature ? Si la délicatesse
» est un mérite, nous avons la peau
» aussi douce que leur velours. Est-

» il question des qualités vraiment
» viriles ? Considérez vos tailles &
» vos forces ; en quoi vous surpassent-
» ils ? Qu'un blanc expose son visage
» aux vents ou à la chaleur du midi,
» y restera-t-il comme nos plus foi-
» bles enfans? Non, il sentira aussi-
» tôt quelque défaillance de cœur ; il
» se plaindra d'être suffoqué par l'air,
» & brûlé par le soleil.

» L'unique avantage de ces fiers
» tyrans, est d'être en effet plus heu-
» reux que nous. Ce n'est pas qu'ils
» soient plus sages ; mais ils ont plus
» d'art & d'industrie. Ils ne sont pas plus
» braves ; mais ils ont plus de finesse &
» d'artifice. Quand j'ai commencé à
» lire, j'ai appris, dans le plus saint
» de leurs livres, que tous les hom-
» mes sont l'ouvrage d'un même créa-
» teur, les descendans d'un même
» pere, & naissent tous avec la même
» liberté & les mêmes droits. C'est
» pourtant cette liberté, que de cruels
» oppresseurs veulent nous ravir, en in-
» troduisant parmi nous l'esclavage, le
» plus grand des outrages que l'homme
» puisse faire à la nature. Ils n'ont
» quitté leur patrie, que pour venir

» dévaster la nôtre, où, s'il nous laissent encore la vie, c'est qu'il leur est plus utile de nous réduire à la servitude. A peine ils ont connu la route qui conduit à nos contrées, que la terre n'a plus été, pour ainsi dire, qu'un vaste magasin, où des négocians barbares ont mis à l'encan jusqu'à l'homme même, & ont formé le plus nouveau & le plus monstrueux des commerces, en l'échangeant contre un vil métal. La servitude, tel qu'un volcan destructeur, a desséché, brûlé, englouti toutes les côtes de notre continent ; la liberté ramenera à sa suite l'abondance & le bonheur. Qu'on la rappelle dans ces climats, & bientôt une population heureuse remplira ces immenses déserts, où l'on ne voit aujourd'hui que des esclaves, des bêtes féroces, & quelques Européens souvent plus féroces qu'elles. L'homme est né libre : il est homme ; voilà le titre de sa liberté : titre inaltérable, titre supérieur aux attentats de la force, & au pouvoir des loix inhumaines établies par ces cruels persécuteurs. Ils nous croient d'une espece inférieure à la leur ; mais

» qu'ils apprennent que la plupart de
» nous font dignes de commander à
» leurs tyrans, & d'être les modeles
» de leurs maîtres. Intrépides dans les
» tourmens, j'ai vu les bourreaux dé-
» chirer leurs membres, fans altérer
» les traits de leur vifage. Braves dans
» les combats, ils ont verfé leur fang
» pour ces mêmes Européens, qui les
» accabloient du poids de leurs fers.

» J'ai lu dans le même livre, qui est
» la fource de la religion des blancs,
» qu'un peuple, cher à ce fouverain
» maître, s'étant trouvé réduit à l'ef-
» clavage fous des perfécuteurs tels que
» les vôtres, ingrats, fiers & fans pitié,
» un homme, choifi miraculeufement,
» lui fit ouvrir les yeux fur fon infor-
» tune, & fervit heureufement à fa
» délivrance. Cet homme, que je me
» fuis propofé pour modele, portoit
» le même nom que moi. Tout ce que
» vos tyrans vous ont fait effuyer
» & vous préparent encore, fe fait
» fentir à mon cœur; & voilà l'hé-
» ritage que vous allez laifler à vos
» enfans! Malheureux innocens, pour-
» quoi nous réjouiffons-nous à votre
» naiffance? Pourquoi fouriez-vous à

» vos peres ? Ils ne vous mettent au
» monde, que pour vous rendre misé-
» rables. Des peres plus heureux leguent
» à leurs fils des tréfors, de la fierté &
» de l'indolence : tel eft l'héritage de nos
» perfécuteurs. Nous n'avons à tranf-
» mettre à notre poftérité, que la honte
» de laiffer après nous une race infor-
» tunée, pour fuccéder à nos miferes.
» Mais ne penfons plus à ce que nous
» avons fouffert ; fongeons à ne pas
» fouffrir plus long-tems.

» Au centre de ces montagnes inac-
» ceffibles, & dans l'épaiffeur de ces
» bois impénétrables, nous n'avons
» rien à craindre de nos ennemis, fi
» nous ne nous laffons pas de veiller
» à notre défenfe. Nous ne manque-
» rons, ni de pâturages pour nos trou-
» peaux, ni de champs propres à nous
» fournir des alimens, lorfque le feu
» aura découvert la furface de ces
» lieux incultes. Si nous avons d'autres
» befoins, nous favons où trouver des
» paffages pour entreprendre hardi-
» ment des incurfions. Nous fondrons
» fur les habitations des blancs ; &
» nous reviendrons chargés de leurs
» dépouilles : mais commençons par

» nous mettre à couvert de leur malice
» & de leur cruauté : penſons moins à
» tirer vengeance de nos maux paſſés,
» qu'à cimenter les fondemens de no-
» tre liberté & de notre repos. L'a-
» varice des Européens ne nous en-
» viera pas la poſſeſſion de ces déſerts,
» où nous aurons beſoin, pour la
» ſûreté & l'entretien de notre vie,
» d'avoir recours à tous les arts qu'ils
» nous ont appris. C'étoit pour aug-
» menter nos peines, & pour nous
» rendre utiles à leurs plaiſirs, qu'ils
» nous communiquoient ces connoiſ-
» ſances ; la juſtice & la bonté du ciel
» les fera ſervir à notre bonheur. Le
» fer ne nous manque point pour les
» armes ; mais nous avons une voie
» plus courte de nous en procurer ;
» c'eſt de recevoir ſi bien ceux qui
» oſeront nous attaquer, que nous
» leur ôtions le pouvoir de la fuite, &
» que, juſqu'aux armes qu'ils apporte-
» ront pour notre ruine, tout devienne
» utile à notre défenſe.

» Prenons poſſeſſion de ce vaſte ter-
» rein, qui ſera déſormais notre par-
» tage ; & diviſons-le entre nous, ſans
» préférence & ſans jalouſie. Défri-

» chons nos terres ; cultivons-les
» pour nous & notre postérité. Mais
» pensons d'abord à nous faire des
» loix : une juste soumission doit pa-
» roître douce, en sortant d'une injuste
» tyrannie. Si nos ennemis entrepren-
» nent de nous forcer dans cette re-
» traite, qu'ils nous trouvent à l'é-
» preuve de leurs efforts ; & s'ils nous
» y laissent en paix, faisons-leur con-
» fesser, par notre tranquillité, que
» nous sommes aussi bons qu'ils nous
» ont été cruels. Ils manquent de bes-
» tiaux ; nous serons bientôt en état
» de leur en fournir, s'ils consentent à
» nous donner en échange mille cho-
» ses qu'ils peuvent nous accorder sans
» s'appauvrir : leur intérêt sera tou-
» jours de nous les offrir de bonne
» grace, plutôt que de nous mettre
» dans la nécessité de les emporter par
» la force ».

La haine des Caffres pour les Portugais, leur a fait abandonner toutes les côtes, qui sont aujourd'hui presque désertes. Ils se sont retirés dans l'intérieur des terres, où on les dit très-nombreux. Ils continuent néanmoins à commercer avec les Européens ; & ce sont toujours les productions du pays, c'est-à-dire, de l'or, de l'ivoire, de l'ambre & des esclaves, que ces Africains donnent en échange pour des soies & des toiles des Indes, dont ils composent leur parure ordinaire. L'agriculture & le soin des troupeaux sont les principales occupations de la plupart de ces peuples. Le riz, le bled d'inde, les légumes, sont les denrées qu'ils cultivent avec le plus de soin. Leur vie est simple & frugale; & il y a aussi peu de délicatesse dans le choix, que dans la préparation de leurs alimens. On assure même qu'ils mettent les souris au rang des mets les plus friands, & les estiment autant qu'une perdrix ou un lapin.

Les royaumes de Mongas, de Manica, de Sabia & d'Inhambana, faisoient autrefois partie de celui de Monomotapa, dont ils ont depuis long-tems secoué le joug. Les états de Mongas s'étoient déja détachés de l'empire, lorsque les Portugais y arriverent. François Barreto, nommé par la cour de Lisbonne pour la recherche des mines, prit cette route pour pénétrer jusqu'à celles de Butua, qu'on lui dit être les plus abondantes. Il envoya des ambaſſadeurs au roi de Monomotapa. Celui-ci, loin de les traiter comme ceux des autres princes, qui ne ſe préſentoient devant lui qu'à genoux, & ſe proſternoient juſqu'à terre devant ſon trône, les reçut avec une diſtinction extraordinaire. Le prétexte de cette ambaſſade fut de lui demander la permiſſion de le venger du roi de Mongas, qui s'étoit révolté contre lui ; mais le vrai motif étoit d'obtenir un paſſage par ſes états, pour arriver juſqu'aux mines. L'empereur y conſentit, & fit offrir à Barreto une armée qu'il refuſa. Celle des Portugais, compoſée de cinq ou ſix cens hommes, parmi leſquels il y avoit beaucoup de nobleſſe, eut fort à ſouffrir de la faim & de la ſoif, durant cette marche. Elle trouva les habitans de Mongas ſous les armes, & diſpoſés à la recevoir. Barreto fit avancer ſon artillerie au front de ſa troupe. L'ennemi s'approcha d'un air ferme ; ſon ordre de bataille formoit un croiſſant. Une vieille femme, célebre parmi ce peuple, par la profeſſion qu'elle faiſoit de la magie, s'avança hors des rangs, & jetta quelques poignées de pouſſiere vers l'armée

Portugaife, en affurant les Caffres, que cette poudre feule leur garantiffoit la victoire. Barreto, fachant combien la fuperftition a de pouvoir fur les negres, chargea un de fes canoniers de pointer vers cette vieille; & fes ordres furent exécutés avec tant de bonheur, qu'on la vit voler auffi-tôt en mille pieces, à la grande furprife des Caffres, qui la croyoient invulnérable. L'ennemi continua de s'approcher, mais fans ordre, & fit pleuvoir une grêle de flêches & de dards. Les Portugais répondant, fans s'ébranler, à coups de canons & de fufils, n'eurent pas befoin de recommencer fouvent, pour lui faire tourner le dos. Il ne leur en coûta que deux hommes; & ils le laifferent fix mille negres fur le champ de bataille.

Le roi de Mongas demanda la paix, & envoya des ambaffadeurs à Barreto. Ceux-ci, qui ne connoiffoient point les chameaux, virent un de ces animaux dans le camp des Portugais, & témoignerent beaucoup d'étonnement & de crainte. Le général prit avantage de l'un & de l'autre, pour leur dire qu'il avoit un grand nombre de ces bêtes terribles, & qu'il ne les nourriſſoit que de chair humaine ; qu'ayant déja dévoré les ſix mille Caffres qui avoient péri dans le combat, elles le faiſoient prier par ce meſſager, de ne pas conclure la paix, parce qu'elles craignoient de manquer de nourriture. Les ambaſſadeurs, effrayés de ce diſcours, ſupplierent Barreto d'engager ſes chameaux à ſe contenter de viande de bœuf, dont ils promirent de leur envoyer une ample proviſion. Il ſe rendit à leurs prieres, & leur accorda des conditions qui rétablirent la tranquillité dans le pays.

On nous préſente une partie des habitans du Monomotapa, & des royaumes voiſins, comme des hommes féroces, qui, ſans aucune connoiſſance du vrai Dieu, & livrés à la plus aveugle ſuperſtition, menent une vie errante & ſauvage, dans des campagnes ſablonneuſes ou déſertes. Ils ont le teint extrêmement noir, le nez écraſé, de groſſes levres, & le viſage difforme. Ils parlent un langage groſſier, vont preſque nuds, ſe nourriſſent de reptiles, & portent même quelquefois la barbarie juſqu'à ſe repaître de chair humaine.

On n'est point encore parvenu à connoître tous les peuples qui habitent l'intérieur de l'Afrique. Il y a des contrées immenses, dont on fait à peine le nom, & d'autres où l'on n'a jamais pénétré. La férocité des habitans, l'ardeur brûlante du climat, la stérilité des déserts, l'avidité des campagnes, la difficulté des chemins, la multitude innombrable d'animaux furieux, qui font à l'homme une guerre cruelle, en ont, de tout tems, éloigné les voyageurs. Ils se font bornés à la visite des côtes, & n'ont guere suivi que le cours des fleuves navigables. Je n'ai pas cru devoir m'engager plus avant dans cette même région; & après avoir redescendu le Zambesé, côtoyé le royaume de Sofala, traversé une partie de la terre des Caffres, je suis arrivé, par le pays des Hottentots, au cap de Bonne-Espérance.

Il n'y eut, durant ce voyage, d'événemens extraordinaires, que la cérémonie du baptême de mer, dont je ne crois pas encore vous avoir parlé. Cet usage bizarre est d'un établissement immémorial dans certains endroits, tels que le détroit de Gibraltar,

LE MONOMOTAPA.

la ligne, &c. Tous les étrangers qui paffent dans ces lieux pour la premiere fois, font obligés de s'y foumettre; & voici de quelle maniere il fe pratique. Les matelots fe déguifent de diverfes façons : l'un fe noircit le vifage ; l'un fe fait un mafque de pâte; d'autres paroiffent armés de moufquets, d'épées, de hallebardes, de broches & de poëlons. Le pilote, pour fe diftinguer, tourne la doublure de fon habit en dehors, ou fe met en robe de chambre, & prend, en maniere d'écharpe, la premiere guenille qui fe préfente. Dans cet équipage grotefque, il monte fur le tillac, fe place dans un fauteuil; & l'on apporte devant lui une cuve remplie d'eau, avec un bâton qui la traverfe, & dont les deux bouts font foutenus par deux matelots. Le pilote, tenant en main fon livre de cartes géographiques, fomme tous ceux qui n'ont point encore fait le voyage, de paroître devant lui, & leur fait faire ferment fur le livre, que toutes les fois qu'ils paf-feront par ce même lieu, ils feront obferver cette cérémonie. Il les fait enfuite affeoir fur le bâton; & pendant ce tems là on leur préſente un baſſin, dans lequel ils mettent quelques pieces d'argent. S'ils refuſent ce petit tribut, les deux matelots lâchent le bâton qu'ils ſoutiennent ſur la cuve, & les laiſſent tomber dedans. On a ſoin de les y arroſer encore de quelques ſceaux d'eau; mais on ſe contente, pour les perſonnes de diſtinction qui rachetent leur liberté par un préſent, de leur faire une petite croix ſur le front, & de les arroſer de quelques gouttes d'eau. Perſonne n'eſt exempt de cet uſage; & on raconte qu'Henri IV, paſſant de Saint-Malo à la Rochelle, ne fit pas de difficulté de s'y ſoumettre.

Les nations qui peuplent les côtes de Sofala & le pays des Caffres, ont différens noms; mais preſque tous ont les mêmes mœurs, les mêmes coutumes, la même figure. Les habitans de la terre de Natal, ainſi nommée, parce que Vaſco de Gama, qui en fit la découverte, s'en approcha le jour de Noël, ſont fort noirs. Ils ont la taille médiocre, mais bien proportionnée; les cheveux crépus, le nez ni plat, ni trop relevé, les dents très-blanches, & la

phifionomie agréable. On vante leur
agilité & leur foupleffe ; mais la fertilité naturelle de leur pays les rend
extrêmement pareffeux. Ce qu'on dit
de leur paffion pour la danfe, eft incroyable. Un jour qu'ils étoient affem-
blés près d'une riviere, où un vaiffeau
Anglois étoit à l'ancre, un homme de
l'équipage defcendit, & fe mit à battre
du tambour. Auffi-tôt tous les Caffres
de l'un & de l'autre fexe fe mirent à
danfer ; & le bal dura fi long-tems,
qu'excédés de fatigue, ils prierent le
tambour de finir. Les Hollandois ont
acheté la terre de Natal, pour aggran-
dir leurs poffeffions au fud de l'Afrique. Les habitans de ce pays font en
commerce avec les corfaires de la
mer Rouge, qui leur apportent, en
échange, des étoffes de foie pour
de l'ivoire. Ils revendent ces étoffes
pour des commodités de l'Europe, aux
vaiffeaux qui relâchent fur leurs côtes.
Leur choix tombe ordinairement fur
du goudron, des ancres & des corda-
ges, dont ils font d'autres échanges
avec les mêmes corfaires. La foie,
qu'ils ne peuvent vendre aux Européens, ils la portent aux Caffres du

Monomotapa. La polygamie est en usage parmi eux; & les femmes s'achetent comme les animaux. On donne ordinairement deux vaches pour une femme; mais quelquefois on a deux femmes pour une vache.

En pénétrant plus avant dans l'intérieur de l'Afrique, on rencontre les Anzikois. On nous représente ces peuples comme des gens vifs, agiles, belliqueux, qui ne combattent qu'à pied, & se servent d'arcs, de flêches, de haches & de couperets. Ils fabriquent des étoffes de fil de palmier, & de diverses sortes de soies. Leur commerce principal se fait en esclaves de leur nation, & en dents d'éléphants. On assure qu'ils ont de la droiture & de la bonne foi; qu'ils pratiquent la circoncision, quoiqu'idolâtres; mais qu'ils sont antropophages, & qu'ils exposent la chair humaine dans leurs marchés, comme on vend celle de veau, de mouton, ou de bœuf, dans nos boucheries. Ils mangent les prisonniers qu'ils font à la guerre, & tuent même leurs propres esclaves, lorsqu'ils les jugent assez gras. On en voit qui, fatigués de la vie, ou seulement par le mépris qu'ils en font, s'offrent avec ces mêmes esclaves, pour être dévorés par leurs princes. Le peuple a la tête & les pieds nuds, & ne couvre que le milieu du corps. Les nobles, car ces barbares en ont comme nous, portent des bonnets, & sont vêtus de soie ou de toile. On appelle aujourd'hui Monsals la nation des Anzikois, nom qu'elle tire de sa capitale, placée sous l'équateur. Cette ville n'a de remarquable, m'a-t-on dit, que le palais royal, qui passe pour être assez bien bâti. On assure que le souverain compte treize autres rois parmi ses vassaux. Il porte le titre de grand Makoko, qui est aussi le nom de son royaume.

Les Jaggas, voisins des Anzikois, occupent, dans l'intérieur de l'Afrique, des régions immenses, & forment un peuple très-puissant. Ces gens sont noirs & fort laids; & les cicatrices qu'ils se font au visage, les rendent encore plus difformes. Ils augmentent cette laideur, par l'habitude qu'ils ont de ne montrer que le blanc des yeux, quand on les regarde en face. Ils vont tout-à-fait nuds, ne respirent que la barbarie, & préferent la chair humaine à tout autre aliment. Ils vivent dans les forêts, sont errans comme les Arabes, ne plantent ni ne fement, & ne tirent leur subsistance que de leurs rapines. Ils ne campent jamais sans se fortifier, lors même qu'ils n'ont qu'une nuit à passer dans un même lieu. Ils emploient à cet usage les arbres que le pays leur offre. Une partie de l'armée s'occupe à les abattre, & l'autre à les transporter. Leur retranchement est un enclos circulaire, percé de douze portes, dont chacune est confiée à la garde d'un capitaine. Le général est logé au centre, dans un enclos particulier, avec une bonne garde. Les huttes des soldats sont serrées l'une contre l'autre. Ils placent leurs armes à la porte; de sorte qu'à la moindre alarme, ils se trouvent prêts à combattre.

Ces peuples ne se plaisent que dans les lieux où croissent les palmiers, parce qu'ils aiment avec passion les fruits & le vin qu'ils retirent de ces arbres. Leur méthode, pour en exprimer le jus, est de les couper par la racine, & de laisser le tronc à terre pendant plusieurs jours. Ils font ensuite deux trous, l'un au milieu, l'autre au sommet, d'où il sort chaque jour, pendant près d'un mois, quatre ou cinq pintes de liqueur ; après quoi l'arbre se desseche & périt. Dans tous les lieux où les Jaggas se proposent de faire quelque séjour, ils abattent ainsi les palmiers, pour avoir du vin, & ruinent en peu de tems toute une contrée.

Les femmes des Jaggas se parfument le corps de musc, & mêlent des coquilles parmi leurs cheveux. Leurs bras, leurs jambes & leur cou, sont chargés d'anneaux ; & c'est une beauté parmi elles, d'avoir quatre dents de moins, deux en haut & deux en bas. Celles qui n'ont pas le courage de se les arracher, sont si peu estimées, qu'on ne veut ni boire ni manger avec elles. Ces femmes sont d'une extrême fécondité ; mais lorsqu'elles accouchent dans les camps, leurs maris égorgent les enfans qu'elles mettent au monde, afin de s'épargner la peine & l'embarras de les élever. Pour réparer cette perte, ils prennent, dans leurs courses, de jeunes garçons & de petites filles, qu'ils regardent comme leurs propres enfans, & dont ils tuent les peres & meres, pour les manger. Ils traînent cette jeuneſſe avec eux, & mettent à ces captifs un collier, que ceux-ci ſont obligés de porter, juſqu'à ce qu'ils aient tué un ennemi, & préſenté ſa tête au grand Jagga. Ils ceſſent alors d'être eſclaves, & ſe dépouillent de la marque de leur ſervitude; ils ſont déclarés ſoldats, & membres de la nation.

Ces peuples donnent à leur ſouverain le nom de Kaſſangi; c'eſt un titre d'honneur, qui répond à celui de Grand-Seigneur, que prend le chef de l'empire Ottoman. On l'appelle auſſi le grand Jagga, comme l'autre le Grand Turc; & tous les ans ſes ſujets célebrent le jour de ſa naiſſance par une fête cruelle. Ils ſe raſſemblent dans une plaine, & forment un cercle autour de pluſieurs arbres, ſur l'un deſquels on dreſſe un échaffaut. Le monarque va s'y placer, avec les principaux ſeigneurs de ſa cour. On lie au tronc d'un de ces arbres, un des plus furieux lions du pays. Dès que le prince eſt aſſis, les cris du peuple ſe font entendre ; après quoi, sur un signal qui ordonne tout d'un coup le silence, on lâche le lion, en lui coupant la queue pour augmenter sa fureur. La vue d'une si nombreuse assemblée lui fait d'abord pousser quelques rugissemens ; mais ne voyant aucun moyen d'échapper, il se jette au milieu de la foule, & déchire les premiers qui se présentent. Le peuple, au lieu de fuir, s'avance sans armes pour tuer l'animal, & regarde comme un bonheur, de périr dans ce combat aux yeux du souverain. Le lion succombe enfin sous les efforts de la multitude. Les survivans mangent les morts ; & faisant retentir l'air de leurs acclamations, ils accompagnent le prince jusques chez lui par des cris de vive le roi. Tous les habitans, en état de voyager, sont obligés d'assister à cette fête barbare.

Le général des Jaggas entretient dans ses troupes une exacte discipline. Ceux qui, dans une action, se conduisent mal, sont condamnés à mort, & mangés par leurs camarades. Chaque jour ce prince, monté sur un échaffaud, fait une harangue à ses sujets, pour les exhorter à la bravoure. Sa parure a quelque chofe de fingulier : il porte dans fes cheveux plufieurs rangs de coquillages ; & autour des reins & des cuiffes, une pagne d'étoffe de palmier, à laquelle pendent des œufs d'autruche. Un morceau de cuivre, long de deux pouces, lui traverfe le nez ; & le même ornement eft à fes oreilles. Son corps eft marqué de diverfes figures, & frotté tous les jours avec de la graiffe. La noirceur de fon vifage eft déguifée par des vernis rouges & blancs. Il eft accompagné de vingt ou trente femmes, continuellement occupées à le fervir, & qui, entre plufieurs hommages qu'elles lui rendent, fe jettent à genoux toutes les fois qu'il boit, battent des mains, & chantent quelque air de leur mufique.

Le grand Jagga n'entreprend aucune affaire importante, fans confulter fes dieux, auxquels il immole, dit-on, des victimes humaines. Il fait ces facrifices au lever du foleil, affis fur une efcabelle, & la tête couverte d'un bonnet orné de plumes de paon. Il eft affifté de deux prêtres, qui paffen pour forciers, & d'une cinquantaine de femmes qui l'entourent, & ont chacune à la main, une queue de cheval, qu'elles font voltiger en chantant. Derriere elles, se tient une troupe de musiciens qui les accompagnent de leurs instrumens. Au centre du cercle, on allume un grand feu, sur lequel on met des poudres blanches dans un pot de terre. Les prêtres s'en servent pour peindre le front, les temples, l'estomac & le ventre du monarque, & lui présentent ensuite une hache, en lui recommandant de ne pas ménager les ennemis. Aussi-tôt on lui amene un enfant mâle qu'il tue avec cet arme. Il frappe quatre hommes de la même maniere; & s'ils ne reçoivent pas la mort du premier coup, ils sont conduits hors du camp, & achevés par d'autres mains. On immole dix vaches dans ce sacrifice, & autant de chevres & de chiens. Le feu est arrosé de leur sang, & la chair dévorée avec de grands cris de joie.

Les funérailles des Jaggas sont aussi barbares que leurs sacrifices; car on enterre, avec le mort, deux de ses femmes, qu'on fait asseoir à ses côtés. On lui accommode proprement les cheveux; on le lave; on l'embaume, & on le pare de ses plus beaux habits. On met avec lui, dans le caveau, ses armes & tous les ustensiles qui ont servi à son usage. Chaque mois, les parens s'assemblent sur la tombe, & font des libations de sang de bouc & de vin de palmier. Cette cérémonie s'observe aussi long-tems qu'il reste dans le monde quelqu'un de la famille.

Ce que je viens de dire des Jaggas, je le tiens de gens qui on voyagé parmi eux. Nous avions à bord un prêtre Portugais, qui s'étoit proposé de les convertir; mais son zele ne put tenir contre les mauvais traitemens qu'ils lui firent essuyer. Il prétend connoître tous les peuples d'Afrique, & les distinguer par leur couleur plus ou moins noire, suivant qu'ils sont plus ou moins éloignés de l'équateur. « Depuis le tropique du » cancer, nous dit-il, jusqu'à celui du » capricorne, cette partie du monde » est peuplée d'habitans noirs, demi-» noirs & basanés. Les sentimens sont » partagés sur la cause de cette diver- » sité; pour moi je ne l'attribue qu'au

» climat. Tous les hommes sont sortis
» du même pere, & étoient originai-
» rement blancs. La noirceur des ne-
» gres est donc une qualité purement
» accidentelle, qui n'a aucun principe
» intrinseque. Ce fut le premier sujet
» d'étonnement qui se présenta à l'es-
» prit des voyageurs, lorsqu'ils com-
» mencerent à arriver dans ce pays;
» & leur admiration s'étant communi-
» quée aux savans de l'Europe, on vit
» naître là-dessus des conjectures &
» des disputes sans nombre.

» Les uns, pour expliquer ce phé-
» nomene, ont eu recours à la boisson
» de certaines eaux, qui ont la vertu,
» dit-on, de produire cette couleur, telles
» que ces deux fontaines de Béotie, dont
» l'une blanchissoit, & l'autre noircis-
» soit les moutons; mais cette opinion
» se détruit d'elle-même. D'autres pré-
» tendent que ce changement de cou-
» leur a pu se faire par la force de
» l'imagination des meres, comme au-
» trefois, par l'industrie de Jacob, les
» brebis de Laban portoient des
» agneaux diversement colorés. Ce
» sentiment, qui fait un principe gé-
» néral & permanent d'une cause par-

» ticuliere & accidentelle, n'est pas
» plus soutenable que le précédent.

» Ceux qui attribuent la noirceur
» des negres à la malédiction donnée
» à Chanaan, se trompent de même;
» car sa postérité se renferma dans la
» Syrie, où elle ne produisit aucun
» noir. D'autres enfin, pensent que
» cette race descend de Caïn; & que
» cette couleur, qui étoit le signe de
» la malédiction prononcée contre ce
» fameux fratricide, s'est perpétuée
» sur ses descendans, qui n'ont point
» péri par le déluge. En accordant
» quelque apparence de vérité à ces
» chimeres, comment l'effet du crime
» se seroit-il transmis à la postérité des
» coupables, si l'on ne suppose aussi
» que leurs femmes devinrent noires
» comme eux ? Leurs enfans au-
» roient été mulâtres; & si l'on veut
» qu'ils se fussent toujours mariés
» entre eux, ils auroient produit à la
» fin une race blanche, plutôt qu'une
» postérité de negres. D'ailleurs, quel-
» ques-unes de ces opinions sont con-
» traires à l'écriture, qui dit positive-
» ment que tout le genre humain vient
» des enfans de Noé. Les negres même

» favent l'histoire du déluge universel :
» & c'est le seul fait de l'antiquité
» qui se soit conservé parmi eux.

» Qu'est-ce donc qui a pu produire
» ces générations nombreuses d'hom-
» mes noirs, qui peuplent presque
» tout le continent de l'Afrique ? Je le
» répete, dit notre prêtre Portugais,
» c'est le climat, c'est le soleil, sous
» lesquels les descendans de Noé sont
» venus s'établir. La nature de l'homme
» n'a pu se changer aussi essentielle-
» ment d'elle-même, sans le concours
» des causes physiques. Les Portugais,
» dont la postérité existe encore au-
» jourd'hui en Afrique, commence-
» rent à y fixer leur demeure vers le
» milieu du quatorzieme siecle. Ils peü-
» plerent les isles, les côtes & les
» bords des rivieres, depuis le Cap
» Blanc jusqu'au Cap Verd; ils n'étoient
» point noirs alors ; ils étoient sem-
» blables au reste de leur nation. Ceux
» qui s'établirent dans les isles, où ils
» sont restés de pere en fils depuis
» trois siecles, n'ont point changé ; ils
» ne sont qu'un peu plus basanés. Ceux
» des côtes d'Afrique, plus voisins de
» la zone torride, frappés des in-

» fluences du fereih, du climat, de la
» reverbération du foleil, fe font vus,
» après quelques générations, auffi
» noirs que les naturels du pays, &
» n'en furent diftingués que par leur
» langage, leurs coutumes, leur reli-
» gion. Les alimens & les exhalaifons
» du fol peuvent auffi contribuer à pro-
» duire ce phénomene. Les négrillons
» nouveaux nés, reffemblent en tout
» aux enfans des blancs, à l'exception
» d'un filet noir qui borde l'extrêmité
» des ongles, & d'une petite tache
» de pareille couleur au bout du fcro-
» tum. Ces marques font un figne cer-
» tain que l'enfant fera noir; & les
» peres negres, qui foupçonnent la
» fidélité de leurs femmes, n'ont pas
» befoin d'autres preuves, pour aban-
» donner les enfans comme ne leur
» appartenant pas, dès qu'ils naiffent
» fans ce figne diftinctif. Cette tache
» eft grife chez les Indiens, & d'un
» rouge pâle chez les Mulâtres. Le
» corps des négrillons eft blanc les huit
» premiers jours: leur peau commence
» par brunir, & devient enfin tout-à-
» fait noire.

» Mais, me dira-t-on, fi le climat
» produit des phénomenes fi fingu-

» liers, pourquoi les negres, tranſ-
» portés dans d'autres pays, y con-
» ſervent-ils leur couleur, eux & leur
» poſtérité, lorſqu'ils ne s'allient
» point avec les blancs? Je réponds
» qu'il n'eſt pas vrai, qu'ils gardent
» cette même noirceur; & que, dès la
» ſeconde génération, les uns n'ont
» plus que la couleur de maron, les
» autres celle de caffé; parce que l'air
» agit ſur eux autrement que ſous
» la zone torride. Il eſt certain, &
» d'une expérience reconnue, que les
» enfans nés de parens noirs, ſoit en
» France, ſoit en Amérique, perdent,
» d'une maniere ſenſible, d'une géné-
» ration à l'autre, une grande partie de
» la couleur de leurs peres ».

Vous verrez, Madame, avec plaiſir, de quelle maniere notre prêtre Portugais étoit reçu chez la plupart des rois negres, dont il parcouroit les états. « Ces princes, nous diſoit-il, ne
» ſont pas mieux logés que leurs ſujets.
» Leurs caſes ſont de jonc & de paille ;
» ils en ont ſeulement un plus grand
» nombre. J'en traverſois toujours ſept
» ou huit, avant que d'arriver à celle
» où ſe tenoit le monarque ou la ſou-

» veraine ; car ici les femmes regnent
» au défaut des princes mâles. Je leur
» étois présenté par leur ministre.
» Jugez ce que c'est que ces ministres,
» ces souveraines, ces monarques, par
» ce seul trait. On vient dire à un offi-
» cier François du Sénégal, que la
» reine de Cayor, qui a fait deux lieues
» à pied pour le voir, est dans son
» anti-chambre. Eh bien, répond le
» François, qu'on lui donne un verre
» d'eau-de-vie, & qu'on la renvoie.

» Admis à l'audience du prince,
» on me demandoit, par un inter-
» prete, le motif de ma visite ? Celui-
» ci disoit ma réponse au ministre,
» qui la rendoit au roi. Quand on avoit
» cessé de parler, le prince faisoit
» venir ses femmes, & me les présen-
» toit, ainsi que toute sa cour. Alors
» on s'asséyoit, la favorite sur une
» chaise de bois, à la droite du mo-
» narque, le ministre à la gauche, &
» moi en face, sur une chaise sembla-
» ble. L'interprete étoit debout ; &
» les courtisans, assis sur des nattes,
» faisoient un cercle autour de nous.
» Les autres femmes, aussi debout, for-
» moient un second cercle, & les offi-

» ciers diſtingués, un troiſieme. On
» apporte enſuite les préſens. On les
» a d'abord annoncés au miniſtre, qui,
» avant tout, en a informé ſa majeſté.
» Les miens étoient quelques bouteilles
» d'eau-de-vie, dont je goûtai le pre-
» mier, pour prouver à tout ce beau
» monde, que la liqueur n'étoit pas
» empoiſonnée. Après en avoir bu,
» je la préſentai au roi, qui la donna
» à ſon miniſtre, & celui-ci aux autres ;
» de maniere qu'à chaque coup que le
» prince buvoit, il falloit une nouvelle
» bouteille, miſe à l'épreuve comme
» la premiere. La converſation s'é-
» gayoit à meſure que les bouteilles ſe
» vuidoient ; & le roi, par mille pro-
» teſtations d'amitié, me promettoit
» d'épouſer les intérêts de ma nation.
» Pourvu qu'il y eût aſſez d'eau-de-vie
» pour lui & pour toute ſa cour, on
» obtenoit tout ce qu'on deſiroit. Les
» femmes ne veulent pas être oubliées
» dans les préſens ; mais peu de choſe
» les contente : quelques mouchoirs
» des Indes en font les frais.

» Pluſieurs de ces princes Africains
» ſont entrés avec moi en conver-
» ſation ſur la religion ; & ils finiſ-

» soient toujours par me dire que, si
» le christianisme permettoit la plura-
» lité des femmes, ils ne se feroient au-
» cune peine de l'embrasser. C'est le
» seul article de notre loi qui les arrête.
» J'ai même trouvé des reines qui n'y
» voyoient, pour elles, d'autre diffi-
» culté, que l'obligation de s'en tenir à
» un seul homme. Et si cet homme
» tombe malade, me disoient-elles ; si
» cet homme.... Ah! votre religion
» n'a pas tout prévu, n'a pas pourvu
» à tout, comme la nôtre ».

Je suis, &c.

Au cap de Bonne-Espérance, ce 27
janvier 1753.

Fin du tome XIII.

TABLE
DES MATIERES
Contenues dans ce Volume.

LETTRE CLI.

LE PARAGUAI.

Principales circonstances de la découverte du Paraguai.   Pag. 5

Dias de Solis est le premier Espagnol qui arriva à la riviere de la Plata.   6

Sebastien Cabot arriva dans le même pays après Dias de Solis.   *ibid.*

Ce que c'est que la riviere de la Plata, ses propriétés, ses différens noms.   7

Cabot bâtit une forteresse au Paraguai; aventure arrivée à la femme du commandant de ce fort, nommée Miranda.   8

Le cacique Siripa en devient amoureux; suites tragiques de cet amour.   9

Les Espagnols négligent, pendant plusieurs années, de faire des établissemens au Paraguai. 10

L'empereur Charles-Quint y envoie Dom Pedre de Mendoze, qui fut accompagné d'un grand nombre de gens de qualité. 11

Discours de l'empereur à Mendoze, quand ce dernier partit pour l'Amérique. 12

Mendoze fait tracer au Paraguai le plan d'une ville qui fut nommée Buenos-Aires. 13

La ville de l'Assomption, capitale du Paraguai, a été fondée deux années après. *ibid.*

Les naturels du pays s'opposent à l'établissement des Espagnols au Paraguai. 14

Aventure singuliere d'une femme Espagnole, nommée Maldonata, dont une lionne prend soin, en reconnoissance d'un service que cet animal en avoit reçu. 15

Moyens employés par les Espagnols du Paraguai, pour se concilier les habitans du pays. 16

Les Indiens du Paraguai forment le projet de se défaire de tous les Espagnols; comment ces derniers sont instruits de ce complot, & le rendent inutile. 17

Comment les Indiens obtiennent leur pardon. 18

Don Alvare de Vera succede à Mendoze dans le gouvernement du Paraguai; sagesse de son administration. 19

Les Guaranis, Indiens du Paraguai, sont d'un grand secours à Don Alvare dans les guerres qu'il a à soutenir contre d'autres nations. 20

Les officiers Espagnols préviennent le con-

DES MATIERES.

seil de Madrid contre le nouveau gouverneur. 20

Au milieu de leurs dissentions intestines, les Espagnols travaillent à l'agrandissement de leurs colonies. 21

Ce qu'on entend par *commendes* dans le Paraguai, & combien elles occasionnent de mécontentement & de persécutions contre les Jésuites. 22

Les rois d'Espagne n'ont rien de plus à cœur que la conversion des Indiens du Paraguai. 24

Différens missionnaires ne pouvant suffire aux travaux apostoliques de ce pays, on y envoya des Jésuites. 25

Entrée triomphante de ces peres au Paraguai; honneurs qu'ils y reçoivent de la part du gouverneur & de l'évêque. 26

Succès des travaux de ces religieux. 27

Moyens qu'ils employerent pour convertir les infideles, & former des sociétés de ces peuples errans. 28

Les Espagnols prennent contre les Jésuites des impressions peu favorables à ces religieux, & quelles en sont les raisons. 29

LETTRE CLII.
SUITE DU PARAGUAI.

Les cinq gouvernemens du Paraguai, & leurs villes principales. 31

Fondation de la ville de la Plata, sa situa-

tion, sa description. 32
Les Chiriguanes, ennemis irréconciliables des chrétiens, & toujours en guerre avec les Espagnols. 33
Origine de ces peuples, & comment ils se sont établis au Paraguai. 34
Caractere des Chiriguanes. 35
Singularité de leurs usages. 36
Parallele de ce peuple avec nous. 37
Les Chiquites, peuples voisins des Chiriguanes, leurs usages. 38
Mœurs & caractere de ces mêmes peuples. 39
Maniere dont ils traitent leurs malades. 40
Comment les Chiquites ont été amenés à la connoissance du christianisme. 41
Réponses que quelques-uns d'entre eux ont faites aux missionnaires qui vouloient les convertir. 42
Comment les Jésuites ont civilisé la nation des Guaranis. 43
Difficultés qu'ils ont eu à essuyer avec ces barbares, & de la part même des Espagnols. 44
Grande confiance que les rois d'Espagne ont dans les Guaranis. 46
Ce qu'il en coûte à ces mêmes monarques pour se les conserver. 47
S'il est vrai que les Jésuites sont plus maîtres de la république des Guaranis, que les rois d'Espagne. 48
Quelle part ces religieux ont au gouvernement de ces peuples. 49
Comparaison du gouvernement de Lacédémone avec celui des Guaranis. 50

Le

DES MATIERES

Leur joie à l'arrivée des miſſionnaires ; comment ils la témoignent ; combien ils leur ſont ſoumis. 51

Les Paraguéens réuſſiſſent dans tous les arts auxquels on les applique. 52

Comment on leur diſtribue leurs occupations, pour la culture des terres ; & l'uſage qu'on fait de ce qu'ils recueillent. 53

L'habillement des Paraguéens, hommes & femmes. 54

Deſcription de leurs peuplades, de leurs maiſons, &c. 55

Leur maniere de vivre, ſoit pendant la paix, ſoit pendant la guerre. 56

On les exerce ſouvent pour les former à l'art militaire, & à quel deſſein. 57

On a voulu les priver des armes à feu ; mais ces armes reſtent dans des magaſins, lorſque les Paraguéens ceſſent d'en faire uſage. 58

Commerce des habitans du Paraguai ; comment il ſe fait, & avec qui. 59

Les meſures qu'on prend pour empêcher que ces peuples, naturellement portés à la pareſſe, ne tombent dans la diſette. 60

On ne ſouffre aucuns mendians parmi eux ; & l'on n'y laiſſe perſonne d'oiſif. 61

Le travail des femmes n'y eſt pas moins réglé que celui des hommes. 62

Comment on entretient parmi eux le bon ordre. ibid.

Moyens employés pour que les Paraguéens n'aient aucun commerce avec les Eſpagnols. 63

Les Paraguéens ne ſortent jamais de chez eux, qu'ils ne ſoient accompagnés d'un

missionnaire. 63
Combien les mœurs des Espagnols du Paraguai justifient ces précautions. 64

LETTRE CLIII.
SUITE DU PARAGUAI.

Harmonie admirable qui regne dans le gouvernement des Paraguéens, par rapport au spirituel. 66
Réception que ces peuples font à leur évêque, lorsqu'il vient faire sa visite. 67
On rend les mêmes honneurs au provincial des Jésuites; un simple missionnaire est aussi reçu d'une maniere distinguée. 68
Voyage fait à la réduction de saint François Xavier de Tucuman. 69
Ce que c'est qu'une jaccra au Paraguai. 70
Comment les Jésuites des réductions reçoivent les étrangers. 71
Gouvernement des églises dans les réductions. ibid.
On y pratique beaucoup d'exercices de piété. 72
On y veille sur la conduite des paroissiens; & l'on punit ceux qui tombent dans quelques fautes. 73
Magnificence des églises Paraguéennes, & quel en est le motif. 74
Ordre qu'on y observe pendant l'office, pour y entretenir la décence. ibid.
Chacun doit assister à l'office divin, à moins qu'on ait de bonnes raisons pour s'en dis-

penser. 75
C'est le dimanche qu'on célebre les mariages dans les réductions chrétiennes. 76
On a introduit la musique parmi les Paraguéens, pour y entretenir la dévotion. 77
C'est principalement à la Fête-Dieu, que ces peuples font éclater leur goût, leur magnificence & leur zele. *ibid.*
Détails des ornemens qu'ils font servir à la célébration de cette fête. 78
On tâche sur-tout d'inspirer à ces peuples la vraie religion, qui consiste à réprimer ses passions. 79
Respects des Paraguéens pour leurs missionnaires, dont ils reçoivent les corrections avec soumission. 80
Exemples frappans de leur attachement pour leurs pasteurs. *ibid.*
Les vertus les plus sublimes sont devenues parmi eux les vertus du peuple. 81
La religion n'est pas l'unique source de leur bonheur. 82
Zele des missionnaires pour la conversion des peuples voisins du Paraguai. *ibid.*
Quels sont les plus obstinés de ces idolâtres. 83
Le pere Baraze travaille à la conversion des Moxes & d'autres sauvages. 84
Mœurs & coutumes de la nation des Manicos. *ibid.*
Mœurs & coutumes des Indiens appellés Tscharos. 85
Origine de la nation des Mamelus. 86
Mœurs & coutumes de cette nation 87
Nulle autorité n'étoit capable de la contenir. 88

Ruse singuliere qu'employoient les Mamelus pour réduire d'autres peuples dans l'esclavage. 89
Les missionnaires arment les Paraguéens contre les Mamelus; leurs succès. 90
Climat, température & productions du Paraguai. 91
Prodigieuse quantité de bœufs dans ce pays; maniere de les prendre. 92
Chiens sauvages qui désolent les campagnes. 93
Pourquoi on ne cherche point à s'en défaire. 94
Commerce des peaux de bœufs; son étendue. 95
Commerce de l'herbe du Paraguai. 96
Effets de cette plante. *ibid.*
Autres productions du Paraguai. 97
Multitude & grosseur des serpens. 98
Moyens que la nature a donnés à ces animaux, pour digérer ce qu'ils dévorent. 99
Animal singulier du Paraguai, appellé orocomo. 100
Ce que c'est que l'herbe à moineau dans le Paraguai; comment on a connu ses propriétés. 101
La ville de la Paz, dans le gouvernement de la Plata; d'où lui vient ce nom. 102
On découvre beaucoup d'or dans les environs de cette ville. 103
La ville de Sainte-Croix, ou Sancta-Cruz de la Sierra-Nueva. *ibid.*
Gouvernement & ville de l'Assomption. 104
Histoire & description de la ville de Buenos-Aires. 105
Mœurs des peuples qui forment les colonies

DES MATIERES. 461
Espagnoles du Paraguai. 106
Ce qu'on doit penser de l'extrême pouvoir
qu'on reproche aux Jésuites dans ce pays. 107
De quelle utilité sont, pour le roi d'Espagne,
les changemens que les Jésuites ont opérés
au Paraguai. 108

LETTRE CLIV.

LE BRESIL.

Ce que c'est que les capitanies du Bresil. 110
Les Portugais n'habitent que les côtes du
Bresil. 111
Description de la ville de Santos, capitale de
la capitanie de ce nom. 112
Saint-Vincent, autre ville de cette même
capitanie. ibid.
Les Cariges sont les habitans les plus policés
du Bresil. 113
Autres peuples ennemis implacables des
Portugais. 114
Les Mamelus du Bresil changent de con-
duite. 115
Le linx, animal commun dans la capitanie
de Saint-Vincent. ibid.
Fables que les anciens débitoient au sujet de
cet animal. 116
La capitanie de Rio-Janéiro avoit été fré-
quentée par les François. 117
Famine affreuse qu'ils éprouvent dans leur
vaisseau, en revenant de France. ibid.
Circonstances terribles de cette famine. 118

V iij

Description de l'emplacement où est situé Rio Janéiro. 119
Description de la ville même. 120
Caractere des habitans. ibid.
Oiseau lugubre, animal commun dans cette province. 121
La capitanie du Saint-Esprit; description de cette ville. 122
La capitanie de Porro-Sécuro fut le premier pays découvert par les Portugais. 123
Description de l'arbre du Brésil, dont le pays a pris le nom. ibid.
Réponse d'un vieux sauvage à un Européen, qui emportoit beaucoup de ce bois. 124
Cabral prend possession du Brésil, pour la couronne de Portugal. 125
Les Portugais témoignent peu d'empressement pour la possession de ce pays. 126
Dans la suite, ils sentent le tort qu'ils ont eu de le négliger. 127
Fondation & description de la ville de San-Salvador, capitale du Brésil. 128
Mœurs, usages & caractere des habitans actuels de cette ville. 129
Clergé séculier & régulier de San-Salvador. 130
Fertilité & productions naturelles de la baye de tous les Saints. 131
Révolutions arrivées au Brésil. 132
Comment plusieurs provinces du Brésil furent conservées aux Portugais. 133
Ce qu'il y a de plus remarquable dans la capitanie d'Ilheos. 134
La capitanie d'Olinde. 135
Description de la capitale de cette capitanie. 136

LETTRE CLV.
SUITE DU BRESIL.

Les autres capitaineries du Brésil, autrefois habitées par les François. 138
Mœurs & usages des Malopaques, habitans du Paraïba, contrée du Brésil. 139
Description de la ville de Para, capitale des pays situés sur la riviere des Amazones. 140
Description de la riviere des Amazones, & des pays qu'elle arrose. 141
Portrait & caractere des peuples qui habitent ce beau pays. 142
Combien ils sont heureux. 143
A-t-il existé parmi eux de véritables Amazones? 144
Caractere & coutumes de ces femmes guerrieres. 145
Les Amazones, dont il est parlé dans les anciens auteurs, ont-elles existé? 146
Qu'étoit ce que ces anciennes Amazones? 147
Ce qu'on doit penser des Amazones modernes. 148
Cours de la riviere des Amazones. 149
Religion des peuples qui habitent sur les bords de cette riviere. 150
Usage singulier des Omaguas, habitans de ce même pays. 151
Les Omaguas ne sont pas antropophages, comme les Portugais les en ont accusés. 152
Danger de la navigation sur le fleuve des Amazones. 153

V iv

Les habitans de la mission de S. Paul. 154
Politique de la cour d'Espagne, dans la découverte du Maragnon, ou riviere des Amazones. 155
Histoire de cette découverte, commencée par Orellana. 156
Elle est continuée par un gentilhomme nommé Orsua. 157
Suites malheureuses de cette entreprise. 158
Histoire d'Aguirre, qui succede à Orsua. 159
Ce sont des religieux qui font la découverte du Maragnan. 160
Les Espagnols suivent cette découverte. 161
La capitanie de Maragnan. 162
Les Topinamboux, nation guerriere, fort attachée aux François. 163
Ces derniers apportent à ces peuples la connoissance de l'évangile, & font des traités avec eux. 164
Discours d'un chef de la nation des Topinamboux, à Rasilly, officier François. 165
Réponse de Rasilly à ce discours. 168
Portrait général des diverses nations qui habitent les états du Bresil. 170
Ils ne connoissent aucune sortes de divinités. 171
Leurs mariages. 172
Ils se peignent le corps, & écrasent le nez à leurs enfans. 173
Les femmes n'aiment point à se vêtir. ibid.
Comment les Portuguais traitent avec certains peuples barbares du Bresil. 174
Maniere dont ces sauvages traitent leurs prisonniers. 175
Comment ils se comportent à l'égard des

DES MATIERES.

morts. 176
Ce que ces mêmes peuples étoient autrefois avant l'arrivée des Portngais. 177
Comment les sauvages du Bresil reçoivent les étrangers. 178
Comment ils nourrissent & élevent les enfans. 179
Gouvernement civil & militaire des sauvages du Bresil. 180
Comment ils se traitent dans leurs maladies. 181
Productions & commerce du Bresil, & en particulier, les diamants & les mines d'or. 182
C'est le hazard qui a fait découvrir ces mines aux Portugais. 183
Sur quel plan se fait le commerce des Portugais au Bresil. 184
Ce que les autres nations de l'Europe envoient dans ce pays. 185
La recherche de l'or du Bresil appauvrit les Portugais; quelle en est la raison. 186

LETTRE CLVI.
ISLES D'AFRIQUE.

Tableau général des Africains. 188
L'isle de Sainte-Helene. 189
Comment le voyageur aborde dans cette isle. 190
Description du logement du gouverneur de Sainte-Helene. 191
Description du fort de cette isle. ibid.

V v

Cette isle a fourni la matiere d'un épisode intéressant dans le roman de Cléveland. 192
Description du lieu qui servit de retraite à Cléveland. 193
Ce que ce séjour a de vicieux. 194
L'isle de Madagascar a reçu différens noms, par les diverses nations qui l'ont visitée. 195
Description de cette isle. *ibid.*
Récit d'un François qui se trouve à Madagascar, & qui fait son histoire. 196
Comment les François se sont établis dans cette isle. 197
Exploits du célebre la Case, établi à Madagascar. 198
Ses victoires excitent la jalousie du gouverneur. 199
Les missionnaires se proposent de convertir les grands de l'isle de Madagascar. 200
Leur zele a peu de succès, & quelles en sont les suites. 201
Le zele trop ardent des missionnaires détache un roi de l'isle du parti des François. 202
Un des missionnaires est la premiere victime de ce zele. 203
Sa mort est suivie du massacre de plusieurs François. 204
La colonie Françoise se trouve réduite à l'extrêmité. 205
M. de Colbert établit la Compagnie des Indes sur les débris de celle de Madagascar. 206
Quels en furent les premiers officiers. 207
La Case épouse une princesse de l'isle, qui vient rendre visite au gouverneur François. 208
Portrait de cette princesse; ce qui se passe dans cette entrevue. 209

DES MATIERES. 467

Nouveaux succès de la Case à la guerre. 210
La compagnie s'attache ce brave homme. 211
Etat déplorable du fort des François à Madagascar. 212
L'esprit de division empêche d'y établir l'ordre. 213
On songe à abandonner Madagascar. 214
Fin du brave la Case & de son épouse. 215

LETTRE CLVII.

SUITE DES ISLES D'AFRIQUE.

Avantages & désavantages du lieu où est situé le fort Dauphin, dans l'isle de Madagascar. 217
Avantages & désavantages de la baye d'Antongil. 218
La baye de Saint-Augustin. 219
Comment sont habités les côtes & l'intérieur de l'isle de Madagascar. 220
Mœurs & coutumes des peuples de cette isle. 221
Trait remarquable d'un officier François, qui avoit épousé une femme de Madagascar. 222
Femmes de Madagascar, leur mariage. *ibid.*
Comment on punit les malfaiteurs dans cette isle. 223
Occupations ordinaires des habitans; leur nourriture. 224
Cérémonies & pratiques religieuses de ces peuples. 225
Quand & comment se fait la cérémonie de

V ij

la circoncision. 226
Fables des habitans de Madagascar, au sujet du premier homme, & son péché. 227
Combien les bœufs & les vaches sont communs dans cette isle. 229
Autres animaux de cette isle. 230
Quelle est la langue qu'on parle à Madagascar. 231
Papier, ancre, plumes du pays. 232
Histoire de la découverte de l'isle Bourbon. ibid.
Productions naturelles de cette isle. 233
Trait remarquable au sujet de la chasse de l'isle Bourbon. 234
Climat & température du pays. ibid.
Nombre des habitans. 235
M. de la Bourdonnais, gouverneur de cette isle, ainsi que de l'isle de France. 236
Histoire de l'isle de France. 237
Ce que M. de la Bourdonnais opere pour rendre cette isle utile & florissante. 238
L'usage de l'agriculture y étoit négligé. 239
M. de la Bourdonnais y établit des magasins & des fortifications. 240
Détail des soins & des travaux de ce gouverneur. 241
Autres isles dont celle de Madagascar est environnée. 242
L'isle de Johanna, ou d'Anjuan. 243
Mœurs & usages des habitans de cette isle. 245
L'isle de Mozambique; sa description. ibid.
Ses habitans. 246
Les Hollandois font le siege de Mozambique; trait remarquable à ce sujet. 247
La côte du Zanguebar. 248

DES MATIERES.

L'isle de Querimba. 249
L'isle de Quiloa; ce qu'elle étoit autrefois; ce qu'elle est aujourd'hui. 250
Ce qui s'est passé entre le roi de cette isle, & les premiers Portugais qui y arriverent. 251
Almeyda détrône ce monarque. 252
Les Portugais s'emparent de Quiloa. 253
Le territoire & la ville de Monbaza. 254
Comment les Portugais s'en rendent maîtres. 255
Description & état actuel de la ville de Melinde. 256
Par qui le royaume de Melinde est gouverné. 257
Histoire de l'arrivée de Gama dans ce pays. 258
Exploits de quelques Portugais dans le royaume. 259
Autre trait remarquable d'un aveugle. 260
Perfidie Portugaise. ibid.
La côte de Zanguebar. 261
La ville de Brava. 262

LETTRE CLVIII.
L'ABISSINIE.

Histoire des premiers habitans de ce pays. 264
Histoire du fils de la reine de Saba, & de Salomon, qui a régné dans l'Abissinie. 265
Comment & par qui la religion chrétienne y fut annoncée. 266
Eloge de deux princes Abissins par un poète

de cette nation. 267
Révolutions arrivées dans l'Abiſſinie. 268
Hiſtoire d'un prince Ethiopien, mort en France. 269
Les empereurs Abiſſins partagent la religion catholique, & veulent la faire embraſſer à leurs ſujets. 270
Les Jéſuites ſont renvoyés d'Ethiopie, & pourquoi. 271
Quelle eſt la religion des Abiſſins. 272
Villes de la côte d'Ajan & du royaume d'Adel. 273
Mœurs des Maracates. ibid.
Provinces d'Abiſſinie ſujettes ou tributaires. 274
Hiſtoire de la nation des Galles. 275
Mœurs & uſages de ces peuples barbares 276
Maniere dont ils pratiquent la circonciſion. 278
Comment le roi de Galle reçoit les étrangers. ibid.
L'Abiſſinie eſt un pays abondant en moines. 279
D'où ces moines ſont venus, & ce qu'on en raconte. 280
Combien il y a de ſortes de religieux en Ethiopie. 281
Vie que menent ces religieux. 282
Les égliſes de ces moines. 283
L'ancien & célebre monaſtere de l'abbé Euſtate. 284
Le goût de la vie aſcétique eſt fort répandu dans l'Abiſſinie. 285
La confeſſion auriculaire ſe pratique dans ce pays, & comment. 286

Les Abiffins rendent à la fainte Vierge un culte qui tient de l'adoration. 287
Divers dogmes de la religion d'Abiffinie. 288
Livres facrés des Abiffins. 289
Catéchifme de ces peuples. ibid.
Ce que c'eft que le patriarche des Abiffins. 290
Son ignorance. 291
Les autres prêtres de l'Abiffinie; leurs dignités. 292
Comment ils reçoivent le facerdoce. 293
Combien les Abiffins refpectent les églifes. 294
Comment ils s'y comportent. ibid.
Du baptême des enfans en Ethiopie. 295
Du baptême des adultes. 296
Autre forte de baptême en Ethiopie. 297
Ce qu'on doit penfer de ce baptême. 299

LETTRE CLIX.
SUITE DE L'ABISSINIE.

Comment les ambaffadeurs étrangers font reçus dans l'Abiffinie. 300
Habillement de l'empereur d'Ethiopie. 301
Cérémonies obfervées à la réception d'un ambaffadeur. ibid.
Cérémonies obfervées lorfque le prince va à l'églife pour y célébrer quelque fête folemnelle. 302
Officiers du roi d'Ethiopie. 303
Différens titres des gouverneurs des provinces. 304
Comment font faits les villages d'Ethiopie, & les habitations des grands fei-

gneurs. 303
Description d'un camp Éthiopien. ibid.
Histoire de l'arche d'alliance qui se conserve dans l'Abissinie. 306
Comment on transporte cette arche d'un lieu à un autre. 307
Comment on établit un camp en Ethiopie. 308
Comment le prince donne ses audiences. 309
Comment est servie la table de l'empereur. 309
Préparation des viandes. 310
Liqueurs qui servent de boisson. 311
Comment se font ces liqueurs. 312
Usage au sujet des mariages des princesses du sang royal. 313
Licence qui regne parmi les femmes Ethiopiennes. ibid.
La poligamie est tolérée en Ethiopie. 314
Comment s'y font les mariages. 315
L'ancienne & fameuse ville d'Axuma. 316
Quels sont les marchés & la monnoie d'Ethiopie. 317
Comment on y recueille le sel. 318
Les mines d'or de ce même pays. 319
Climat & température d'Ethiopie. 320
Montagnes d'Ethiopie. 321
Ancien usage des princes Abissins, qui renfermoient leurs enfans. 322
Comment cet usage s'est aboli. 323
Rivieres d'Ethiopie; sources du Nil. 324
Le lac de Dembée. 325
Productions du royaume d'Abissinie. 326
Les bœufs y sont abondans, & d'une grosseur monstrueuse. 327
La richesse des habitans consiste en bestiaux. 328

Lions, éléphants, & autres animaux d'E-
thiopie. 329
L'hippopotame; chasse de cet animal. 330
Honneur que fait l'empereur aux ambassa-
deurs étrangers. 331
Voleurs & mendians de ce pays. 332
Peines décernées contre les criminels. 333
Comment se jugent les procès en Ethiopie.
334

LETTRE CLX.
SUITE DE L'ABISSINIE.

Quel est le pouvoir dont jouissent les rois
d'Ethiopie. 336
Les biens & les terres se donnent au gré de
l'empereur. 337
Comment se font ces donations. 338
Soumission des grands de l'état. 339
Les anciens rois d'Ethiopie se montroient rare-
ment à leurs sujets. 340
Comment ils en usent aujourd'hui. ibid.
Ordre de succession au trône de l'Abissinie.
341
Sacre & couronnement des empereurs. 342
On leur donne alors un nom particulier, 344
Pourquoi on appelle Prêtre Jean le roi d'E-
thiopie. ibid.
Milice d'Abissinie; maniere de combattre. 345
Les Abissins ne connoissent ni nos arts utiles ni
nos arts agréables. 346
Ils aiment les jeux de mots. 347
Ils exercent de pere en fils les mêmes métiers.
ibid.

Commerce étranger & intérieur des Abiſſins, 348
Pourquoi les Abiſſins ont un égal éloignement pour les Mahométans & pour les Portugais. 349
Comment on traite les premiers. 350
Tentatives faites inutilement pour introduire de nouveau la religion catholique en Ethiopie. 351
Mœurs & uſages des Ethiopiens. 352
Leur portrait. 353
Qualités eſtimables de ces peuples. 354
Préſens qu'ils font aux prêtres en entrant dans les égliſes. 355
Ils obſervent pluſieurs carêmes. 356
Comment ils exercent l'hoſpitalité. 357
Leur maniere d'enterrer les morts. *ibid.*
Ce qui s'obſerve en apprenant la mort d'une perſonne chere. 358
Comment on porte le deuil. 359
Différentes langues Ethiopiennes. 360
Habitans du pays des Agaves & du Zendero. 361
Comment ces peuples ſe choiſiſſent un roi. 362
Cérémonie pratiquée dans l'empire Abiſſin lorſqu'on eſt chargé des ordres du monarque. 363
Spectacles que donnent les Ethiopiens aux perſonnes qu'ils veulent honorer. 364
Hiſtoire apocryphe de quelques jeunes gens pétrifiés. *ibid.*
Quelle eſt l'idée générale qu'on doit avoir des villes d'Ethiopie. 365
Multitude des lions dans l'Abiſſinie; comment on les écarte. 366

Réception qu'on fait aux étrangers dans quelques monasteres d'Ethiopie. 366
Description du Nil dans le royaume de Sennar. 367
Description de la capitale de ce royaume. *ibid.*
Cérémonie à laquelle les étrangers doivent se soumettre lorsqu'on les admet à l'audience du roi de Sennar. 368
Portrait & habillement de ce prince & de ses ministres. 369
Marche & cortege de ce monarque, lorsqu'il va dans ses maisons de plaisance. 370
Comment il rend la justice à ses peuples 371
Les marchés de Sennar ; vente des esclaves. 372
Description de l'animal que l'on appelle la civette. 373
Commerce du royaume de Sennar. *ibid.*
De quel pain se nourrissent les peuples de cette contrée. 374
Habits, meubles, logemens de ces mêmes peuples. 375
Climat & chaleurs du pays de Sennar. 376
Route de Sennar au royaume de Dongale. *ibid.*
Situation & description de la ville de Dongale. 377
Violence d'un poison singulier que produit ce royaume. 378
Usages du pays & du royaume de Soudain. 379
Religion & commerce du même pays. 380

LETTRE CLXI.
L ANIGRITIE.

Description & histoire de la Nigritie. 382
Mœurs des anciens peuples de ce pays. 383
Révolutions de cette même contrée. 384
Comment se forma le royaume de Gonga. 385
Ce que c'est que la ville de Bournon. 386
Malheureux sort des esclaves dans le royaume de Guengara. 387
Royaumes tributaires de celui de Tombut. *ibid.*
Richesses & commerce des habitans de ce royaume. 388
Réception que le roi de Tombut fait aux étrangers. 389
Quels sont les principaux habitans du royaume de Tombut. 390
Comment on recueille l'or dans ce pays. 391
Superstition des negres à ce sujet. 392
Description du vaste désert de Sara. 393
La ville de Tagazis, située dans ce désert. 394
Mœurs des habitans du désert de Sara. *ibid.*
Agrément de leur vie errante. 395
Leurs habillemens. 396
Respect des hommes pour les femmes. 397
Propreté extrême des personnes du sexe. 398
Complaisance des maris. 399
Les peuples du désert de Sara ont presque les mêmes mœurs que les Bédouins. 400

LETTRE CLXII.

LE MONOMOTAPA.

Fausses relations de quelques voyageurs sur le Monomotapa. 402
Description superbe du palais de l'empereur. 403
Ses habits, ses femmes. 404
Combien il faut rabattre des descriptions magnifiques qu'on fait du Monomotapa. 405
Maniere singuliere d'honorer le monarque. 406
Ce qui se passe dans le serrail de ce prince. 407
Quels sont les officiers de sa cour. 408
Ce qu'on pense de l'origine de cette monarchie. 409
Mœurs, usages, coutumes des peuples du Monomotapa. 410
Fête de la nouvelle lune. 411
Étendue du Monomotapa. 412
Le fleuve du Zambesé. 413
Description de la chasse de l'éléphant. 414
Comptoirs des Portugais dans ce royaume. 416
Les différentes foires de ce pays. 417
Singulieres qualifications que prennent les Portugais dans cet empire. ibid.
La montagne d'Asura ou d'Ofur, qu'on dit être la même que l'ancienne Ophir de Salomon. 418
Le pays & la ville de Sofala. ibid.
Une partie des foires portugaises ont été ruinées par les Caffres. 419
Ce qui les a irrités contre les Portugais. 420
Discours d'un de ces Caffres à ses compa-

triotes, pour les exciter à la révolte. 411
La haine des Caffres contre les Portugais leur
   a fait abandonner les côtes. 427
Mœurs de ces sauvages. 428
Le Portugais Barreto fait la conquête du
   royaume des Mongas. *ibid.*
Histoire d'une vieille femme qui passe pour
   sorciere. 429
Histoire d'un chameau dans le camp des Por-
   tugais. 430
Portrait des habitans du Monomotapa. 431
Pourquoi on connoît peu l'intérieur de l'A-
   frique. 432
Cérémonie du baptême de mer. 433
La terre de Natal, découverte par les Portu-
   gais, & possédée par les Hollandois. 434
Commerce & mœurs des habitans. 435
Commerce & mœurs des Anzikois. 436
Portrait des Jaggas. 437
Comment ils font leur vin. 438
Mœurs & coutumes des Jaggas. 439
Ce que c'est que le grand Jagga. 440
Comment on célebre le jour de sa naissance. 441
Autres détails concernant ce prince. 442
Funérailles des Jaggas. 443
De la couleur des negres. 444
Comment on explique ce phénomene. 445
On ne doit l'attribuer qu'au climat. 447
Objections & réponses. 448
Logemens des princes negres. 449
Audience qu'ils donnent aux étrangers. 450
Ce qu'ils pensent de la religion chrétienne. 451

Fin de la Table du Tome treizieme.

CATALOGUE

De livres qui se trouvent chez le même Libraire.

Institutes au Droit Criminel, ou principes généraux sur ces matieres, suivant le Droit Civil, Canonique & la Jurisprudence du royaume, avec un Traité particulier des Crimes, par M. *Muyard de Vouglans*, Avocat au Parlement, *in-4°*. 12 l.

Suite. Instruction criminelle, suivant les Loix & Ordonnances du royaume, par le même, *in-4°*, de 1300 p. 14 l.

Le Voyageur François, 14 vol. 42 l.

La suite *sous presse*.

Nouvelle Encyclopédie portative, ou Tableau général des connoissances humaines, par M. *Roux*, *in-8°*, 2 vol. 1766. 12 l.

La même, *in-8°*, petit format, 2 vol. 1766. 9 l.

Le tome III *sous presse*.

Abrégé chronol. de l'Histoire Ottomane, par M. *de la Croix*, *in-8°*, petit format, 2 vol. 1768. 10 l.

Dictionnaire des faits & dits mémorables de l'Histoire ancienne & moderne, par le même, *in-8°*, petit format, 2 vol. 1768. 10 l.
Dictionnaire historique des mœurs, usages & coutumes des François, *in-8°*, 3 vol. 1767. 15
Dict. des femmes célebres, *in-8°*, 2 vol. 10. l.
Lettre sur le nouveau Tacite de M. de la Bletterie, par M. *Linguet*, *in-*12, broché, 1768. 1 l. 4 f.
La Pierre Philosophale, *in-*12, 10 f.
Théorie des Loix civ. *in-*12, 2 vol. 6 l.
Hist. des révol. de l'Emp. Romain, par M. *Linguet*, 2 vol. 5 l.
Hist. du Siecle d'Alexandre le Grand, nouv. édit. revue, corrigée, & entierement changée, 1 vol. 3 l.
Canaux navigables, *in-*12, 1 vol. 3 l.
La Cacomonade, *in-*12, br. 1 l. 4 f.
L'Aveu Sincere, *in-*12, br. 1 l. 4 f.
Hist. des Variations, par M. *Bossuet*, 5 vol. *in-*12, nouv. édit. 15 l.
Œuvres spir. de Fénelon, *in-*12, 4 vol. nouv. édit. 10 l.
Hist. Univ. de M. Hardion, 18 vol. 54 l.
Suite. Tom. XIX & XX. 6 l.

www.ingramcontent.com/pod-product-compliance
Lightning Source LLC
Chambersburg PA
CBHW072108220426
43664CB00013B/2038